入选福建省『十四五』普通高等教育
本科规划教材项目

普通话口语教程

主　编　王勇卫　林华东
副主编　郑小雅
编　委　戴朝阳　郭泽青　陈燕玲　蔡育红
　　　　郑亚芳　王　曦　李凤吟　谢　英

厦门大学出版社　国家一级出版社
XIAMEN UNIVERSITY PRESS　全国百佳图书出版单位

图书在版编目（CIP）数据

普通话口语教程 / 王勇卫，林华东主编. -- 3 版.
厦门：厦门大学出版社，2025.1. -- ISBN 978-7
-5615-9634-0

Ⅰ.H193.2

中国国家版本馆 CIP 数据核字第 20241ML758 号

责任编辑	曾妍妍
美术编辑	李夏凌
技术编辑	许克华

出版发行　厦门大学出版社
社　　址　厦门市软件园二期望海路 39 号
邮政编码　361008
总　　机　0592-2181111　0592-2181406（传真）
营销中心　0592-2184458　0592-2181365
网　　址　http://www.xmupress.com
邮　　箱　xmup@xmupress.com
印　　刷　厦门市金凯龙包装科技有限公司

开本　787 mm×1 092 mm　1/16
印张　12.75
插页　1
字数　272 千字
版次　2004 年 8 月第 1 版　2025 年 1 月第 3 版
印次　2025 年 1 月第 1 次印刷
定价　39.00 元

本书如有印装质量问题请直接寄承印厂调换

厦门大学出版社
微信二维码

厦门大学出版社
微博二维码

目 录

绪论 ··· 1
    第一节 　普通话和方言 ·· 1
    第二节 　口语训练的意义 ··· 3
    第三节 　口语训练的方法 ··· 4

第一章 　发声基础 ·· 6
    第一节 　发音器官 ··· 6
    第二节 　呼吸控制 ··· 7
    第三节 　共鸣控制 ··· 9
    第四节 　吐字归音 ··· 10
    第五节 　音色、音域、响度的处理 ··· 12
    第六节 　用声与嗓音保护 ·· 13
    本章训练目标和学习重点、难点 ··· 14

第二章 　普通话语音 ·· 15
    第一节 　语音单位 ··· 15
    第二节 　汉语拼音方案 ··· 16
    第三节 　音节和拼音 ··· 17
    本章训练目标和学习重点、难点 ··· 21

第三章 　声调 ··· 23
    第一节 　普通话声调 ··· 23
    第二节 　声调辨正 ··· 25
    第三节 　声调训练 ··· 27
    本章训练目标和学习重点、难点 ··· 31

第四章 　声母 ··· 33
    第一节 　普通话声母 ··· 33
    第二节 　声母辨正（一） ··· 36

第三节　声母辨正(二) ………………………………………… 43
　　本章训练目标和学习重点、难点 ………………………………… 50

第五章　韵母 …………………………………………………………… 51
　　第一节　普通话韵母 ……………………………………………… 51
　　第二节　韵母的发音 ……………………………………………… 52
　　第三节　韵母的辨正 ……………………………………………… 58
　　本章训练目标和学习重点、难点 ………………………………… 63

第六章　语流音变 ……………………………………………………… 65
　　第一节　变调 ……………………………………………………… 65
　　第二节　轻声 ……………………………………………………… 69
　　第三节　儿化 ……………………………………………………… 74
　　第四节　语气词"啊"的音变 ……………………………………… 78
　　第五节　词语的轻重格式 ………………………………………… 80
　　本章训练目标和学习重点、难点 ………………………………… 80

第七章　朗读 …………………………………………………………… 81
　　第一节　朗读概说 ………………………………………………… 81
　　第二节　朗读的基本技巧 ………………………………………… 87
　　第三节　不同文体作品的朗读 …………………………………… 91
　　本章训练目标和学习重点、难点 ………………………………… 97

第八章　说话 …………………………………………………………… 98
　　第一节　主体说话 ………………………………………………… 98
　　第二节　交谈 ……………………………………………………… 103
　　本章训练目标和学习重点、难点 ………………………………… 108

第九章　演讲 …………………………………………………………… 109
　　第一节　演讲概说 ………………………………………………… 109
　　第二节　演讲的态势技巧 ………………………………………… 112
　　第三节　演讲的声音技巧 ………………………………………… 115
　　第四节　演讲稿的写作 …………………………………………… 118
　　第五节　演讲评价标准 …………………………………………… 123
　　本章训练目标和学习重点、难点 ………………………………… 131

第十章　辩论 …………………………………………………………… 132
　　第一节　辩论的基础知识 ………………………………………… 132
　　第二节　优秀辩词实录和点评 …………………………………… 141
　　本章训练目标和学习重点、难点 ………………………………… 154

第十一章　教师职业口语 ·· 155
　　第一节　教学口语特征及其应用 ····································· 156
　　第二节　教育口语特征及其应用 ····································· 163
　　本章训练目标和学习重点、难点 ····································· 171
参考书目 ·· 172
附录 ··· 173
　　附录一　汉语拼音方案 ·· 173
　　附录二　普通话声韵配合总表 ······································ 177
　　附录三　部分区域方言声调与古汉语声调对照表 ················ 179
　　附录四　声母对照辨音字表 ··· 181
　　附录五　韵母对照辨音字表 ··· 187
后记 ··· 195
修订后记 ··· 197

绪 论

第一节 普通话和方言

一、普通话

普通话是以北京语音为标准音,以北方话为基础方言,以典范的现代白话文著作为语法规范的现代汉民族共同语。"普通"是"普遍"和"共通"的意思。作为国家通用语言,普通话不仅是汉民族的交际工具,也是我国各民族之间的交际工具,在经济、政治、文化、教育、科技、民生等国家发展各领域都发挥着重要作用,乃至在推动中华文化走向世界这一方面也发挥着不可或缺的作用。党的二十大报告就明确指出,要"加大国家通用语言文字推广力度"。

语音、词汇、语法是构成语言的三大要素,普通话也具有这三个要素。

(一)语音标准

普通话以北京语音为标准音,这是汉语历史发展的必然结果。公元1153年金迁都北京,之后元明清三代也都定都北京,数百年来北京一直是我国政治、经济和文化的中心。明、清时期,以北京语音为标准的"官话"已传播到全国各地;五四运动掀起的"国语统一运动",又极大地促进了北京语音的流传。人们喜欢听、喜欢说、听得懂、说得出,这就使北京语音成为标准音。以北京语音为标准音并不包括北京话中的土语土音,例如过多的儿化现象及"一会儿"(yìhuǐr)、"比较"(bíjiǎo)这类错误读法。

(二)词汇标准

普通话在词汇方面以北方话的词汇为标准,北方话的词汇是普通话的基础和重要来源。北方话在汉语中通行地域最广(包括长江以北地区、西南等地)、使用人口最多(占说汉语人口的73%以上)。但普通话词汇不包括北方话中的土语俚语,它比北方话更纯净;同时它又吸收了别的方言及外语的富有生命力的词语,它比北方话更丰富。

(三)语法标准

普通话在语法方面以典范的现代白话文著作为语法规范。"典范的现代白话文"有四层含义：一是不同于文言文，二是不同于五四运动以前的早期白话文，三是不同于不典范的现代白话文，四是不同于用方言写的作品。唐宋时期出现的白话是一种接近口语的书面语，宋元时的白话文学逐渐确立了白话的书面语地位，明清时的白话文学作品广泛流传。五四运动后的"白话文运动"，进一步巩固了白话文的地位，使白话文的语法规则成为普通话的语法标准。

二、方言

普通话是现代汉民族的共同语。《中华人民共和国宪法》明确规定："国家推广全国通用的普通话。"在全国范围内大力推广普通话，并不意味着要消灭方言，而是要求方言区的人除了说本地方言外，还会说普通话。

我们国家幅员辽阔，人口众多，交通不便，逐渐形成了各地不同的方言。方言，是共同语的地域分支。学术界普遍认为我国主要有七大方言区，即北方方言区、湘方言区、赣方言区、客家方言区、吴方言区、粤方言区、闽方言区。相比较而言，闽方言、粤方言同普通话的差别最大，吴方言次之，其他方言与普通话的差别较小。各大方言区概况见表0-1。

表0-1 各大方言区概况表

方言区		代表点	人口比例/%	主要分布地区
北方方言区		北京话	73	东北、华北、西北、西南、江淮一带
湘方言区		长沙话	3.2	湘（西北角除外）、粤北
赣方言区		南昌话	3.3	赣（除东北沿长江一带及南部以外）的大部分地区
客家方言区		梅州话	3.6	粤东和粤北、闽西、赣南、广西东南部及川、湘、台部分地区
吴方言区		上海话	7.2	上海、江苏、长江以南镇江以东地区、浙江大部
粤方言区		广州话	4	粤中和西南部、广西东部和南部、港澳地区
闽方言区	闽东方言	福州话	5.7	闽、海南大部、广东潮汕地区与雷州半岛、浙南温州地区一部分、台湾大部
	闽南方言	厦门话		

方言与普通话的差异主要表现在语音方面,词汇、语法方面的差异较小,因此,学习普通话的重点是学习普通话的语音。了解方言的特点,找出其与普通话的对应规律,可以帮助我们更好地学习、推广普通话。

第二节 口语训练的意义

口语和书面语一样,都是人们交际中不可缺少的语言形式。两者虽有密切的联系,但又有显著的区别:书面语是手写、眼看的语言;口语是口说、耳听的语言;书面语靠文字传递信息,口语则靠声音传递信息,口语具有应用的广泛性、表达的临场性、语汇的通俗性、手段的多样性等特点。在社会发展新时期,不能再像古时只求"书同文",不求"语同音",而应该大力推广国家通用语言文字。然而,长期以来,人们只注重书面语的研究和训练,忽视口语的研究和训练,这是不可取的。

口语训练具有独特的作用。首先,口语训练是信息社会发展的需要。社会的进步和经济的发展,促使人们越来越讲究交际的速度和效率。而信息社会最重要的劳动工具是计算机,人机对话已成为一种新的信息传递和交流方式,要使计算机更好地为我们服务,我们就必须掌握规范化的口语,提高口语表达水平。

其次,口语训练是培养现代人才良好语言素质的需要。口语表达能力已被认为是现代社会建设者必备的基本能力之一。口语表达水平与一个人的文化素养、道德修养、心理素质以及思维品质等密不可分。未来社会的人才,不仅要有深刻独到的思想和见解,更重要的是能用准确、恰当、生动的语言表达出来,以引起他人共鸣,达到最佳交际效果。培养良好的语言素质必须从口语训练开始。

再次,口语训练是全面提高语文能力的需要。叶圣陶先生说:"'语文'一名……彼此同人之意,以为口头为'语',书面为'文',文本于语,不可偏指,故合言之。"但长期以来,存在着"重文轻语"的现象,严重地影响了学生语文能力的全面提高。口语训练以"说"为重点的听、说能力训练,不仅可以提高学生的口头语言能力,还可以促进书面语的发展,促进读写能力的提高。

最后,口语训练是大力推广普通话、纯洁祖国语言,维护国家、民族统一的需要。语言对社会的影响不仅体现在语言作为一种文字工具的作用上,语言的融洽、统一也可以促进国家、民族的融合统一。因此,语言对社会的影响还表现在维护国家总体安全、促进民族团结、增进民生福祉等方面。强化口语训练,加大国家通用语言文字推广力度,有助于铸牢中华民族共同体意识,推动中华文明的传承与发展。

第三节　口语训练的方法

口语表达能力的培养和提高，离不开科学、系统、严格的训练。练，不能盲目地练，要在基础理论的指导下，科学地练，系统地练。

一、循序渐进，系统训练

任何能力的提高，都要遵循由简到繁、由易到难、循序渐进的原则。由此，本书设计了由基础训练到专项训练，由单项训练到综合训练，由念读训练到说辩训练，由一般口语训练到教师职业口语训练的渐进式训练过程，以便有计划有系统地培养和提高口语表达能力。

二、以练为主，注重实践

本课程的教学原则是"技能是目的，训练是手段，理论知识对技能训练起指导作用"。本书并不专门探讨研究语言理论知识，而是借助相关的理论指导技能训练。练习，是学生的口语实践，是口语训练的基本活动，只有通过反复练习，才能获得熟练驾驭语言的能力。训练要做到以下三个结合：

1. 教师示范与学生练习相结合

一方面，口语教师必须具备必要的口语理论基础知识，以及较强的口语示范能力，同时不断提升自身口语能力，在课堂上充分发挥示范作用，使学生乐于效仿，少走弯路。另一方面，教师应充分调动学生的学习积极性，使之主动投入训练活动中。

2. 课堂训练与课外巩固相结合

口语能力的培养和提高，须经过一个长期、渐进的过程，仅靠课堂有限的学时是远远不够的。课堂上只能讲解重点理论，通过典型示范及重点训练使学生掌握要领，不可能大面积地、反复地展开训练。大量的训练要在课外自行进行，每天可安排一定的时间段专门训练，还可利用一切交际场合，通过多种渠道、多种形式，随时随地进行练习。

3. 普通话正音与方言辨记相结合

学习普通话，既要尽量避免方言的干扰，也应充分利用方言语音系统同普通话语音系统的对应关系，找出两者之间的对应规律，帮助我们更有效地学习普通话。比如翘舌音是大多数方言区的人的学习难点，一方面要正音，另一方面还要会辨音。而在平翘舌音的分辨上，就可以通过方言来辨记普通话的翘舌音声母字，这样辨记既快又牢。

三、听说兼顾,立体培养

口语训练,虽然以训练"说"为主,但不可忽视"听"的训练。"听""说"关系密切,"听"是"说"的基础,听力的好坏关系到发音的准确与否;"说"为"听"提供方便,同时促进听力的提高。语言是口耳之学,"听""说"不可偏废。况且,在课堂上进行口语训练,说的人毕竟是少数,若只抓少数人的"说",而不管多数人的"听",就会影响说话能力的提高。应使两者同步进行,互相促进,使大多数人的口语表达能力通过不同的途径得到提高。

四、形式灵活,手段多样

传统的单一讲授教学方式在给学生提供感性知识方面具有较大局限性。科学研究表明,使用一种信息传输通道,接受者极易疲劳。我们应充分利用现代化的教育技术,根据本课程的特点,采取示范、模拟、赏析、讨论等多种形式;利用录音、录像、幻灯片、微课等不同手段,增加教学的直观性、示范性和生动性,提高课堂效率。课下也可为学生录音、录像,让他们自我检测或互相评议,增强训练的针对性。

第一章　发声基础

朗读和说话都是通过声音来表情达意的。有的人声音清晰、悦耳;有的人含混不清或干涩、嘶哑。这虽然与每个人天生的声音素质有关系,但与后天的训练也有很大的关系。只要通过训练,每个人所发出的声音都能比原有的声音清晰、动听。有些从事口头语言工作的人,工作一个阶段后喉咙就出现问题,明显影响了后续工作,这是他们发声不科学造成的。因此,掌握科学的发声方法既可以提高语言的表达效果,又可以避免出现声带方面的疾病。对于从事口语工作的人员来说,掌握科学的发声方法,在工作上可以收到事半功倍的效果。

第一节　发音器官

发音器官,指人体中参与发声活动的器官,它是发声的物质基础。人们的发声过程是这样的:运用呼出的气息为动力,使喉部的声带振动发声,声音经过由喉至口唇的声道共鸣而美化、扩大。根据对发声的作用,人的发音器官可分为动力器官、发声器官、吐字器官三个部分。

1.动力器官

声音的发出必须由气息推动,呼吸器官就是发音的动力器官。它包括呼吸道、胸腔、肺和腹肌几个部分。这些器官以肺为中心。肺就像一个风箱,在相关器官的配合下,它可以扩张以吸入空气,可以收缩而呼出空气,为发声提供动力。人们是按这样的顺序进行吸气的:口、鼻—咽(鼻咽、口咽)—喉咽—气管—支气管—肺。发声是呼气的过程,呼气的顺序与吸气相反。

2.发声器官

喉头内的声带是人体发声的振动体,声音在气息的作用下通过这个器官发出。声带振动的状况直接影响着声音的质量。音高、音色就是由这个器官决定的。人们所说的嗓子疾病,如咽喉炎、声带小结就是发生在这个部位。

3.吐字器官

指唇、齿、舌、软腭、硬腭。它们可以控制气流,发出各种塞音、擦音,也可以控制鼻腔连通或断开,形成鼻音,还可以通过唇形或舌位的变化,形成具有不同共鸣特点的元音。

第二节 呼吸控制

一、呼吸方法

人们的呼吸共有三种：一是胸式呼吸法。它只是把气息存贮在胸腔里。这种呼吸方法是最不科学的，它的存气量很小，而且气息浅，将带来发音浅，声音单薄、僵持，缺少底气的现象。但是有的人为了片面追求声音的亮色，采用了这种呼吸方法。采用这种呼吸方法的外在表现是，当吸满气的时候，肩膀往上耸。二是腹式呼吸法。它是把气息存贮在腹部，它比胸式呼吸存气量大，但采用这种方法而发出来的声音比较闷，它的外在表现是吸气时腹部往外突起。三是胸腹联合呼吸法。这是最科学的呼吸方法，朗读时应采用这种方法。

二、胸腹联合呼吸法

胸腹联合呼吸法是胸式呼吸法和腹式呼吸法的结合，这种呼吸方法是气息下沉、两肋张开、小腹收紧。这种呼吸方法吸气最大，较容易对气息进行控制，发出来的声音坚实、响亮。

三、换气

吸气应口鼻同时进行，大多数情况是快吸慢呼，但有时也需要慢吸慢呼、慢吸快呼、快吸快呼。一般吸气有五六成满就可以了，必要时可以吸七八成满。但要根据作品的内容表达来确定呼吸的时间和吸气量。如果内容紧张、活泼、激烈，那么吸气较快；如果内容深沉、悲伤、舒缓，那么吸气就较慢；如果将要朗读的内容字数较多，那么吸气量就要大一点儿；如果将要朗读的内容字数较少，那么吸气量就要少一点儿。

主要换气方法有：(1)正常换气，即在一句话之后，利用语句之间较大停顿从容补充气息。(2)偷气，这是一种无声补充气息的方法。当发音时句子过长或发音速度较快时，一般没有较长的停顿时间进行正常的换气，这时，人们常利用句子中词与词之间短暂的顿挫来补充气息，进气速度较快，吸入的气也较少。这种换气方式没有明显的停顿间隔作为标志，也没有明显的吸气声，不易被人们察觉。(3)抢气，这是指发音过程中带有吸气声的换气方式。当话语的节奏急促或感情强烈时气息消耗很快，常常需要在句子与句子之间急速补充气息。这种换气方法可以表达出焦急、紧张、感慨的感情色彩。

吸气在一般情况下没有声音，才不至于干扰朗读效果。换气应在句首进行，切不可在句尾换气。换气时,朗读者的思想情感应与下一句话和谐,即做到语断意连。吸气不可过满,过满了会导致声音僵持。训练时吸一口气呼出时间约 30 秒为合格。

【练习】

1.想象闻到花的清香,深深地把气吸进去,然后慢慢地呼出来。

2.以抬重东西时的状态吸气,然后慢慢呼出。

3.数葫芦：

一口气数不了二十四个葫芦、四十八块瓢。

一个葫芦两块瓢,

两个葫芦四块瓢,

三个葫芦六块瓢,

四个葫芦八块瓢,

五个葫芦十块瓢,

六个葫芦十二块瓢,

七个葫芦十四块瓢,

八个葫芦十六块瓢,

九个葫芦十八块瓢,

十个葫芦二十块瓢,

十一个葫芦二十二块瓢,

十二个葫芦二十四块瓢,

十三个葫芦二十六块瓢,

十四个葫芦二十八块瓢,

十五个葫芦三十块瓢,

十六个葫芦三十二块瓢,

十七个葫芦三十四块瓢,

十八个葫芦三十六块瓢,

十九个葫芦三十八块瓢,

二十个葫芦四十块瓢,

二十一个葫芦四十二块瓢,

二十二个葫芦四十四块瓢,

二十三个葫芦四十六块瓢,

二十四个葫芦四十八块瓢。

4.想象小张在远、近不同地方,由近渐远、由远渐近地喊他。

5.弹发"1、2、3、4……"。

6.弹发"嘿":

(1)保持同样的音高、音色,均匀地弹发"嘿"音。

(2)保持同样的音高、音色,由慢到快、由快到慢弹发"嘿"音。

7.读以下数字,"\"为吸气记号。

\一二三四\五六七八\

二二三四五\六七八\

三二三四五六七八\

四二三四五六七八

8.朗读岳飞的《满江红》。

怒发冲冠,凭栏处、潇潇雨歇。抬望眼,仰天长啸,壮怀激烈。三十功名尘与土,八千里路云和月。莫等闲、白了少年头,空悲切。靖康耻,犹未雪;臣子恨,何时灭!驾长车,踏破贺兰山缺。壮志饥餐胡虏肉,笑谈渴饮匈奴血。待从头、收拾旧山河,朝天阙。

第三节 共鸣控制

运用共鸣能使我们在朗读和说话时声音宽厚、圆润、明亮、集中,而且不会感到费力。声道是发声的共鸣器官,喉腔、咽腔、口腔、鼻腔、胸腔在共鸣中也起着重要的作用。

发音的整体感觉应该是:声音从胸部出发,沿着口腔的中轴线运动,最后从嘴唇中间的三分之一处透出口外;开口度应比平时说话大;声带放松;基本采用中音区。

要共鸣首先要有一定的开口度,要开大口腔。但有的人开大口腔是前大后小,呈"前>后"的形状,这是不对的。应前后都打开,呈"]"形状。要达到这个目的必须做到"提颧肌、打牙关、挺软腭、松下巴"。提颧肌的状态与微笑相似,颧肌往上提起,鼻孔稍稍张大,上唇紧贴牙齿。我们平时说话虽然上下牙槽之间也有一定的距离,但是为了更好地共鸣,我们必须把这个距离拉大。

挺软腭既是为了增加口腔后部的空间,也为了使鼻腔入口变小,口腔入口加大,避免声音过多地进入鼻腔而造成鼻音。说话或朗读时如果下巴使劲,会使舌根和咽部紧张,造成把字咬"横"和咬"死"的现象。

【练习】

1.提颧肌练习:颧肌不断地快速提起、放下。

2.打牙关练习:想象有个橄榄在上下槽牙之间,提起颧肌反复咀嚼它,也可以每咀嚼一次发出一个字音。

3.挺软腭练习:半打呵欠。

第四节　吐字归音

　　朗读中对吐字归音的总要求是：准确、清晰、动听、自然。准确，即字、词、句的发音要符合普通话的要求，不能带有方言的痕迹；吐字清晰，即每个字的发音都不含糊，能让听众毫不费力地听清楚；动听即发音圆润；吐字自然即发音不做作。

　　要掌握吐字归音的技巧，就要了解汉语的音节结构。汉语的音节可分为声母、韵母、声调三个部分。但是如果只是根据这三者的拼合规则来读，那只能满足于一般的发音要求，不能满足吐字清晰、圆润的发音要求。发每一个音节时在口腔通道中都有一个从闭合或相对闭合到打开，再到闭合或相对闭合的过程。从强度上，可以感觉到声音从小到大，再渐弱的变化过程。这是一个枣核形的发音过程。

　　为了达到吐字归音清晰、动听的要求，需要从另一个角度对字音进行划分。可以把一个音节划分为字头、字颈、字腹、字尾四个部分。字头指的是声母。字颈指的是韵头中的"i、u、ü"三个音素。字腹指的是韵腹。字尾指的是韵尾，如"连"(lián)，"l"是字头，"i"是字颈，"á"是字腹，"n"是字尾。

　　吐字归音的过程一般可分为出字、立字、归音三个阶段。出字，是指字头和字颈的发音过程。我们以"连"字的发音为例来看出字的发音过程。先在准确的位置上成阻，让舌尖抵住上齿龈，积蓄足够的气力(持阻)，然后迅速除去舌尖与上齿的闭合力，有人把这叫作"叼字"。我国说唱艺人说的"嚼字如嚼虎"，意思是出字的发音应该像大老虎叼着小老虎那样不紧不松，富有弹性。字颈虽然属于韵母，但在发音中与声母关系密切，它影响着声母发音的口形。可以把字头和字颈看作一个发音的整体，如"连"字可以这样发音"l—i—á—n"。出字有力，才能带动整个音节，使它响亮、清晰。

　　立字，是指韵腹的发音过程。它要求拉开立起，如"连"字，出字后就要打开口腔至 a 的状态。字腹的发音时间比字头、字尾长。一些开口度比较小的元音"i、u、ü"充当字腹时，开口度应该比平时说话大些，才能使声音更加圆润、饱满。

　　归音，是指音节的收尾过程。归音要干净利索。

　　为了使发音清晰、动听，吐字归音要求出字要有力，立字要拉开，归音要到位。

【练习】

　　1.双唇紧闭阻住气流，突然打开，从唇中的三分之一处爆发出 b 或 p 音。

　　2.嘴唇反复往两边咧开。

　　3.嘴唇左右交替撇。

　　4.双唇噘起做圆圈运动，顺时针和逆时针交替进行。

5.提起颧肌,鼻微张,口张大开,舌尖伸出和缩回交替进行,舌尖状态越尖越好。
6.舌尖抵住下齿背,舌用力,用上门牙刮舌尖舌面,反复进行。
7.力量集中在舌尖,与上齿龈接触,然后突然打开,爆发出 d、t 音。
8.读绕口令:

  八百标兵奔北坡,炮兵并排北边跑。炮兵怕把标兵碰,标兵怕碰炮兵炮。

  吃葡萄不吐葡萄皮儿,不吃葡萄倒吐葡萄皮儿。

  我们要学理化,他们要学理发。理化不是理发,理发不是理化。

  风吹灰飞,灰飞花上花堆灰。风吹花灰灰飞去,灰在风里飞又飞。

  白石塔,白石搭,白石搭白塔,白塔白石搭,搭好白石塔,白塔白又大。

  哥挎瓜筐过宽沟,赶快过沟看怪狗;光看怪狗瓜筐扣,瓜滚筐空哥怪狗。

9.朗读诗歌

泊秦淮
烟笼寒水月笼沙,夜泊秦淮近酒家。商女不知亡国恨,隔江犹唱后庭花。

咏鹅
鹅,鹅,鹅,曲项向天歌。白毛浮绿水,红掌拨清波。

古怨别
飒飒秋风生,愁人怨离别。含情两相向,欲语气先咽。心曲千万端,悲来却难说。别后唯所思,天涯共明月。

山中寡妇
夫因兵死守攻蓬茅,麻苎衣衫鬓发焦。桑柘废来犹纳税,田园荒尽尚征苗。
时挑野菜和根煮,旋斫生柴带叶烧。任是深山更深处,也应无计避征徭!

江畔独步寻花
黄四娘家花满蹊,千朵万朵压枝低。留连戏蝶时时舞,自在娇莺恰恰啼。

芙蓉楼送辛渐
寒雨连江夜入吴,平明送客楚山孤。洛阳亲友如相问,一片冰心在玉壶。

题菊花
飒飒西风满院栽,蕊寒香冷蝶难来。他年我若为青帝,报与桃花一处开。

凉州词之一
葡萄美酒夜光杯,欲饮琵琶马上催。醉卧沙场君莫笑,古来征战几人回。

登鹳雀楼
白日依山尽,黄河入海流。欲穷千里目,更上一层楼。

凉州词
黄河远上白云间,一片孤城万仞山。羌笛何须怨杨柳,春风不度玉门关。

九月九日忆山东兄弟
独在异乡为异客,每逢佳节倍思亲。遥知兄弟登高处,遍插茱萸少一人。

清明
清明时节雨纷纷,路上行人欲断魂。借问酒家何处有,牧童遥指杏花村。

子夜秋歌
秋风入窗里,罗帐起飘扬。仰头看明月,寄情千里光。

江南春
千里莺啼绿映红,水村山郭酒旗风。南朝四百八十寺,多少楼台烟雨中。

第五节　音色、音域、响度的处理

一、音色

音色是人在听觉上区别具有同样音高、音强的两个声音之所以不同的特性,也就是声音的独特品质和个性。每个人的音色经过训练完全有可能比原来的更好。说话和朗读时音色应以实声为主,虚实结合。如果虚声过多会给人以虚情假意的感觉;如果完全采用大实声,则显得声音干巴,缺少变化。

所谓实声是指声大于气的声音,所谓虚声是指气大于声的声音。在实际发音中,声音的虚实并不一定要气大于声,或声大于气,而是常常在两者之间波动。

要使自己的音色变得更好必须做到:(1)要有较大的开口度。适当地增加开口度可以使声音共鸣效果更好。(2)唇齿相依。如果唇齿分开,发出的声音会给人飘的感觉。(3)各咬字器官要保持均衡的紧张状态。

二、音域

音域越宽,说话和朗读的表现力越强。说话和朗读发音都应该在自如声区进行。

自如声区是发音最轻松、声音状态最好的声区。如果发音高于这个声区,将会出现发声费力、声音单薄及声嘶力竭的现象。如果我们的声音低于自如声区,将会给人经"压"的感觉。如果音域宽了,那么自如声区也便加宽了。

三、响度

响度指的是声音的大小。响度的变化与气息相关。

【练习】

1.音色练习

(1)弹发"嘿"音,由实到虚,再由虚到实。

(2)发 a 和 i 音,由实声过渡到虚声,再由虚声过渡到实声。

(3)找几个双音节词发音,第一个音节用实声,第二个音节由虚声逐渐过渡到实声。第一个音节发实声是为了作为参照的声音,让我们能体验到第二个音节由虚到实的不同发音状态。

(4)朗读以下诗歌,底下加横线的读虚声。

日照香炉生紫烟,遥看瀑布挂前川。飞流直下三千尺,疑是银河落九天。

2.音域练习

(1)发 a 和 i 音,反复地进行上绕和下绕。发音时要注意:上绕要拉住,小腹逐渐收紧;下绕要托住,小腹逐渐放松。

(2)用不同的音高读同一首诗。

3.响度练习

(1)想象与不同数量的人讲话,如一对一、一对二……一对十。

(2)想象有人从我们眼前逐渐离去,或反之。我们设想他处在不同的位置上,我们不断地喊他的名字,如"小王"、"小张"。

(3)读一首诗,用小音量高声读,用大音量低声读。这个训练是为了改变习惯上常把高音和大音量、低音和小音量连在一起的现象,提高声音的表现力。

第六节　用声与嗓音保护

用声与嗓音保护似乎是一对矛盾,但是如果能科学用声,那么用声与嗓音保护是可以和谐地统一起来的。科学用声可以使嗓音更加圆润动听,同时可以使嗓子得到积极的保护。发音方法不科学,嗓子会受到损伤。有些从事有声语言工作的人,如教师、播音员,工作一个阶段以后便觉得声音嘶哑,发音费力,就是由于在工作中没有使用科学的发音方法,久而久之嗓子产生了毛病所引起的。在发音时应注意以下几个问题:

1. 不要过分地追求声音的亮色。有的人过分地追求声音的亮色,这样做会使声带并拢得很紧,声带振动时两侧不断碰撞摩擦,如果发音时间长很容易使声带疲劳,并会引起声带充血。

2. 不要过度追求虚声。有的人在朗读时喜欢用虚声。过多地使用虚声会造成发声时声带之间缝隙过大,声音振动不好。久而久之便发不出明亮有力的声音,影响了声音的表现力。而且虚声音色的发声效率很低,与较为明亮的音色比,它在同等呼气量下发声时间较短。

3. 发声不可过高或过低。不少人在朗读或说话时为了追求声音的亮色使用偏高的声音,又有一些人为了增加声音的厚度在偏低的声区里朗读或说话。不管声音偏高或偏低都会增加喉部的负担。

4. 发音音量不可过大,发音时间不要过长。

5. 要注意锻炼身体。人是发音的主体,没有健康的身体,不管是气息的运用、声音的共鸣都会受到一定的影响。

6. 练声要注意循序渐进,不要急于求成。进行发音训练时,声音应由小到大,从近到远,从弱到强,从低到高。不要一开始就大喊大叫。

7. 要注意休息,要有充足的睡眠。生病时要暂时噤声。

本章训练目标和学习重点、难点

[训练目标]

掌握胸腹联合呼吸方法以及声音共鸣和吐字归音的方法。通过学习,理解朗读、课堂语言表达与平时生活语言表达的不同。朗读和课堂语言表达高于生活语言表达,是带有艺术意味的表达方式,要求比生活语言表达更加清晰、动听。通过学习,掌握科学的发声方法,可以较为轻松地进行有声语言表达。

[学习重点]

掌握吐字归音的方法,使口语表达更加清晰、动听。

[学习难点]

学习并掌握科学的发声方法。

第二章　普通话语音

第一节　语音单位

一、音节和音素

1.音节。音节是人们听觉上最容易分辨的最自然的语音片段,也是语音结构的基本单位。通常一个汉字就是一个音节,如"普通话"就由三个自然的声音单位组成,每个声音单位就是一个音节,写下来就是 pǔ(普)、tōng(通)、huà(话)三个汉字。例外的如:儿化韵"红花儿"中"花儿"是两个汉字代表一个音。

普通话有 420 多个基本音节。

2.音素。音素是从音节中分析出来的最小的语音单位。它是从音色的角度划分出来的,如 sù(素)这个音节可以分析为 s、u 这两个不能进一步切分的音素。普通话有 32 个音素,每一个音素都有区别于其他音素的特色。

二、元音和辅音

音素分辅音和元音两大类。

气流在口腔或咽喉受阻碍而形成的音叫辅音,又叫子音,如 b、p、m、f 等。气流振动声带,在口腔咽喉不受阻碍而形成的音叫元音,又叫母音,如 a、o、e 等。

普通话的元音音素有 10 个:a、o、e、ê、i、u、ü、-i(前)、-i(后)、er。

普通话的辅音音素有 22 个:b、p、m、f、d、t、n、l、g、k、h、ng、j、q、x、zh、ch、sh、r、z、c、s。其中 m、n、l、r、ng 是浊音,发音时声带颤动。

三、声母、韵母、声调

按照汉语传统的分析方法,普通话较完整的音节可以分成声母、韵母、声调三部分。

1.声母,指音节开头的辅音。普通话有 21 个辅音声母,由除 ng 以外的 21 个辅音充当,例如"推"(tuī)这个音节里,辅音 t 就是它的声母。有的音节开头部分没有辅音,就叫作"零声母",例如:"饿"(è)开头没有辅音,就是零声母音节。

声母和辅音不是一个概念。声母均由辅音充当，但有的辅音不作声母，只作韵尾，如"广"(guǎng)中的ng[ŋ]；辅音n既可作声母，也可作韵尾，如"男"(nán)中的两个辅音n，在音节开头的是声母，在音节末尾的是韵尾。

2.韵母指音节中声母后面的部分。如"大"(dà)这个音节"a"就是它的韵母。零声母音节，例如"安"(ān)，它的韵母就是"an"。

韵母和元音不相等。韵母有的由单元音或复元音充当，如"播"(bō)、"铁"(tiě)、"妙"(miào)中的"o、ie、iao"；有的由元音加辅音构成，如"担"(dān)、"惊"(jīng)中的"an、ing"。

普通话有39个韵母。

3.声调，是音节中具有区别意义作用的音高模式。普通话声调含"阴平、阳平、上声、去声"四调。一个音节可以没有声母，但一定要有韵母和声调。

第二节 汉语拼音方案

《汉语拼音方案》是20世纪50年代制定的。中华人民共和国成立以后，中国文字改革委员会普遍征求和广泛收集各方面对拼音方案的意见，进行分析和研究，于1956年2月拟订出《汉语拼音方案（草案）》。这个方案（草案）经过全国政协和各界人士广泛讨论，又经国务院成立的汉语拼音方案审订委员会反复审议和多次修订，再由中国文字改革委员会提交政协全国委员会常务委员会扩大会议讨论，报请国务院全体会议通过，最后在1958年2月由第一届全国人民代表大会第五次会议批准作为正式方案推行。《汉语拼音方案》是在过去各种注音法的基础上发展起来的，可以说是我国人民创制各种汉语注音法的经验总结。它比过去设计的各种注音法更为完善、优越，受到各界人士、广大群众的热烈欢迎。

汉语拼音作为一种科学、方便、实用的语言文字工具，为我国经济和社会生活的现代化、信息化提供了极大便利。汉语拼音作为拼写中国人名、地名的国际标准，作为各外文语种在指称中国事物、表达中国概念时的重要依据，作为我国对外交流的文化桥梁，被广泛用于对外汉语教学、对外交流等领域，在社会主义现代化建设中发挥了不可或缺、无可替代的积极作用。

汉语拼音方案有下列用途：

1.给汉字注音

汉字不是拼音文字，为了标记汉字的读音，人们曾采用直音法、反切法或注音字母（注音符号）。但是，这些注音法都有缺点。前两种要以认识大量汉字为基础，如果没有音同或音近的字就难注音。注音符号曾起过一定的作用，但它不完全是音素字母，注音不够准确，书写也不够方便。《汉语拼音方案》基本上克服了上述各种缺点，能够准确地给汉字注音。它采用国际上流行的拉丁字母,既容易为广大群众掌握,又便于国际上的文化交流。

2.作推广普通话的工具

推广普通话,是我国社会主义革命和社会主义建设的需要,是国家统一和人民团结的需要。学习普通话光靠口耳是不够的,必须有一套记音符号,以帮助教学,矫正读音。事实证明,《汉语拼音方案》正是推广普通话的有效工具。

此外,《汉语拼音方案》还可以用来作为我国少数民族创制和改革文字的共同基础,用来帮助外国人学汉语,用来音译人名、地名和科学术语,以及用来编制索引和代码等。(《汉语拼音方案》见附录一)

第三节　音节和拼音

一、音节结构规律

普通话的音节是由声母、韵母、声调三大部分组成的,韵母又可分为韵头、韵腹、韵尾,因此完整的音节应有声母、韵头、韵腹、韵尾、声调五个部分。普通话音节结构特点如下:

(1)一个音节中最多可有四个音素,最少要有一个音素(必须是元音,个别叹词除外)。

(2)音节中可以没有辅音。

(3)韵腹和声调是音节不可缺少的部分。

二、声韵拼合关系

把分析出来的声母、韵母拼合起来,构成一个音节,就是拼音。

(一)拼音应注意的几个问题

1.声母要用本音

平常念声母,一般是念它的呼读音。声母的呼读音都是在声母的本音后面加上一个元音。用声母拼音时,应该去掉这个加进去以便呼读的元音,而用它的本音。有人把拼音的经验总结为"前音轻短后音重,两音相连猛一碰",这句话基本上反映了拼音的要领。前音(声母)念得轻而短,就可能接近于本音;后音(韵母)是发音响亮的部分,当然应该重念了。还可以采用这样一种办法:拼音时,发音器官先做好发某个声母本音的姿势,然后在发这个声母本音的同时把要相拼的韵母一起念出来。例如拼 zhāng(张)时,先使舌尖翘起同硬腭前部接触,作发 zh 本音的姿势,在发 zh 本音的同时,气流冲破阻碍连 āng 一起念出来。

2.声母、韵母之间不要有停顿

例如拼 gǔ(谷)时,g 和 u 之间有了停顿,就会拼成 g(ē)ǔ(歌舞);拼 gài(盖)时,g 和 ài 之间有了停顿,就会拼成 g(ē)—ài(割爱)。

3.要念准韵头

对于有韵头(介音)的音节,在拼音时要注意把韵头念准,有意识地让口张得慢一些,把韵头引出来。有些韵头是圆唇元音,拼音时就要注意把嘴唇拢圆,把韵头念准。念不准韵头,就可能出现丢失韵头或者改变韵头的现象。例如拼 luàn(乱)时,如果丢失韵头,就会拼成 làn(滥);拼 xué(学)时,如果韵头念不准,就会拼成 xié(鞋)。

(二)拼音的方法

1.两拼法

用声母和韵母两个部分进行拼音。例如:

g—uāng→guāng(光)　　m—íng→míng(明)

2.三拼法

用声母、韵头、韵身三部分进行连读。这种方法,只适用于有韵头的音节。例如:

j—i—ā→jiā(加)　　q—i—áng→qiáng(强)

3.声介合拼法

先把声母和韵头合成一个部分,然后跟韵身进行拼音。这也只适用于有韵头的音节。例如:

xi—ōng→xiōng(胸)　　hu—ái→huái(怀)

在开始使用这三种方法时,如果声调一时读不准,可以采取阴平、阳平、上声、去声挨个儿数的办法,找准要读的那个调子。等到熟练了以后,就不一定这样了。

(三)普通话的声韵拼合规律

普通话声母和韵母的拼合是有一定规律的,掌握了声韵拼合规律,可避免拼音和拼写时出现差错,提高教学普通话和给汉字注音的能力。

"普通话声韵配合表"(如表 2-1)可以供我们练习拼音,了解哪些声母能跟哪些韵母相拼,不能跟哪些韵母相拼。下面是普通话声韵拼合的一些主要规律:

(1)双唇音和舌尖中音 d、t 能跟开口呼、齐齿呼、合口呼韵母拼合,不能跟撮口呼韵母拼合。双唇音拼合口呼限于 u。

(2)唇齿音、舌根音、舌尖前音和舌尖后音等组声母能跟开口呼、合口呼韵母拼合,不能跟齐齿呼、撮口呼韵母拼合。唇齿音拼合口呼限于 u。

表 2-1　普通话声韵配合表

项　　目		开口呼	齐齿呼	合口呼	撮口呼
双唇音	b、p、m	＋	＋	只和 u 相拼	
唇齿音	f	＋		只和 u 相拼	
舌尖中音	d、t	＋	＋	＋	
	n、l	＋	＋	＋	＋
舌面音	j、q、x		＋		＋
舌根音	g、k、h	＋		＋	
舌尖后音	zh、ch、sh、r	＋		＋	
舌尖前音	z、c、s	＋		＋	
零声母		＋	＋	＋	＋

注：＋表示全部或局部声韵能相拼，空白表示不能相拼。

(3)舌面音同上述四组声母相反,只能跟齐齿呼、撮口呼韵母拼合,不能跟开口呼、合口呼韵母拼合。

(4)舌尖中音 n、l 能跟四呼韵母拼合。零声母音节在四呼中都有。

还可以从韵母出发,得出普通话声韵拼合的另一些规律：

(1)"o"韵母只拼唇音和唇齿音声母,而 uo 韵母却不能同唇音或唇齿音声母相拼。

(2)"ong"韵母没有零声母音节,"ueng"韵母只有零声母音节。

(3)"-i"[ɿ]韵母只拼"z、c、s"三个声母,"-i"[ʅ]韵母只拼"zh、ch、sh、r"四个声母,并且都没有零声母音节。

(4)"er"韵母不与任何声母相拼,只有零声母音节。

以上一些规律是比较粗略的。要全面细致地掌握普通话声韵拼合规律,还必须熟悉音节的拼写规则,并多查看"普通话声韵配合表"和"同韵字表"。

各地汉语方言的声韵拼合规律跟普通话不完全一样。例如有的方言中唇齿音声母可以跟齐齿呼韵母拼合,而普通话不能。比较普通话和方言声韵拼合情况的异同,并掌握其对应规律,对学好普通话是有帮助的。

三、音节的拼写规则

(一)y、w 的意义和使用

1.y、w 的意义

y、w 不是声母,只是起隔音作用的字母。例如"阿姨"二字连写成 ai,就成了一个音节。用了 y,写成"ayi",音节界限分明。又如"danwu"(耽误)和"danu"(大怒),加上隔音符号 w,就十分清楚了。

2.y、w 的作用

《汉语拼音方案》规定"齐、合、撮"三类韵母(即 i、u、ü 和用 i、u、ü 开头的复合音),如果自成音节,其书写式样要做如下改换:

(1)i

① i 后面还有别的元音,就改 i 为 y

ya(ia)   ye(ie)   yao(iao)   you(iou)
 鸭   椰   邀   优

yan (ian)   yang (iang)   yong (iong)
 烟   央   拥

② i 后面若没有别的元音,就在 i 前面加 y

yi (i)   yin (in)   ying (ing)
 衣   因   英

(2)u

① u 后面还有别的元音,就改 u 为 w

wa (ua)   wo (uo)   wai (uai)   wei (uei)
 蛙   窝   歪   威

wan (uan)   wen (uen)   wang (uang)   weng (ueng)
 弯   温   汪   翁

② u 后面若没有别的元音,就在 u 前面加 w

wu (u)
 乌

(3)ü

ü 后面不管有没有别的元音,一律要在 ü 前加 y。加 y 后,ü 上两点要省去:

yu (ü)   yue (üe)   yuan (üan)   yun (ün)
 于   约   冤   晕

(二)隔音符号与省写

1.隔音符号的使用

《汉语拼音方案》规定,以"a、o、e"开头的音节连接在其他音节后面时,如果音节的界限发生混淆,要用隔音符号,例如:ti'an(提案)、shang'e(上腭)、sheng'ou(生藕)。

2.iou、uei、uen 的省写

《汉语拼音方案》规定:iou、uei、uen 前面加声母时,写成 iu、ui、un。例如:xiù(秀)、guī(归)、chūn(春)

3.ü上两点的省略

ü与n、l以外的声母相拼时都省去两点,例如 jūn(君)、quē(确)、xuān(宣)、qún(裙)。

(三)标调法

标调口诀可以帮助快速记住拼音标调规则:

　　a母出现莫放过,没有a母找e、o,iu、ui两韵标在后,"i"上标调把点抹,轻声音节不标调。

(四)音节连写

1.同一词的音节要连写,词与词分写。句子或诗行开头的字母要用大写。例如:

Gāoshān　　　liúshuǐ　　　qíngshēn　　　yìcháng
　高　山　　　流　水　　　情　深　　　意　长

2.专用名词和专用短语中的每个词开头字母都要大写。例如:

Lísāo　　　Fújiàn　　　Zhōngguó　　　Rìbào
离　骚　　　福　建　　　中　国　　　日　报

3.标题可以全部大写,也可以每个词开头的字母大写,有时为了简明美观,可以省略声调符号。例如:

FANGYAN　　　SHIJIE　　　ZHANWANG　　　WEILAI
Fangyan　　　Shijie　　　Zhanwang　　　Weilai
　放　眼　　　世　界　　　展　望　　　未　来

可以通过"拼写法歌诀"对音节的拼写规则进行快速识记:

拼写法歌诀

ü在j、q、x、y后,不写两点并非u;
iou、uei、uen前拼声母,省去o、e照旧读;
开端i、u改y、w,i、u、in、ing添头母;
ü母不能当作头,加y省点要记住;
音节开头a、o、e,加"隔号"分清楚。

本章训练目标和学习重点、难点

[训练目标]

学习普通话语音,区分元音和辅音,弄清声母、韵母和声调,明确音节的学习是最主要的。只有声母、韵母、声调发得准确,音节才能念准确;只有掌握全部音节的发音,念准每个汉字的规范读音,才能说好普通话。

〔重点难点〕

1.熟悉《汉语拼音方案》,注意拼写规则,进一步巩固拼音的技能。

2.了解声母和韵母的拼合关系,比较自己方音声韵结合规律与普通话语音的异同。

第三章 声调

第一节 普通话声调

一、声调的定义

声调是音节发音时具有区别意义的音高的高低升降的变化形式。声调是汉语音节中不可缺少的部分,它同韵母、声母共同构成普通话音节。汉语一个音节基本上就是一个汉字,所以声调又称字调。

在语言分类上,汉语属汉藏语系。属汉藏语系的有越南语、缅甸语、泰语等,还有我国部分少数民族的语言,如藏语、僮语、侗语、布依语等。汉藏语系最重要的特征是有声调,而印欧语系如英语、法语、俄语等就没有声调。有声调是汉语与其他语言文字不同的地方。因此声调成为以印欧语系为母语者学习汉语的最大难点之一。

二、声调的特点

1.声调的变化主要取决于音高

音的高低升降决定于声带振动频率的高低变化。人们发音时靠着控制声带的松紧来调节声音的高低。声带越紧,振动越快,声音越高;声带越松,振动越慢,声音越低。

2.声调的音高是指相对音高

同一个词"科学",一个男人用低声调说出来,一个女人提高八度说出来,听起来都是"科学",意义也完全一样。一个成年人说"是",是从他的最高音降到最低音,小孩读"是",也是从最高音降到最低音。他们都是由高降到低,音高的变化形式和升降幅度大体相同。但是在音的高低上,小孩的最低音可能比大人的最高音还高。这也就是说这两个人发音时绝对音高虽然不同,但是相对音高却是相同的。示例:

地也,你不分好歹何为地!天也,你错勘贤愚枉做天!(《窦娥冤》)

黑暗的旧中国,天,是黑沉沉的天;地,是黑沉沉的地。(音乐舞蹈史诗《东方红》)

三、声调的作用

1.能够区别词义

一个词或音节,声母和韵母都相同,声调不相同,那么它所表示的意义也不相同。例如:

"shishi"我们可以加上不同的声调使之形成不同的词:实施、史诗、事实、失实、时事、失势等。又例如"chāng"(昌)、"cháng"(长)、"chǎng"(厂)、"chàng"(畅)这四个音节意义不同,因其声调不同。

2.增强语言的节奏感和感染力

普通话声调具有高低升降的变化形式,这赋予了汉语独特的音乐美和节奏感,增强了有声语言的感染力。

四、调值和调类

汉语的声调主要从调值和调类两方面来分析。

(一)调值

调值是指声调的实际读音,也就是音节的高低、升降、曲直、长短的变化形式。

普通话有四种基本的调值,高平调(55)、高升降(35)、降升调(214)、全降调(51)。我们一般采用赵元任先生创制的"五度标记法"来标记普通话调值。"五度标记法"将声调的音高分为五度,在竖线上标明;竖线左边分别用横线、斜线、曲线来表示不同调值的音高变化,线条左端为音高起点,右端为音高终点(如图3-1)。

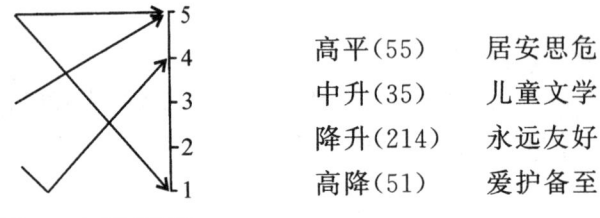

高平(55)　　居安思危
中升(35)　　儿童文学
降升(214)　 永远友好
高降(51)　　爱护备至

图3-1　五度标记法

我们可以借用四句口诀来描述四种调值的特点:

高平调,起音高高一路平。中升调,从中到高往上升。
降升调,先降后升曲折起。高降调,高起猛降到底层。

(二)调类

调类即声调的种类。一种语言或方言中有几种基本调值,就有几个调类。普通话有四种基本的调值,因而有四种调类。

按照传统的汉语音韵学分析方法,我们把这四种调类分为:阴平、阳平、上声和去声。教学上人们常常称其为第一声、第二声、第三声和第四声。《汉语拼音方案》规定这四种调类的标准符号为 －（阴平）、／（阳平）、∨（上声）、＼（去声），这些标准符号称为调号，它们的形状是五度标记法的缩影。在书写音节时，调号应标在主要元音（韵腹）上。例如 bā（巴）、chuī（吹）、zhóu（轴）、zhèng（挣）等。

五、古今调类比较

普通话的四种调类"阴、阳、上、去"是从古汉语的调类系统演变而来的。在南朝齐梁之间，就有人把古汉语声调分为"平、上、去、入"四类。后来语音发生了变化，又按声母的清浊分为阴调和阳调。普通话的阴平声字，大致跟古清音声母的平声字相当；阳平声字，也大致跟古浊音声母的平声字相当；上声字包括古清音声母上声字和部分浊音声母上声字（指声母是边音、鼻音和零声母的阳上字）；去声字包括了古去声字和另一部分古浊音声母上声字。古代入声调在普通话里已经消失，古清声母入声字在普通话里分别归入阴平、阳平、上声、去声；古浊音声母入声字在普通话里分别归入去声和阳平。古汉语声调与普通话声调对照表如表 3-1 所示。

表 3-1 古汉语声调与普通话声调对照表

古调类	古清浊声母		普通话声调			
			阴平	阳平	上声	去声
平声	清声母		夫汤妻诗			
	浊声母	次浊		门难牛油		
		全浊		符糖齐时		
上声	清声母				府短酒纸	
	浊声母	次浊			米老藕有	
		全浊				妇稻旱似
去声	清声母					富对去试
	浊声母	次浊				慢浪岸用
		全浊				附盗汗寺
入声	清声母		哭桌出瞎	革国博节	古铁北百	客阔必式
	浊声母	次浊				木绿日叶
		全浊		白敌学直		

第二节 声调辨正

学习声调首先要读准普通话的四个调，然后找出自己的方言声调与普通话声调的差别。明确方言和普通话的对应关系，从而找出规律，帮助我们学习普通话声调。

下面是福建的几种方言与普通话在声调上的区别：

第一，泉州话的声调较为复杂，它完整地保存了古代的"平、上、去、入"4 个声调，平声、上声、入声又根据声母的清浊各分为阴阳,这样泉州话就有7个声调,如表3-2所示。

表 3-2 泉州话声调表

调类	阴平	阳平	阴上	阳上	去声	阴入	阳入
调值	33	24	55	22	41	5	24
例字	东	同	懂	动	栋	督	毒
	真	秦	振	尽	进	质	疾
	诗	时	死	是	四	薛	实
	方	皇	访	奉	凤	福	伏
	张	王	李	范	戴	郭	岳
	庄	林	董	杜	谢	卓	陆

第二,闽东方言也有7个声调,只是调值与闽南方言不太一样。福州话声调的调值是:阴平(44)、阳平(52)、上声(31)、阴去(213)、阳去(242)、阴入(23)、阳入(4)。

第三,客家方言多数地区有6个调,少数地区有5个或7个调。闽西长汀话、连城话、清流话都没有入声,剩下平声分为阴平和阳平,去声也分阴阳。粤东客家话平声入声分阴阳,上声、去声不分阴阳。闽西的永定话、上杭话保留阴入、阳入两个声调,因此客家话的6个调是:阴平、阳平、上声、去声、阴入、阳入。

第四,闽中方言内部比较统一,永安话、沙县话和三明话都是6个调类。闽北方言内部声调差异较大,建瓯话6个调类,建阳松溪8个调类,武夷山和政和7个调类;邵武话6个调类,光泽、建宁7个调类,泰宁5个调类。不管各地方言有几个调类,它们和普通话一样都是从古汉语的调类系统发展变化而来的,所以相互之间存在比较整齐的对应关系,如表3-3、表3-4、表3-5所示。

表 3-3 建瓯话与普通话声调对照表

建瓯话声调	普通话声调			
	阴平 55	阳平 35	上声 214	去声 51
平声 54	刚知专			
上声 21		穷陈才	古展女	
阴去 33				盖帐正
阳去 44				岸大住
阴入 24	一出约	急得读	百铁尺	个却赤
阳入 42		百宅杂		倍入麦

表 3-4　邵武话与普通话声调对照表

邵武话声调	普通话声调			
	阴平 55	阳平 35	上声 214	去声 51
阴平 21	花衣山优			
阳平 33		雷奴培兰		
上声 55			鼓领锁比	
阴去 213			翠志注爱	
阳去 35		白直实石		受事慢办
入声 53	一七黑劈	则桃节竹	百铁尺曲	扩毕赤六

表 3-5　闽中方言与普通话声调对照表

调　类			调　值				普通话	
永安	三明	沙县		永安	三明	沙县	调类	调值
阴平			诗灾	42	54	33	阴平	55
阳平			时财	33	42	42	阳平	35
阴上			史宰	21	21	21	上声	214
阳上			实在	54	24	53	分归阳平和去声	
去声			试再	24	33	24	去声	51
入声			室则	12	12	212	散归阴阳上去四声	

第五，莆仙方言在声调上除了入声转换这一全省共同的难题外还存在阳平和上声混淆的特殊问题。莆仙人往往把上声读成阳平。例如把"两块"(liǎngkuài)读成"凉快"(liángkuài)，把"每天"(měitiān)读成"霉天"(méitiān)。莆仙人应特别注意分清半上和阳平的具体读法，避免发音上的混淆。

第三节　声调训练

训练声调时应注意阴平是 55 调，不能降低调值而读成 44 调或 33 调。阳平在发音时是直接上扬的，中间不能拐弯。上声是一个难点。上声的调值是 214。有些地方的方言只有低降调而没有降升调，如闽南方言。闽南人应特别注意上声的发音，发音时应注意升降到位。去声在发音时不能念成短促的低降调。

声调的训练方式是多种多样的,训练的重点可根据各地方言的特点而定,如在闽南方言区必须侧重上声以及入声字的发音训练。

入声字的读音一般比较短促,如泉州话中的各、竹、桌等。多数方言,入声字又有塞音韵尾。有塞音韵尾 b[p]、d[t]、g[k]的,如梅县客家话、广州话和泉州话;有 d[t]、g[k]的,如广西贺州市黄田客家话、钟山英家客家话。但也有读音不短促,韵尾也不用塞音的,如长沙话、孝感话。在没有入声的方言中,有把入声分归四声的,如东北的某些方言;有把入声全归入阳平的,如桂林话、汉口话;有把入声分归阴平、阳平的,如西安话;也有把入声分归阳平、去声的,如苏州话。普通话是没有入声的,古入声字普通话分别归入阴平、阳平、上声、去声四个声调。福建方言中大部分还保留着入声调类。入声字是福建人学习普通话声调的一大难点,所以福建人应特别注意入声字的发音,即在发音时不能发短促音。要避免入声调,首先应找出自己方言中的声调与普通话的对应关系。把方言中的入声字改读为普通话的四声,可采取"记少不记多"的方法,重点记住普通话里读阴、阳、上的入声字,其他的入声字就一律读成去声。

【练习】

1.声调分辨练习

(1)标出下音节的声调,使每组分别组成声母、韵母相同,声调不同意义不同的词语,再进行造句练习

  lianxi—lianxi   youxian—youxian

  pifu—pifu   xingming—xingming

  chengfa—chengfa ticai——ticai

  zhuli—zhuli   yiwu—yiwu

  shujia—shujia   jianju—jianju

(2)辨析下列词语,再用每个词造句

  大衣——大姨 使节——时节 天才——甜菜

  火车——货车 鼓励——孤立 歌星——个性

  保卫——包围 时事——事实 知识——指使

(3)给下列诗句标调

  Qingming shijie yu fenfen,清明时节雨纷纷,

  Lu shang xingren yu duanhun。路上行人欲断魂。

  Jie wen jiujia he chu you?借问酒家何处有?

  Mutong yaozhi xinghua cun。牧童遥指杏花村。

(4)在每个字的上方标出相应的字调,并朗读

  朋友,当你漫步在平坦的水泥大道时,你可曾想到脚下那一颗颗默默无闻的碎石;当你登上高楼大厦,俯瞰周围的景致时,你可曾想到那一块块深深埋进地

下的基石;当你步入校园,看到桃李芬芳、满园春色时,你可曾想到那不畏艰辛、默默无闻的育花人。

2.四声发音练习

(1)按照四声顺序拼读下列音节

  ya—yā yá yǎ yà　　　　　zhou—zhōu zhóu zhǒu zhòu
  zhe—zhē zhé zhě zhè　　　tiao—tiāo tiáo tiǎo tiào
  wan—wān wán wǎn wàn　　liu—liū liú liǔ liù
  fen—fēn fén fěn fèn　　　　hu—hū hú hǔ hù
  shu—shū shú shǔ shù　　　xiang—xiāng xiáng xiǎng xiàng
  jia—jiā jiá jiǎ jià　　　　　ci—cī cí cǐ cì

(2)四声分别成词练习。

①阴平训练

　星期　飞机　今天　沙滩　分钟　丰收　刊登
　机关枪　沙家浜　微风吹　登高山
　居安思危　江山多娇　春天花开　机车公司　息息相关

②阳平训练

　平时　流行　黎明　从容　寻求　怀疑　岩石
　形容词　来集合　学人民　谈学习　节能源
　儿童文学　全员团结　和平繁荣　严格执行　提前完成

③上声训练

(上＋上或上＋上＋上＋上是语流音变的内容,在此我们着重训练阴、阳、去三声与上声的组合)

阴＋上:书法　山顶　千古　艰苦　收取　听讲　终点　商场
阳＋上:即使　节选　民主　游览　宏伟　营养　食品　鼻孔
去＋上:酷暑　号码　作品　赞美　会场　大海　木偶　彻骨

④去声训练

　扩大　注意　照相　判断　热烈　现代　浩荡　建树
　要注意　创造物　必获胜　背信义　壮士气
　废物利用　爱护备至　变幻莫测　竞赛项目

3.声调综合训练

(1)四声词语练习

①同调相连

　江山多娇　息息相关　居安思危　卑躬屈膝
　和平繁荣　闻名全球　提前完成　儿童文学
　变幻莫测　意气用事　爱护备至　创造纪录

②四声顺序

　千锤百炼　山明水秀　深谋远虑　中流砥柱

风调雨顺　花红柳绿　光明磊落　诸如此类
③四声逆序
破釜沉舟　调虎离山　弄巧成拙　万马齐喑
妙手回春　异口同声　逆水行舟　叫苦连天
④四声交错
名不虚传　当机立断　鸟语花香　蝇营狗苟
前仆后继　生龙活虎　发愤图强　掩耳盗铃

(2)诗文

　　　　天门中断楚江开，碧水东流至此回。
　　　　两岸青山相对出，孤帆一片日边来。

(李白《望天门山》)

　　寻寻觅觅，冷冷清清，凄凄惨惨戚戚。乍暖还寒时候，最难将息。三杯两盏淡酒，怎敌他、晚来风急！雁过也，正伤心，却是旧时相识。满地黄花堆积，憔悴损，如今有谁堪摘？守着窗儿，独自怎生得黑！梧桐更兼细雨，到黄昏、点点滴滴。这次第，怎一个愁字了得！(李清照《声声慢》)

(3)绕口令

　　石室诗士施氏，嗜狮，誓食十狮。氏时时适市视狮。十时，适十狮适市。是时，适施氏适市。氏视十狮，氏矢势，使十狮逝世。氏拾是十狮尸，适石室。石室湿，氏使侍拭石室。石室拭，氏始试食十狮尸。食时，始识是十狮尸实十石狮尸。试释是事。

(赵元任《施氏食狮史》)

(4)朗读片段

　　快乐，它是一种富有概括性的生存状态、工作状态。它几乎是先验的，它来自生命本身的活力，来自宇宙、地球和人间的吸引，它是世界的丰富、绚丽、阔大、悠久的体现。快乐还是一种力量，是埋在地下的根脉。消灭一个人的快乐比挖掘掉一棵大树的根要难得多。

(节选自王蒙《喜悦》)

　　年少的时候，我们差不多都在为别人而活，为苦口婆心的父母活，为循循善诱的师长活，为许多观念、许多传统的约束力而活。年岁逐增，渐渐挣脱外在的限制与束缚，开始懂得为自己活，照自己的方式做一些自己喜欢的事，不在乎别人的批评意见，不在乎别人的诋毁流言，只在乎那一份随心所欲的舒坦自然。偶尔，也能够纵容自己放浪一下，并且有一种恶作剧的窃喜。

(节选自台湾杏林子《朋友和其他》)

4. 入声字的发音训练

(1) 单字练习

滴　汁　察　福　胁　笔　日　革
杀　物　谷　国　急　尺　绿　密

(2) 词语练习

八月　百合　逼迫　作业　剥削
答复　落叶　黑色　结扎　突出
成绩　默读　蜜月　节约　叔伯
物质　隔壁　出发　获得　的确
值日　学习　排骨　目录　解释
陆续　瞎说　掠夺　脉搏　格式

(3) 朗读古诗词

　　大江东去，浪淘尽、千古风流人物。故垒西边，人道是、三国周郎赤壁。乱石穿空，惊涛拍岸，卷起千堆雪。江山如画，一时多少豪杰！

　　遥想公瑾当年，小乔初嫁了，雄姿英发。羽扇纶巾，谈笑间、樯橹灰飞烟灭。故国神游，多情应笑我、早生华发，人生如梦，一樽还酹江月。

（宋·苏轼《念奴娇·赤壁怀古》）

(4) 绕口令

　　岳伯伯特有德，读书千百册，摘要写心得，博学阅历多，跟谁也谐和。岳伯伯不在家中坐，要上街去买笔和墨，遇见好友祝玉国，玉国拉着伯伯进宅把水喝，二人谈得很随和，话就格外多。岳伯伯和祝玉国一谈谈到鸡上窝，伯伯也没买成笔和墨。

　　葛立在屋外扫积雪，白雪在屋里做作业。白雪见葛立在屋外扫积雪，急忙放下手里的作业，到屋外帮助葛立扫积雪，白雪扫完了积雪，立即进屋再做作业。

（摘自《教师口语训练手册》）

本章训练目标和学习重点、难点

[训练目标]

准确发好普通话的四个声调。

[学习重点]

掌握声调的作用，调值、调类的概念。

[学习难点]
1.普通话四声与古代汉语声调的对应关系。
2.阴、阳、上、去四个声调的发音。
3.不同方言声调与普通话的声调的区别。

第四章 声母

第一节 普通话声母

一、声母的定义

声母是一个音节开头的辅音。普通话有 22 个辅音,其中 ng 不能做声母,因此普通话只有 21 个辅音声母。

普通话声母有两套读音:一套是本音,另一套是呼读音。本音即声母的本来读音,它是根据声母的发音部位、发音方法发出的音。呼读音即在辅音的后面加上一个元音组成,教学上大都使用这一套读音。例如:bo、te 等。

二、声母的作用

1.区别语义

声母的主要作用是区别语义。一个词中韵母和声调都相同,而声母不同,其意义就不同。例如:旅客(lǚkè)—女客(nǚkè)、暂时(zànshí)—战时(zhànshí)。

2.能区别音节的清晰度

声母的发音部分比较紧张,发音短促、有力,并且在音节的开头,发音干脆利落,在语流中能使音节界限区别明显,字字清晰可辨。

3.增强音节的力度和亮度

声母发音时蓄气充足,弹性有力,并与韵头迅速结合,增强整个音节的力度和亮度。

三、声母的分类

声母发音时气流在口腔中要受到各种阻碍,阻碍气流的位置和方式不同,也就形成了不同的声母。声母的发音过程也就是气流受阻和克服阻碍的过程,因此可以根据气流受阻的位置(发音部位)和阻碍气流的方式(发音方法)这两个方面来分析声母的发音。

(一)发音部位

发音部位是指气流在发音时受到阻碍的位置。舌头是成阻的主动器官,上颚是成阻的被动器官。成阻的主要部位有上下唇、上下齿背、上齿龈、硬腭的前部、软腭、舌尖、舌根等。具体部位如图4-1所示。

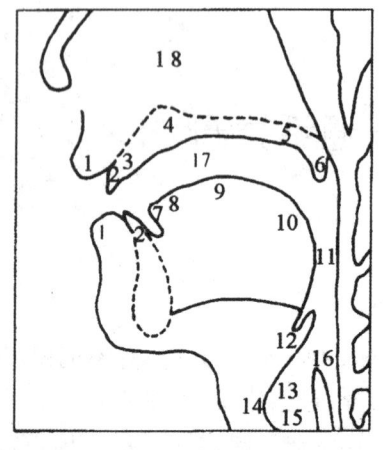

1.上下唇	2.上下齿
3.上齿龈	4.硬腭
5.软腭	6.小舌
7.舌尖	8.舌叶
9.舌面	10.舌根
11.咽腔	12.会厌软骨
13.声带	14.喉头
15.气管	16.食道
17.口腔	18.鼻腔

图4-1 发音器官示意图

根据发音部位,声母可以分成7类:
(1)双唇音:b、p、m;
(2)唇齿音:f;
(3)舌尖中音:d、t、n、l;
(4)舌根音:g、k、h;
(5)舌面音:j、q、x;
(6)舌尖后音:zh、ch、sh、r;
(7)舌尖前音:z、c、s。

(二)发音方法

声母的发音方法可以从三个方面分析:发音时构成阻碍(成阻)和消除阻碍(除阻)的方式、声带是否振动、除阻后气流的强弱。

1.阻碍的方式

根据成阻或除阻的方式不同,可以将21个辅音声母分成5类:

(1)塞音:b、p、d、t、g、k。发音时,发音部位紧闭,使气流受阻,然后突然打开,气流迸裂而出,爆破成音。

(2)塞擦音:j、q、zh、ch、z、c。发音时,发音部位紧闭,使气流受阻,既而气流挤开发音部位,形成窄缝,摩擦成音。

(3)擦音:f、h、x、sh、r、s。发音时,发音部位接近,形成窄缝,然后气流从窄缝中透出,摩擦成音。

(4)鼻音:m、n。发音时,发音部位紧闭,软腭下垂,打开鼻腔通道,气流振动声带,从鼻腔出来。

(5)边音:l。发音时,舌尖抵住上齿龈,舌尖两边留有空隙,气流振动声带,从舌头两边通过。

2.声带是否颤动

大部分声母在发音时声带不颤动,声音不响亮,不清晰,但也有少数的声母发音时声带是颤动的。根据发音时声带是否颤动,我们把声母分成浊音和清音两类。

(1)浊音:发音时声带颤动,声音较响亮清晰。普通话声母里有4个浊音,它们是m、n、l、r。

(2)清音:发音时声带不颤动,声音不响亮、不清晰。普通话声母除4个浊音外,其余17个声母都是清音。

3.气流的强弱

根据除阻后气流的强弱,可以把塞音和塞擦音分成送气音和不送气音。

(1)送气音:p、t、k、q、ch、c;

(2)不送气音:b、d、g、j、zh、z。

掌心放在嘴前,发音时,感觉有一股气流喷到手心的就是送气音,否则就是不送气音。

根据声母的分类,可以归纳出21个辅音声母的发音要领,如表4-1所示。

表 4-1 普通话辅音声母总表

发音方法			唇音		舌尖前音		舌尖中音		舌尖后音		舌面音		舌根音	
			双唇音	唇齿音										
			上唇	下唇	上齿	下唇	舌尖	齿背	舌尖	上齿龈	舌尖	硬腭前	舌面前	硬腭前	舌根	软腭
塞音	清音	不送气管	b[p]						d[t]					g[k]	
		送气音	p[p']						t[t']					k[k']	
塞擦音	清音	不送气管					z[ts]				zh[tʂ]		j[tɕ]		
		送气音					c[ts']				ch[tʂ']		q[tɕ']		
擦音	清音				f[f]		s[s]				sh[ʂ]		x[ɕ]	h[x]	
	浊音										r[ʐ]				
鼻音	浊音		m[m]						n[n]						
边音	浊音								l[l]						

四、21个声母的发音例词

b：	标兵	百般	薄饼	摆布	病变	板报	卑鄙	臂膀
p：	匹配	铺平	爬坡	偏僻	拼盘	澎湃	噼啪	评判
m：	美妙	门面	牧民	麻木	明媚	命名	冒昧	麦苗
f：	芳芬	仿佛	非法	纷繁	丰富	反复	肺腑	防范
d：	颠倒	达到	担当	大地	顶端	等待	断定	带动
t：	天体	探听	坦途	体贴	推托	贪图	团体	跳台
n：	袅娜	南宁	男女	泥泞	牛奶	农奴	恼怒	扭捏
l：	来路	拉力	老罗	流利	冷落	嘹亮	理论	联络
g：	高贵	鬼怪	尴尬	观光	骨干	梗概	规格	国歌
k：	坎坷	夸口	苛刻	口渴	刻苦	慷慨	可靠	空旷
h：	海涵	黄昏	和好	含混	悔恨	航海	呼唤	横祸
j：	积极	结晶	激进	交界	坚决	紧急	经济	焦急
q：	秋千	亲戚	铅球	轻巧	牵强	崎岖	请求	齐全
x：	详细	想象	细心	喜讯	新鲜	习性	学习	心胸
z：	走卒	造作	宗族	自尊	总则	在座	罪责	咂嘴
c：	猜测	措辞	仓促	残存	粗糙	层次	参差	葱翠
s：	琐碎	思索	松散	洒扫	诉讼	撕碎	搜索	色素
zh：	战争	招展	折中	政治	珍珠	支柱	指示	周章
ch：	常川	抄查	称臣	秤锤	乘除	充畅	踌躇	驰骋
sh：	山水	霎时	上市	少数	受伤	舒适	说书	税收
r：	惹人	软弱	如若	荣辱	柔软	仍然	忍让	濡染

第二节 声母辨正(一)

一、唇齿音f与舌根音h的辨正

福建方言包括闽方言和客家方言。闽方言中没有f声母,闽方言区的人往往用舌根音h代替唇齿音f。例如,把"理发(fà)"读成"理化(huà)"、"公费(fèi)"读成"工会(huì)"。客家话中(包括闽西客话和闽北客话)有f声母,且f声母的字远远超过普通话中f声母的字。普通话中h声母字往往被读成f声母字,如"救护(hù)"读成"舅父(fù)"。因此,分清f和h的发音是福建人说普通话的一道难关。要准确分辨f和h,应注意以下几个问题:

1.掌握正确的发音部位

闽南话、建瓯话、永安话中都没有f声母,因此得先掌握f的发音。从发音方法上看f和h都是清音。不同之处在于它们成阻的部位不同,f是上齿和下唇的内侧形成阻碍,而h是软腭和舌根形成阻碍。应特别注意发f时不能用两唇吹气,不能用上齿紧咬下唇,齿和唇之间必须留有缝隙。

2.准确辨识f声母字和h声母字

以下几种方法可供参考：

(1)根据偏旁进行类推。例如"分(fēn)"声母是f,那么用"分"做声旁的字,如"氛、份、纷、芬、粉"等声母也都是f。

(2)运用方言进行识记。闽南方言区的人可以通过方言与普通话的对应规律进行记忆。闽南话中可以读h又可以读b或p声母的字,普通话一定读f。例如："鸟飞了"的"飞",方言中读b声母,"飞机"的"飞"在方言中读h声母,这样在普通话中"飞"的声母就肯定是f。同种类型的字还有"房、沸、缝、饭、父、吠、帆"等。

客家方言中既有f也有h声母,客家人的主要问题不在于如何发好f声母,而在于如何解决f、h的混读。客家人混读f、h主要是集中在合口呼的韵母上,例如客家人经常把"呼、黄、煌、花、胡"等h声母的字读成f声母字。要克服这个问题,可以借助"普通话声韵配合表"进行辨析,声母f不与以u开头的韵母相拼,因此,凡是韵母开头的第一个音素是u的音节,其声母一定不是f。当然还可以借助偏旁进行类推,记住h声母的字,例如："会(huì)"声母是h,那么以"会"为声旁的字如"绘、烩、荟"其声母肯定也是h。另外,f和h都能与u相拼,因此hu音节的字,应该强记,它们包括"乎、呼、忽、壶、胡、葫、糊、湖、蝴、狐、弧、虎、唬、互、户、沪、护"等17个常用字。

二、鼻音n和边音l的辨正

福建人说普通话,往往n、l不分,其原因主要是在一些方言中没有n的发音,如：泉州、厦门、漳州等闽南方言区以及宁化、清流等客家方言区,大多以l代替n的发音。有不少方言中既有n也有l,但字的分布与普通话不尽相同,如永安话。这样就容易出现混读情况。例如：把普通话的"篮子(lánzi)"说成"男子(nánzi)"、"脑子(nǎozi)"说成"老子(lǎozi)"。福建人要正确地辨识n、l的发音,应注意以下几个问题：

1.掌握正确的发音部位和发音方法

要读准n、l,关键在于控制好软腭的升降。n的发音部位和l一样,都是舌尖抵住上齿龈发音,区别在于n是鼻音,气流从鼻腔出来,而l是边音,气流从舌头的两边出来。n和l的发音练习可以用捏鼻孔的方法,捏鼻孔后发音,如果觉得发音有困难,而且耳膜有鸣声就是n音,因为发n时软腭下降,气流振动声带要从鼻孔通过,捏住鼻孔就发不出鼻音。反之,捏住鼻孔而觉得发音不困难,耳膜无明显鸣声的,就是l音,因为发l时软腭上升,堵塞鼻腔通路,舌身收缩,气流由两边通过,不带鼻音。

根据福建人多数发不好 n 的情况,我们可以进行这样的练习,把 n 声母放在前鼻韵母字后面,让前字的收尾音 n 带出后面的 n 声母,以体会 n 的发音。

例词:看哪 kàn—na　　　新年 xīn—nián　　　叛逆 pàn—nì
　　　忍耐 rěn—nài　　　烂泥 làn—ní　　　　安娜 ān—nà

2.准确辨识 n 声母字和 l 声母字

下面有几条规律可供参考。

(1)凡是声旁与普通话声母 zh、ch、sh、r 有关或与 er 韵母有关以及以韵母 i 开头的齐齿呼零声母的字,普通话读 n 不读 l,例如:

zh、ch、sh:妞、拈、粘、碾、嫩、闹、尿

r:恁、匿、诺、溺、捏

er:你、您、耐、糯、聂、镊、蹑、腻

i:拟、凝、拗

用这样的方法,我们可以记住三分之一 n 声母的字。

(2)可以利用方言对应类推。例如,泉州话读与牛(niú)的声母相同的字,如"凝、拟、逆、倪"等,普通话读 n 不读 l。

(3)利用偏旁进行类推。例如"内"声母是 n,那么以"内"为声旁的字如"纳、钠、衲"等声母都是 n。

三、舌面音 j、q、x 与舌尖前音 z、c、s 的辨正

福建人说普通话,常常分不清 j、q、x 与 z、c、s 的发音,有些地方发不好 z、c、s,如闽南的南安、晋江、惠安等一部分地区常把"自己(zìjǐ)"发成"jǐjǐ"。有些地方直接用 z、c、s 代替 j、q、x,如闽东方言中的大部分地区,常把"细心(xìxīn)"说成"sìsīn"。要解决这个问题应注意以下几个问题:

1.正确区别 j、q、x 和 z、c、s 发音部位和发音方法的不同

j、q、x 是舌面音,发音时气流是从舌面的前部出来,气流摩擦的位置是舌面前和硬腭的前端,舌尖下压,放在下齿背上;z、c、s 是舌尖前音,发音时气流从舌尖和上齿背出去,舌面不能上抬。发不好 j、q、x 的主要原因是发音时部位朝前了,接近 z、c、s 的发音。而有部分人发 j、q、x 让气流从舌尖出来,发成尖音。我们可以用这种办法加以纠正:先让舌尖压在下齿背后,发音时不让舌尖起作用,然后舌尖的前部隆起,抵住或接近硬腭的前端构成阻碍。也可以用 g、k、h 与高元音 i 相拼,发成 gi、ki、hi,这三个音的阻碍是舌面和上腭,属舌的中后部,然后让发音部位往前移,直到找准部位为止。

2.辨识 j、q、x、和 z、c、s 的字

这主要是根据偏旁进行类推。声旁相同,声母一般相同。例如:西(xī)—牺(xī)。普通话中声母是 x 的字共有 211 个,其中 126 个字可以利用偏旁类推:

西(xī)—西、牺

息(xi)—息、熄、媳

悉(xi)—悉、蟋

昔(xi)—昔、惜

瞎(xia)—瞎、辖

先(xian)—先、洗、铣、宪

写(xie)—写、泻

萧(xiao)—萧、啸、箫

秀(xiu)—秀、锈、绣

心(xin)—心、芯

新(xin)—新、薪

辛(xin)—辛、锌

星(xing)—星、腥、醒、猩

相(xiang)—相、箱、想、湘

象(xiang)—象、像、橡

旬(xun)—旬、询、殉

讯(xun)—讯、迅、汛

宣(xuan)—宣、喧

县(xian)—县、现

旋(xuan)—旋、漩

鲜(xian)—鲜、癣

闽南方言区的人还可以借助方言来辨识。闽南方言中读 h 音的,普通话中若是舌面音,一般读作 x,而不读 j、q,更不能读为 s。常用字中闽南方言读 h 音而普通话读 x 声母的有:

xi—希、稀、牺、喜、戏、系、犀、熙、嬉、徙

xia—虾、峡、狭、下、夏、侠、暇、辖、霞

xie—歇、协、胁、携、血、械、挟

xiao—晓、孝、效、校

xin—欣、衅

xian—掀、贤、弦、嫌、衔、显、险、现、宪、陷、馅、羡、献、舷、涎

xing—刑、兴、形、型、杏、幸

xiang—乡、香、响、向、项、享

xiong—凶、胸、兄、雄、汹、熊、匈

xu—虚、许、旭、酗、恤

xue—穴、学、靴、薛

xun—训、汛、勋、熏、讯

xuan—玄

【练习】

1. f 和 h 的练习

(1) 字的对比练习

f—h：辅—虎　废—会　份—混　芳—慌
　　　发—画　返—缓　飞—辉　佛—活

(2) f 和 h 交错成词的训练

f—h：发慌　番号　繁华　反悔　返航　愤恨
　　　防火　飞花　分号　奉还　浮华　分毫

h—f：会费　杭纺　豪富　浩繁　合法　恢复
　　　横幅　洪峰　后方　护法　花粉　海防

(3) f 和 h 对比辨音

发展—花展　奋战—混战　防虫—蝗虫　不凡—不还
废话—会话　幅度—弧度　飞鱼—灰鱼　富丽—互利

(4) 绕口令练习

红黄方糖

红方糖,黄方糖,红黄方糖双方糖。红方糖,放红糖;黄方糖,放黄糖,方糖放糖分红黄。

凤凰

黄凤凰,灰凤凰,粉红墙上画凤凰。凤凰黄,凤凰灰,粉红墙上凤凰飞。

红红和芳芳

红红和芳芳是对孪生姊妹。红红会烫发,芳芳会画画。红红教芳芳烫发,芳芳教红红画画。芳芳学会了烫发,红红学会了画画。

(5) 段落朗读（注意加点字的读音）

　　很快他又有了新的机会,他让他的顾客每天把垃圾袋放在门前,然后由他早上运到垃圾桶里,每个月加一美元。之后他还想出了许多孩子赚钱的办法,并把它集结成书,书名为《儿童挣钱的二百五十个主意》。为此,达瑞十二岁时就成了畅销书作家,十五岁有了自己的谈话节目,十七岁就拥有了几百万美元。

（节选自《普通话水平测试实施纲要》中的朗读作品 4 号）

　　我们家前院就有位叔叔,擅扎风筝,远近闻名。他扎的风筝不只体型好看,色彩艳丽,放飞得高远,还在风筝上绷一叶用蒲苇削成的膜片,经风一吹,发出"嗡嗡"的声响,仿佛是风筝的歌唱,在蓝天下播扬,给开阔的天地增添了无尽的韵味,给驰荡的童心带来几分疯狂。

（节选自《普通话水平测试实施纲要》中的朗读作品 9 号）

2.n 和 l 的练习
(1)听音节,把声母记下来,而后准确发出每个字的音,再组成词

纳( )	勒( )	梨( )	泥( )	拉( )	拿( )
忍( )	男( )	料( )	闹( )	老( )	恼( )
宁( )	玲( )	庐( )	奴( )	人( )	入( )
兰( )	柔( )	漏( )	肉( )	然( )	奈( )

(2) n 与 l 交错成词的训练

n—l: 耐劳　　内力　　脑力　　凝练　　农历
　　　浓烈　　奴隶　　女郎　　暖流　　尼龙

l—n: 老娘　　烂泥　　来年　　辽宁　　烈女
　　　留念　　历年　　流脑　　遛鸟　　理念

(3)词的对比训练

n—l: 大怒—大陆　　女客—旅客　　浓重—隆重
　　　男鞋—蓝鞋　　脑子—老子　　老农—老龙
　　　水牛—水流　　难住—拦住　　黄泥—黄梨
　　　允诺—陨落　　门内—门类　　无奈—无赖

(4)绕口令练习

刘六放牛

刘六养了六头牛,牛儿头头黑溜溜。这天刘六去放牛,忽然看见六棵柳。六棵柳六头牛,六棵柳栓六头牛,柳栓牛,牛靠柳,刘六放牛乐悠悠。

梨和泥

梨树下边一潭泥,梨落泥潭泥裹梨,捞出泥潭裹泥梨,用水洗净梨上泥。

新老脑筋

新脑筋,老脑筋,老脑筋可以努力变成新脑筋,新脑筋不努力也会变成老脑筋。

老罗和老李

老罗拉了一车梨,老李拉了一车栗,人称老罗大力罗,老李人称李大力,老罗拉梨做梨酒,老李拉栗去换梨。

牛郎年年恋刘娘

牛郎年年恋刘娘,刘娘连连念牛郎;牛郎恋刘娘,刘娘念牛郎;郎恋娘来娘念郎。

老农闹老龙

老龙恼怒闹老农,老农怒恼闹老龙,农怒龙恼农更怒,龙恼农怒龙怕农。

(5)段落朗读

布鲁诺很不满意老板的不公正待遇。终于有一天他到老板那儿发牢骚了。老板一边耐心地听着他的抱怨,一边在心里盘算着怎样向他解释清楚他和阿诺德之间的差别。

(节选自《普通话水平测试实施纲要》中朗读作品2号)

3. j、q、x 与 zh、ch、s 的练习

(1) j、q、x 分别成词练习

j:	击剑	加剧	将军	经济	集结	进军	鸡精
q:	祈求	牵强	巧取	求全	群情	轻巧	恰巧
x:	西学	遐想	先贤	行凶	小写	信心	小溪

(2) j、q、x 交错成词训练

j—q:	尽情	加强	假期	讲求	九泉	近亲	景气
j—x:	精心	减刑	金星	进修	捐献	酒席	景象
q—j:	棋局	起居	千斤	侨眷	劝解	求教	切近
q—x:	前夕	浅显	球星	权限	谦虚	清闲	缺席
x—j:	下解	闲居	现金	乡间	兴建	戏剧	迅急
x—q:	习气	细巧	辖区	心情	乡亲	星期	学区

(3) j、q、x 与 z、c、s 交错成词练习

z—j:	自己	再见	杂家	造就	祖籍	尊敬	总局
j—z:	机组	记载	简则	镜子	抉择	酒糟	讲座
c—q:	财气	采取	残缺	词曲	此前	瓷器	粗浅
q—c:	七次	凄惨	潜藏	青草	奇才	清脆	枪刺
s—x:	丝线	私下	死心	苏醒	速写	缩小	搜寻
x—s:	喜色	习俗	细碎	遐思	闲散	线索	羞涩

(4)绕口令练习

司机和雌鸡

司机买雌鸡,仔细看雌鸡,七只小雌鸡,叽叽好欢喜,司机笑嘻嘻。

看风景

小金到北京看风景,小京到天津买纱巾。看风景,用眼睛,还带一个望远镜;买纱巾,带现金,到了天津把商店进。买纱巾,用现金;看风景,用眼睛;巾、京、金、津、睛、景都要读标准。

擒蜻蜓

小芹手脚灵,轻手擒蜻蜓。小青人精明,天天学钢琴。擒蜻蜓,趁天晴,小芹晴天擒住大蜻蜓。学钢琴,趁年轻,小青精益求精练本领。你想学小青还是学小芹。

(5)段落朗读(注意加点字的读音)

更为重要的是,读书加惠于人们的不仅是知识的增广,而且还在于精神的感化与陶冶。人们从读书学做人,从那些往哲先贤以及当代才俊的著述中学得他们的人格。人们从《论语》中学得智慧的思考,从《史记》中学得严肃的历史精神,从《正气歌》中学得人格的刚烈,从马克思学得人世的激情,从鲁迅学得批判精神,从托尔斯泰学得道德的执着。歌德的诗句刻写着睿智的人生,拜伦的诗句呼唤着奋斗的热情。一个读书人,是一个有机会拥有超乎个人生命体验的幸运人。

(节选自《普通话水平测试实施纲要》中朗读作品6号)

第三节 声母辨正(二)

一、舌尖前音 z、c、s 和舌尖后音 zh、ch、sh 的辨正

福建方言(包括闽方言和客家方言)中缺少 zh、ch、sh 的发音,通常用 z、c、s 代替 zh、ch、sh 的发音。在福建的小部分地区,如崇武沿海一带、惠安靠近仙游一带及莆田的一部分地区,常把 ch 或 c 发成 sh 或 s。出现 ch 与 sh、c 与 s 发音混乱的情况。例如:把"畅谈(chàngtán)"发成"(shàngtán)"。因此发音时应注意体会擦音与塞擦音的区别。

发好翘舌音,分清平、翘舌音是福建人学说普通话关键的问题。要克服这个问题应从以下几个方面入手:

1.认清 z、c、s 和 zh、ch、sh 在发音上的不同

这两组音都属于舌尖音。z、c、s 为舌尖前音,又称平舌音,发音时舌头平伸,舌尖接触齿背,舌尖不能和齿龈接触,舌面也不能接触上齿龈。zh、ch、sh 为舌尖后音,又称翘舌音,发音时舌尖应翘起来抵住或接近上齿龈和硬腭交界处有棱槽的地方,舌尖既不能放在上齿龈上,也不能翘过头放在硬腭上。

2.准确辨识平舌字和翘舌字,避免发音的错误或混读

(1)利用普通话声韵拼合的特点识记。从"普通话声韵配合表"中我们知道,普通话韵母 ua、uai、uang 不与平舌音 z、c、s 相拼,而能和 zh、ch、sh 相拼,因此当韵母是 ua、uai、uang 而分不清平翘时,我们就能确定其声母是翘舌音。

zh：抓、爪、拽、庄、桩、装、妆、壮、状、撞、幢
ch：揣、踹、窗、疮、床、闯
sh：刷、耍、衰、摔、率、蟀、甩、帅、双、霜、爽、孀

普通话韵母 ong 不与翘舌音 sh 相拼，所以，凡韵母为 ong 的字，声母肯定不会是翘舌音 sh。因此"松、诵、耸、忪、怂、悚、宋、送、讼、颂"等声母都是平舌音 s。

(2)借助形声字声旁来辨别。80%以上的汉字是形声字，我们可以借助声旁来类推，例如：占(zhān)—沾、苫、战、站(均为翘舌音)，支(zhī)—枝、翅(均为翘舌音)。这条规律应注意一些特殊性，如"从"(cóng)是平舌音，而"众"(zhòng)是翘舌音。我们可以通过记住特殊性来记住普遍性。

借用声旁，我们还可以这样判断，凡某字的声旁的声母在普通话中是 d、t 声母的，那么这个字就是翘舌音，而不是平舌音，如表 4-2 所示。

表 4-2　借助形声字声旁辨别平舌字和翘舌字

例　字	声旁声母	该字声母
绽、侈、蝉、说、终、铛	d	zh、ch、sh
始、纯、社、撞、蛇	t	zh、ch、sh

(3)可以借助方言进行辨识。闽方言区和闽西客家方言区中的人，若分不清 zh、ch 与 z、c 时，可以转读为方言，方言中声母是 d 或 t 的在普通话中声母就是翘舌音 zh 或 ch，而不是平舌音 z、c(闽南话应排除"择"与"泽"这两个字)。如表 4-3 所示。

表 4-3　借助方言辨识平舌字和翘舌字

方言区	例　字	方言声母	普通话声母
闽(闽南)	张、沾、迟、除、抽、彻、宠	d/t	zh 或 ch
客(邵武)	初、楚、差、抄、衬、插、铲、状	d/t	zh 或 ch

应说明的是在闽方言区读 d、t 声母的字如"窗""丑""耻"在客家方言区里未必读 d 或 t，在客家方言区里读 d、t 声母的字，在闽方言区里未必为 d、t 声母。

(4)掌握塞擦音和擦音的发音，体会它们发音的不同。塞擦音在发音时发音部位必须接触，擦音在发音时发音部位不能接触，只是靠近。

二、送气音和不送气音的辨正

1.送气音与不送气音的发音

在 b—p、d—t、g—k、zh—ch、z—c、j—q 这六组音中，b、d、g、zh、z、j 除阻后气流较弱，是不送气音；p、t、k、ch、c、q 除阻后气流较强，是送气音。福建部分地区发不好不送气音，闽西客家方言区常把不送气音发成送气音，如把"鼻 bí"发成"皮 pí"。

2.练习方法

送气音(本音)正音练习:把手放在嘴巴前,感受发 b 和 p 时气流的强弱差异。

p—像吹灭蜡烛那样吐气。

q、c—像车胎漏气那样吐气。

k—模仿火车开动时放气的声音:ika…ika。

三、r 与 m 的发音

1.r 声母的发音

福建方言大都没有 r 声母。福建人说普通话常常以 l 或 n 代替 r。例如:把"出入(chūrù)"说成"chūnù","很热(hěnrè)"说成"很乐(hěnlè)"。这样就导致了 n、l、r 的混淆。应注意 r 的发音部位比 n 和 l 稍后,舌尖是放在硬腭的前部,上齿龈的后面,且发音时声带颤动,是个浊音。

常用字里声母是 r 的字约 50 个,下列是普通话 r 声母常用字的声旁类推表,可帮助大家记忆:

饶(rao)—饶、绕、娆　　　　然(ran)—然、燃

嚷(rang)—嚷、壤、瓤、攘　　人(ren)—人、认

壬(ren)—壬、任、饪、佳　　　刃(ren)—刃、忍、纫、韧、仞

扔(reng)—扔、仍　　　　　　柔(rou)—柔、揉、蹂

容(rong)—容、蓉、榕、熔、溶　戎 rong—戎、绒

辱(ru)—辱、褥、蓐　　　　　儒(ru)—儒、蠕、嚅、濡

如(ru)—如、茹　　　　　　　闰(run)—闰、润

若(ruo)—若、箬、惹(re)

除此以外还有:热(re)、仁(ren)、日(ri)、肉(rou)、弱(ruo)、染冉(ran)、软阮(ruan)、荣茸冗融(rong)、乳汝入(ru)、锐蕊瑞(rui)。

2.m 声母的发音

m 从发音方法上看是个鼻音,发音时软腭要下降,打开鼻腔通道,气流从鼻腔出去,且发音时声带颤动。福建人大部分发不好 m 音,常把 m 发成与口音同部位的浊音[b]。如把"米"发成[bi^{214}]。

四、读准普通话零声母的字

普通话一部分读零声母的字,如"鹅、爱、欧、袄、安"等在有些方言中读成了有声母的字,大致情况如下:

(1)在读以 a、o、e 开头的零声母字时,常在前面加舌根鼻音 ng,如青岛人将"安"读成"ngan"、"欧"读成"ngou"、"恩"读成"ngen";有的方言加 n 声母,如天津话的"爱",只要把该读零声母的字记熟,去掉前面的 ng 或 n,直接发元音就行了。

(2)普通话中合口呼的零声母字,有的方言读成了 v(唇齿浊擦音)声母,如"万、

闻、物、尾、问"等字;在吴方言中读成 v 声母或以 v 代 u,如宁夏话的"文",桂林话的"武"。只要在发音时注意把双唇拢圆,不要让下唇和上齿接触,就可以改正了。此外有些方言把普通话的这类声母读成了 m 声母,如广州话、玉林话的"文",因此就要记熟这类零声母的字,不要读成 m 声母。

【练习】

1.z、c、s 与 zh、ch、s 的练习

(1)字的对比训练(对比平翘舌的发音,再分别组成词)

散—闪	仔—纸	字—挚	孜—知
砸—炸	增—蒸	赠—正	尊—谆
从—崇	才—豺	村—春	苍—昌
四—市	司—师	素—树	桑—伤
粽—众	窜—串	辞—迟	僧—升
子—纸	怎—诊	早—找	丧—伤

(2)zh、ch、sh 和 z、c、s 词组的对比辨音

自 zì 愿—志 zhì 愿　　　　鱼刺 cì—鱼翅 chì　　　　私 sī 人—诗 shī 人
仿造 zào—仿照 zhào　　　粗 cū 布—初 chū 步　　　姿 zī 势—知 zhī 识
新村 cūn—新春 chūn　　　宗 zōng 旨—中 zhōng 止　资 zī 助—支 zhī 柱
自 zì 动—制 zhì 动　　　　物资 zī—物质 zhì　　　　糟 zāo 了—招 zhāo 了
近似 sì—近视 shì　　　　　搜 sōu 集—收 shōu 集　　增 zēng 订—征 zhēng 订
从 cóng 来—重 chóng 来　 资 zī 源—支 zhī 援　　　　阻 zǔ 力—主 zhǔ 力
木材 cái—木柴 chái　　　　桑 sāng 叶—商 shāng 业　 申诉 sù—申述 shù
栽 zāi 花—摘 zhāi 花　　　 五岁 suì—午睡 shuì　　　八层 céng—八成 chéng
树 shù 立—肃 sù 立　　　　早 zǎo 到—找 zhǎo 到　　 乱草 cǎo—乱吵 chǎo

(3)平舌音 z、c、s 与翘舌音 zh、ch、sh 交错成词的练习

z—zh:	增值	遵照	尊长	罪证
	作战	组织	自传	佐证
zh—z:	制造	中词	肘子	猪鬃
	主宰	专责	壮族	张嘴
c—ch:	草虫	操持	餐车	财产
	磁场	辞呈	促成	存储
ch—c:	纯粹	蠢材	唱词	筹措
	陈词	差错	场次	出彩
s—sh:	算式	岁数	随身	缩手
	所属	散射	诉说	松树
sh—s:	栓塞	曙色	深思	守丧
	输送	失散	胜似	声速

(4)平翘舌绕口令练习

四和十

四是四,十是十,十四是十四,四十是四十。谁能说准四十、十四、四十四,谁来试一试。谁说十四是习细,就打谁十四,谁说四十是细习,就打谁四十。

狮山寺

狮子山上狮山寺,山寺门前四狮子,狮子看守狮山寺,山寺保护石狮子。

镇江醋

镇江路镇江醋,镇江名醋出此处。认错出处买错醋,你要买醋别仓促,仓仓促促买错醋,错买次醋味儿不足。

司老师和史老师

司老师爱作词,史老师爱作诗,司老师的词不如史老师的诗,史老师的诗不如司老师的词。司老师向史老师学作诗,史老师向司老师学作词。司史老师天天练习作诗词。

手指和字纸

紫手指挨上湿字纸,湿字纸变成紫字纸,紫字纸挨上湿手纸,湿手指变成紫手指。

子词丝

四十四个字和词,组成一首子词丝的绕口令。桃子李子梨子栗子桔子柿子杏子,栽满院子村子和寨子。刀子斧子锯子凿子锤子刨子尺子,做出桌子椅子和箱子。名词动词数词量词代词副词助词连词,造成句子诗词和唱词。蚕丝生丝热丝染丝晒丝缫丝织丝,自制粗丝细丝人造丝。

三哥三嫂子

三哥三嫂子,请借给我三斗三升酸枣子。等我明年上山摘了酸枣子,再如数奉还三哥三嫂子这三斗三升酸枣子。

瓷盘和鱼翅

紫瓷盘,盛鱼翅。一盘热鱼翅,一盘生鱼翅。迟小池拿了一把瓷汤匙,要吃清蒸美鱼翅。一口鱼翅刚到嘴,鱼刺刺进齿缝里,疼得小池拍腿挠牙齿。

(5)段落朗读(注意加点字的读音)

那是力争上游的一种树,笔直的干,笔直的枝。它的干呢,通常是丈把高,像是加以人工似的,一丈以内,绝无旁枝;它所有的桠枝呢,一律向上,而且紧紧靠拢,也像是加以人工似的,成为一束,绝无横斜逸出;它的宽大的叶子也是片片向上,几乎没有斜生的,更不用说倒垂了;它的皮,光滑而有银色的晕圈,微微泛出淡青色。这是虽在北方的风雪的压迫下却保持着倔强挺立的一种树!哪怕只有碗来粗细罢,它却努力向上发展,高到丈许,两丈,参天耸立,不折不挠,对抗着西北风。

(节选自《普通话水平测试实施纲要》中的朗读作品1号)

在一次名人访问中,被问及上个世纪最重要的发明是什么时,有人说是电脑,有人说是汽车,等等。但新加坡的一位知名人士却说是冷气机。他解释,如果没有冷气,热带地区如东南亚国家,就不可能有高的生产力,就不可能达到今天的生活水准。他的回答实事求是,有理有据。

(节选自《普通话水平测试实施纲要》中的朗读作品60号)

2.送气音和不送气音的练习

(1)字的对比练习

b—p　　d—t　　g—k　　j—q　　zh—ch　　z—c
包—抛　待—太　该—开　激—期　者—扯　　脏—仓

(2)不送气音词语练习

定夺　动静　电镀　调值　局部　盗贼
代办　被袋　共聚　跪坐　奠定　直截
自助　杂技　暴病　极度　罪状　动荡

(3)组词对比练习

b—p：　逼迫　　摆谱　　被迫　　半票
p—b：　拍板　　旁边　　排比　　判别
d—t：　顶替　　地毯　　动弹　　灯塔
t—d：　坦荡　　态度　　糖弹　　特点
g—k：　功课　　孤苦　　高亢　　攻克
k—g：　凯歌　　看管　　考古　　刻骨
j—q：　机器　　佳期　　嘉庆　　坚强
q—j：　千斤　　曲剧　　清剿　　群君
zh—ch：支持　　展翅　　战车　　章程
ch—zh：插针　　查证　　车站　　诚挚
z—c：　字词　　早操　　造次　　杂草
c—z：　擦澡　　刺字　　才子　　参赞

(4)不送气音与送气音的词语对比练习

b—p：　公办—公判　　部位—铺位
　　　　迸裂—碰裂　　辫子—骗子
d—t：　被盗—被套　　淡化—碳化
　　　　肚子—兔子　　动心—痛心

g—k： 孤树—枯树　　鼓励—苦力
　　　工地—空地　　米缸—米糠
j—q： 坚强—牵强　　犟人—呛人
　　　及时—其时　　净利—清气
zh—ch：直到—迟到　　助手—触手
　　　常住—长处　　侄子—池子
z—c： 字眼—刺眼　　座位—错位
　　　在场—菜场　　租人—粗人

(5)绕口令练习

葡萄

吃葡萄不吐葡萄皮,不吃葡萄倒吐葡萄皮。

盆和瓶

车上放着一个盆,盆里放着一个瓶。乒乒乒,乓乓乓,瓶碰盆,盆碰瓶,不知是盆碰坏了瓶,还是瓶碰坏了盆。

3．r 的练习

(1)声母是 r 的词语练习

柔软　熔融　柔弱　荣任　容忍　如若
孺人　闰日　柔韧　如日　荣辱　仍然

(2) n、l 与 r 交错成词练习

n—r：拟人　袅绕　懦弱　男人　内燃
　　　能人　宁日　呢绒　纳入　泥人
l—r：蜡染　腊日　老人　落忍　来日　利润
　　　礼让　老弱　历任　乱扔　朗润

4．m 的练习

(1)声母是 m 的词语练习

美妙　命名　弥漫　冒昧　泯灭　渺茫　门面　梦寐
磨灭　麻木　漫骂　茂密　迷茫　面貌　眉毛　木棉

(2) m 与其他声母成词练习

美好　麻烦　磨炼　明天　麻绳　猛然　芒种　冒号
说明　革命　污蔑　球迷　计谋　财贸　苦闷　起名

(3)绕口令练习

蓝布棉门帘

有座面铺面朝南,门口挂个蓝布棉门帘。摘了蓝布棉门帘,看了看,面铺面朝南;挂上蓝布棉门帘,看了看,面铺还是面朝南。

说日

夏日无日日亦热,冬日有日日亦寒,春日日出天渐暖,晒衣晒被晒褥单,秋日天高复云淡,遥看红日迫西山。

日头石头舌头

天上有个日头,地下有块石头,嘴里有个舌头,手上有五个手指头。不管天上的热日头,地下的硬石头,嘴里的软舌头,手上的手指头,还是热日头、硬石头、软舌头、手指头,反正都是练舌头。

5. 零声母辨音

(1)零声母辨音

爱 ài 心—耐 nài 心　　海岸 àn—海难 nàn　　大义 yì—大逆 nì
傲 ào 气—闹 nào 气　　疑 yí 心—泥 ní 心　　　语 yǔ 序—女 nǚ 婿
文 wén 风—门 mén 风　余味 wèi—愚昧 mèi　　每晚 wǎn—美满 mǎn
纹 wén 路—门 mén 路　万 wàn 丈—幔 màn 帐　五味 wèi—妩媚 mèi

(2)读准零声母字词

阿姨 āyí　　　挨饿 ái'è　　　昂扬 ángyáng　熬药 áoyào　　偶尔 ǒu'ěr
扼要 èyào　　 压抑 yāyì　　　沿用 yányòng　演义 yǎnyì　　扬言 yángyán
洋溢 yángyì　谣言 yáoyán　　幽雅 yōuyǎ　　友谊 yǒuyì　　外围 wàiwéi
忘我 wàngwǒ　委婉 wěiwǎn　 万般 wànbān　　唯物 wéiwù　　无谓 wúwèi

本章训练目标和学习重点、难点

[训练目标]
准确地发出 21 个声母。

[学习重点]
准确地掌握 21 个声母的发音部位。

[学习难点]
1. 平舌音 z、c、s 和翘舌音 zh、ch、sh 发音。
2. 舌面音 j、q、x 的发音。
3. 舌根音 h 和唇齿音 f 的发音。
4. 鼻音 n 和边音 l 以及翘舌音 r 的发音。
5. 鼻音 m 的发音。

第五章 韵母

第一节 普通话韵母

一、韵母的定义

韵母是音节中声母后面的部分。

普通话有 39 个韵母,其中 23 个由元音(单元音或复合元音)充当,16 个由元音附带鼻辅音韵尾构成。因此,普通话的韵母是由元音或以元音为主要成分构成的。这决定了韵母的发音是响亮清晰的。元音的主要特征是:(1)气流在口腔中不受阻碍;(2)气流较弱;(3)发音器官肌肉均衡紧张;(4)正常发音时声带震动。

二、韵母的分类

1.按结构分类

普通话的韵母按结构来分,可分为单韵母、复韵母和鼻韵母。单韵母又叫单元音韵母,由单元音充当韵母。普通话有 10 个单韵母:a、o、e、i、u、ü、ê、-i(前)、-i(后)、er。复韵母又叫复合元音韵母,由复合元音充当韵母。普通话有 13 个复韵母:ai、ei、ao、ou、ia、ie、ua、uo、üe、iao、iou、uai、uei。鼻韵母又叫复合鼻尾音韵母,是由元音带上鼻辅音韵尾(-n、-ng)构成的韵母。普通话有 16 个鼻韵母:an、en、in、ün、ian、uan、üan、uen、ang、eng、ing、ong、iang、uang、ueng、iong。

2.按"四呼"分类

韵母的内部结构又可以细分为韵头、韵腹、韵尾三部分。韵母中声音最响亮的部分是韵腹,由韵母中开口度最大的元音充当。韵腹前面的元音为韵头,韵腹后面的元音或辅音为韵尾。例如:uai、ian,韵头、韵腹、韵尾三者俱备。但并非所有的韵母都同时具备韵头、韵腹、韵尾。有的是缺韵头,只有韵腹、韵尾,如 ei、ao;有的是有韵头、韵腹,但缺韵尾,如 ie、ou;还有的是韵头、韵尾都缺省,只剩韵腹,如 a、o。

汉语传统语音学为了表述声韵的拼合关系,根据韵母开头元音的发音口形把韵母分为"四呼":

开口呼,指没有韵头,韵腹又不是 i、u、ü 的韵母。普通话有 15 个开口呼韵母:a、o、e、ai、ei、ao、ou、an、en、ang、eng、ê、-i(前)、-i(后)、er。

齐齿呼,指韵头或韵腹是 i 的韵母。普通话有 9 个齐齿呼韵母:i、ia、ie、iao、iou、ian、in、iang、ing。

合口呼,指韵头或韵腹是 u 的韵母。普通话有 10 个合口呼韵母:u、ua、uo、uai、uei、uan、uen、ueng、uang、ong。

撮口呼,指韵头或韵腹是 ü 的韵母。普通话有 5 个撮口呼韵母:ü、üe、üan、ün、iong。

(注:韵母 ong、iong,汉语拼音方案根据开头的字母分别列入开口呼和齐齿呼,而"四呼"的分类根据实际发音应分别归入合口呼和撮口呼。)

三、韵母的作用

韵母是普通话音节中必不可少的成分。普通话音节允许没有声母(零声母音节),但不能没有韵母及声调(个别叹词除外,如"嗯"等)。换句话说,汉语音节中不一定全有辅音,但必须有元音。韵母大多可以自成零声母音节(-i[ɿ]、-i[ʅ]、ong 等韵母除外)。

韵母的主要作用是区别语义。音节中如果声母、声调都相同,而韵母不同,则意思就不一样。不同方言区的人如果发不好普通话韵母,就有可能混淆词义,影响交际。其次,韵母还使音节饱满响亮。韵母中的韵腹发音时开口度都较大,共鸣丰满,增强了音节的"拉开立起"之势;韵腹带上声调,使音节充实而响亮,饱满而挺拔,形成抑扬顿挫的音乐美。

第二节 韵母的发音

一、单韵母

(一)单韵母的定义

单韵母是由单元音构成的韵母。

元音的发音过程是,声带震颤,气流到达口腔,经过舌头和唇形状态的调节变化,使共鸣腔(主要是口腔)造成不同的共鸣方式,产生不同的音色。

元音的发音主要靠舌位和唇形的调节变化。舌头是在调音作用中最活跃、最积极的器官。舌位是指舌面隆起接近上腭最高的部位,它构成了舌面隆起与上腭之间最狭窄的部位。唇形是指发音时嘴唇形状的圆展程度。元音的发音条件有三条:(1)舌位的前后;(2)舌位的高低和口的开合(口的开合即上下颌开度,它随着舌位的高低而自然变化);(3)唇形的圆展。元音大致可分为圆唇元音和不圆唇元音。

描写元音的发音条件,通常用舌面元音图来表示(如图 5-1)。

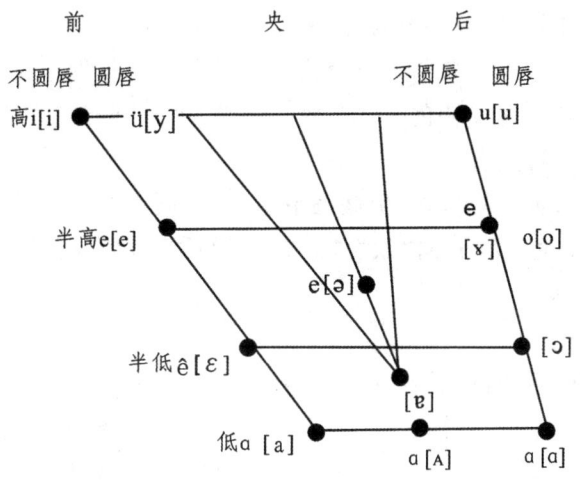

图 5-1　舌面元音舌位图

图 5-1 中不规则的四边形元音图是根据发元音时舌位在口腔里的最高点确定下来的。在发元音时不产生摩擦的前提下,首先找出两个极限点:最前最高——舌尖抵住下齿背,舌面隆起接近硬腭的部位,如[i];最后最低——舌尖离开下齿背,舌身后缩,舌体降到最低,而舌面略微凸起的高点对着软腭,就是元音[ɑ]。在高元音和低元音之间又划分出半高、半低两级,介于半高和半低之间的元音叫中元音。介于前元音和后元音之间的叫央元音。

普通话 10 个单韵母中有 7 个是由舌面元音充当的,它们是 ɑ、o、e、ê、i、u、ü。另外还有 3 个不是舌面元音,称之为"特殊元音",即 er、-i[ɿ]、-i[ʅ]。

7 个舌面元音按元音舌位和唇形进行分类,从舌位的前后看,其中 3 个前元音:i、ü、ê;1 个央元音:ɑ;3 个后元音:e、o、u。从舌位的高低看,3 个高元音:i、u、ü;2 个半高元音:e、o;1 个半低元音:ê,1 个低元音:ɑ。从唇形的圆展来看,3 个圆唇元音:o、u、ü;4 个不圆唇元音:ɑ、e、i、ê。

(二)单韵母的发音

1. ɑ 央低不圆唇元音

发音时,口大开,舌位低,舌尖微离下齿背或微接下齿背,唇形不圆。例如:

爸爸　妈妈　砝码　大厦　拉萨　邋遢

耷拉　打靶　打发　蛤蟆　马达　哪怕

2. o 后半高圆唇元音

发音时,口半闭,舌位半高,舌尖远离下齿背,双唇拢圆。例如:

馍馍　搏斗　剥夺　婆婆　笸箩　脉脉

伯伯　　佛陀　　薄弱　　泼墨　　婆娑　　没落

3. e 后半高不圆唇元音

发音情形和 o 相似,但双唇要自然展开。例如：

客车　　割舍　　各个　　合格　　社科　　折射
车辙　　隔阂　　特色　　色泽　　苛刻　　隔热

4. ê 前半低不圆唇元音

发音时,口半开,舌位半低,舌尖微触下齿背,双唇不圆。此韵母在普通话音节中极少独立构成韵母,除了语气词"欸"外。在普通话音节中,它只在复韵母 ie、üe 中出现。

5. i 前高不圆唇元音

发音时,口微开,舌位高,舌尖充分接触下齿背,两唇呈扁平形。例如：

比例　　底细　　礼仪　　立即　　利益　　体力
荸荠　　笔记　　激励　　霹雳　　洗涤　　歧义

6. u 后高圆唇元音

发音时,两唇拢圆,留一小孔,舌后缩,舌根隆起,接近软腭。例如：

哺乳　　朴素　　瀑布　　目录　　夫妇　　服务
补助　　部署　　督促　　辘轳　　速度　　住宿

7. ü 前高圆唇元音

发音情形和 i 相似,但是两唇要拢圆。例如：

女婿　　旅居　　曲率　　序曲　　雨具　　絮语
聚居　　区域　　须臾　　栩栩　　豫剧　　玉宇

8. er 卷舌元音

这是一个特殊元音。它由两个字母合拼成一个韵母,仍属单元音韵母。发音时,口形略开,舌位不前不后不高不低,舌尖向硬腭卷起。例如：

儿女　　洱海　　尔后　　而今　　儿戏　　鸸鹋
而且　　儿童　　耳朵　　二胡　　诱饵　　洱水

9. -i[ɿ] 舌尖前不圆唇元音

发音时,注意舌尖前伸接近上齿背,但不接触。口略开,嘴角向两旁展开。气流通过时不发生摩擦。这个韵母只和 z、c、s 相拼。例如：

字词　　恣肆　　孜孜　　子嗣　　赐死　　此次
自私　　自此　　刺字　　次子　　私自　　丝丝

10. -i[ʅ] 舌尖后不圆唇元音

发音时,舌尖微翘接近硬腭,但不接触。口略开,展唇。气流通过时不发生摩擦。这个韵母只和 zh、ch、sh、r 相拼。例如：

知识　　直至　　指示　　智齿　　实施　　史诗
支持　　咫尺　　石狮　　矢志　　日志　　日食

二、复韵母

1.复韵母的定义

复韵母是由两个或三个元音复合而成的韵母。复合元音是相对单元音而言的。单元音发音时,舌位和唇形没有明显的移动变化。而复合元音发音时,因为要体现每个构成部分,因此舌位和唇形要连续移动变化。这种移动变化的过程称作"动程"。

复合元音的舌位移动产生了一串元音音素,因此复合元音是由一串元音音素复合而成的,从听觉上已经复合成一个固定的音组。由一个元音的舌位向另一个元音舌位的方向作直线的移动,叫作"二合元音"。标音用两个字母,表示元音舌位的起点、止点或舌位移动的方向。如果元音舌位出现曲折移动,称作"三合元音"。标音用三个字母,中间的字母表示元音舌位移动的折点。

复合元音的发音特点是:①由一串元音音素复合而成,不是表示起点、折点、止点的元音音素的简单相加。②在表示起止的元音音素之间,有一些元音音素在舌位滑动过程中滑过去。③这种舌位的滑动过程是快速的,给人们留下印象的仍是开头和收尾的元音成分。④普通话复合元音开头、中间和收尾的元音部分,总是其中一段清晰、响亮,而且发音稍长。二合元音中开头响亮清晰的叫"前响复合元音",收尾响亮清晰的叫"后响复合元音",三合元音在普通话中一定是中间的元音音素响亮清晰,是"中响复合元音"。

普通话韵母的韵头、韵腹、韵尾在发音时轻重长短不一致。

韵腹前面的 i、u、ü 称作韵头,都是高元音。它的发音轻而短,只表示复韵母发音的起点,一发就滑向另一个元音了。韵头介于声母和韵腹之间,所以也叫介音或介母,如"jiā"(家)中的"i","guāi"(乖)中的"u","xué"(学)中的"ü"。

韵腹是韵母的主干,比起韵头、韵尾来,声音最响亮清晰,所以也叫"主要元音"。它一般由 a、o、e、ê 充当,i、u、ü、-i、er 也可以充当韵腹。复韵母中的韵尾只限于韵腹后头的 i、u(o),只表示复韵母滑动的最后方向,音值含混而不太固定。

前响复合元音又指韵腹在前的韵母,也叫"前响复元音韵母"。普通话中有 4 个:ai、ei、ao、ou。后响复合元音又指韵腹在后的韵母,也叫"后响复元音韵母"。普通话中有 5 个:ia、ie、ua、uo、üe。中响复合元音又指韵腹居中的韵母,也叫"中响复元音韵母"。普通话中有 4 个:iao、iou、uai、uei。

2.复韵母的发音

(1)前响复韵母

ai、ei、ao、ou 发音的共同点是开头的元音音素响亮清晰,收尾的元音音素轻短模糊。收尾的字母(或音标)只表示舌位移动的方向,舌位移动的终点不太确定。例如:

爱戴　　择菜　　晒台　　开采　　拆台　　灾害

飞贼	配备	肥美	贝类	妹妹	非得
懊恼	操劳	唠叨	牢骚	抛锚	毛糙
筹谋	抖擞	丑陋	佝偻	兜售	叩头

(2)后响复韵母

ia、ie、ua、uo、üe发音的共同点是开头的元音不太响亮比较短促,但不模糊。收尾的元音音素响亮清晰,在韵母中处于韵腹地位,舌位移动的终点确定。例如:

家家	假牙	加价	恰恰	下牙	压价
趔趄	歇业	贴切	结业	爷爷	姐姐
花滑	娃娃	挂花	耍滑	花袜	画画
菠萝	做作	火锅	懦弱	硕果	琢磨
雀跃	约略	血液	月夜	绝学	决绝

(3)中响复韵母

iao、iou、uai、uei发音的共同点是舌位由高向低滑动,再从低向高滑动。相比较而言,开头的元音音素不太响亮较短促(紧而短),中间的元音音素响亮清晰(响而长),收尾的元音音素轻短模糊(短而弱)。例如:

脚镣	叫嚣	缥缈	窈窕	逍遥	调料
久留	求救	绣球	悠久	牛油	优秀
怀揣	外踝	外快	乖乖	摔坏	拐坏
垂危	翠微	悔罪	汇兑	推诿	坠毁

三、鼻韵母

1.鼻韵母的定义

鼻韵母是复合鼻尾音充当的韵母。复合鼻尾音就是元音音素之后附带一个鼻辅音作为尾音(韵尾)。

普通话韵母中有两个鼻辅音韵尾-n、-ng。韵尾-n的发音同声母n基本相同,只是-n的部位比n靠后。从受阻的情况来看,声母n必须除阻后同后面的韵母拼合,而韵尾-n不必除阻,发音逐渐减弱而终止。韵尾-ng是舌面后鼻音,和声母g、k、h是同一个发音部位。发音时,舌面后部隆起,与软腭接触,阻塞气流通过,同时软腭下降,打开鼻腔通路,声带颤动。

鼻韵母的发音特点是:(1)元音音素同鼻辅音韵尾之间是复合的关系,不是简单的相加。在复合的过程中,也有舌位的移动过程,即有"动程"。它与复合元音的不同在于收尾的音是以鼻辅音的阻碍结束。鼻辅音发音时声带颤动,比其他清辅音响亮。(2)在元音舌位向鼻辅音韵尾移动的后半段,元音音素的发音由于受到后面鼻辅音的影响,出现一段短暂的"半鼻化"的过渡。这是语音结合过程中必然发生的现象。(3)鼻辅音韵尾同它前面相接的元音音素结合得很紧密。

普通话明确区分以-n和-ng为韵尾的两组韵母。在普通话语音教学中,通常把-n称为"前鼻尾音",把-ng称作"后鼻尾音",还可以通俗地称为"前鼻音"和"后鼻音"。普通话有鼻韵母16个,其中以-n为韵尾的韵母有8个:an、en、in、ün、ian、uan、uen、üan;以-ng为韵尾的韵母有8个:ang、eng、ing、ong、iang、uang、ueng、iong。

2.鼻韵母的发音

(1)前鼻音韵母

an、en、in、ün发音时,先发元音,紧接着软腭逐渐降下来增加鼻音色彩,舌尖向上齿龈移动,最后抵住上齿龈发n。例如:

安然	斑斓	参赞	犯难	烂漫	湛蓝
沉闷	愤恨	门诊	审慎	深圳	人参
濒临	金印	临近	信心	音频	薪金
军训	均匀	芸芸	逡巡	循循	菌群

ian、uan、üan、uen发音时,从前面的轻而短的元音(韵头)滑到中间较响亮的主要元音(韵腹),紧接着软腭逐渐降下来,鼻腔通路打开,舌尖往上齿龈移动,最后抵住上齿龈发n。例如:

癫痫	艰险	棉线	鲜艳	盐碱	垫肩
宦官	软缎	传唤	宛转	专款	串换
涓涓	全权	渊源	圆圈	轩辕	源泉
混沌	温存	谆谆	困顿	温顺	昆仑

(2)后鼻音韵母

ang、eng、ing、ong、iong发音时,先发元音,紧接着舌面后部往软腭移动并抵住软腭发ng。例如:

帮忙	当场	行当	商场	烫伤	浪荡
承蒙	逞能	丰盛	风筝	冷风	声称
冰凌	秉性	并行	酩酊	轻盈	影评
动容	烘笼	红铜	红肿	恐龙	脓肿
炯炯	汹涌	穷凶	熊熊	永留	窘况

iang、uang、ueng发音时,前面的韵头轻短,只表示舌位从那里开始移动。紧接着发一个响亮清晰的a或e,然后舌面后部往软腭移动并最后抵住软腭发ng。例如:

粮饷	踉跄	洋姜	响亮	向阳	良将
框框	狂妄	双簧	网状	往往	装潢
老翁	嗡嗡	水瓮	蓊郁	蕹菜	渔翁

第三节 韵母的辨正

一、齐齿呼韵母和撮口呼韵母的辨正

1.记少推多法

齐齿呼韵母和撮口呼韵母对比的音节共有12对：

yi—yu	ji—ju	qi—qu	ye—yue	jie—jue	qie—que
衣—域	记—居	期—区	业—月	节—觉	切—缺
xi—xu	li—lü	ni—nü	xie—xue	lie—lüe	nie—nüe
西—需	里—旅	你—女	协—学	列—略	聂—虐

其余的 bi、pi、mi、di、lia、jia、qia、xia、bie、pie、mie、die、tie、yao、biao、piao、miao、diao、tiao、niao、liao、jiao、qiao、xiao、you、miu、diu、niu、liu、jiu、qiu 则没有对比的音节。

根据普通话声韵拼合特点可以得知，普通话有 5 个撮口呼韵母 ü、üe、ün、üan、iong（实际发音属撮口呼韵母），ü、üe 能拼合的声母只有 n、l、j、q、x；ün、üan、iong 能拼合的声母只有 j、q、x。因此，普通话撮口韵音节比齐齿韵音节要少得多。我们只要集中记住少量的撮口韵字，就可有效地分辨 i、ü 的字。

2.声旁类推法

①与下列代表字偏旁相同的字，普通话中一般为 ü 韵母字：于、寓、予、浴、俞、鱼、於、余、吕、虑、绿、居、句、具、巨、菊、沮、取、讴、去。例如：芋、遇、豫、峪、愉、渔、淤、徐、侣、滤、氯、据、拘、惧、拒、鞠、蛆、娶、驱、祛。

②与下列代表字同偏旁的字，普通话中一般为 üe 韵母字：悦、疟、决、掘。例如：阅、虐、缺、崛。

③与下列代表字同偏旁的字，普通话中一般为 üan 韵母字：元、袁、原、怨、捐、卷、全、权、宣、玄。例如：远、猿、源、苑、涓、圈、痊、劝、渲、眩。

④与下列代表字同偏旁的字，普通话中一般为 ün 韵母字：云、匀、军、君、俊、旬、勋、迅。例如：芸、均、恽、峻、询、殒、汛。

⑤与下列代表字同偏旁的字，普通话中一般为 iong 韵母字：用、凶。例如：涌、汹。

3.方言对应法

各方言区的人也可结合自己的方言，找出方言和普通话间的对应规律。

闽南泉州话中读 u 韵的字，普通话则是 ü 韵母而非 i 韵母。例如：聚、取、需、句、区、趋、裕、女、愉、娱、屿等。泉州话中读 un 韵的字，普通话是 ün 韵母而非 in 韵母。例如：军、群、勋、训、俊、巡、殉、匀、允等（"近、斤、芹、勤、银、筋"等字不读 ün 韵母）。

泉州话中读 uan 韵的字,普通话韵母是 üan 韵。例如:捐、权、泉、旋、轩、冤、鸳、愿等("恋"字不读 üan 韵母)。

闽西龙岩话中的[i]韵字、[u]韵字,[iu]韵字和[io]韵字在普通话中读 ü 韵或撮口呼韵母。例如,[i]韵例字:女、吕、履、举、铝、旅、虑、居、锯、拘、矩、句、具、区、蛆、趋、渠、取、虚、徐、许、绪、蓄、于、俞、鱼、娱、愚、与、予、羽、雨、语、誉、预、喻、裕等;[u]韵例字:娱、雨、芋、盂;[iu]韵例字:须;[io]韵例字:续。另外,普通话中的 ü 和撮口呼韵母大量与龙岩话的入声字相对应。例如:"域"读[it]韵,"雪"读[iat]韵,"律"读[uat]韵,"角"读[ak]韵,"菊"读[iok]韵。

闽西长汀话中的[i]韵字、[e]韵字、[ie]韵字、[o]韵字、[io]韵字、[au]韵字、[iau]韵字在普通话中读撮口呼韵母的字。例如,[i]韵例字:女、吕、旅、律、虑、蛆、取、娶、趣、须、需、絮、序、绪、续、举、矩、拒、距、句、据、曲、虚、墟、许、余、愚、雨、语、芋、浴、欲、俞、预、誉、区、局;[e]韵例字:雪、婿、绝、血、鱼、劫;[ie]韵例字:决、诀、缺、月、越、阅、粤;[o]韵例字:觉、岳、学;[io]韵例字:虐、削、略、雀、瘸、约、乐;[u]韵例字:绿、褛;[iau]韵例字:玉、狱、局、育、曲、菊、蓄。

通过普通话撮口呼韵母与各方言的对照,可以了解 ü 在方言中的变化规律,从而克服方言的影响,读准 ü 与撮口呼韵母。

二、o、ou、uo 的区分

1.发音提示

泉州方言只有 o 而没有 ou 和 uo,因此有些人就有不同程度的混读现象,或把 uo 读成 o(如"多 duō"变成"dō","luō 嗦"变成"lō 嗦"),或把 ou 读成 uo(如"后者"读成"或者","小沟"变成"小锅","节奏"变成"杰作")。

从结构上看,o 属于单韵母,ou、uo 属于复韵母。o 的发音状态从一而终,在发音时要注意舌头是否到位,口形是否正确。ou、uo 发音时要判断清楚韵腹的位置、口形的开合变化。ou 韵母发音时口形变化由大到小(由开到合),韵腹位置在前;uo 韵母发音时,口形变化从小到大(由合到开),韵腹位置在后。

实际发音过程中,常见的发音错误是单韵母 o 发音时有动程,也就是口形舌位产生了变化;ou、uo 则相互混淆,甚至单元音化。

2.辨别方法

根据声韵拼合的规则,o 和 uo 呈互补分布,那就是 b、p、m、f 四个声母只拼 o,不拼 uo;其他的声母只拼 uo,而不拼 o。其实从发音上看,唇音声母后面的 o,本来是韵母 uo,音节本该拼写为:buo、puo、muo、fuo,现在拼写为 bo、po、mo、fo 是拼写上的一种省略。这种省略是从"国语罗马字"开始的,现在沿用了这种拼法。依据是同 uo 相拼时,唇形在声母后仍保持下收拢的状态,而韵头 u 的语音比较短暂。在拼写上的省略了 u,发音时切不可省略。

ou 和 uo 无论在发音上或者在辨识上都容易混淆。可以根据声旁类推法辨识：以"某、斗、走、豆、勾、后、口、区"等为声旁的字,其韵母读音必为 ou。相比较而言,ou 韵母的字较少,我们只要记住了 ou 韵母的字,基本也可辨识 ou、uo 韵母的字了。另外,对于泉州方言区的人来说,还可按方言与普通话对应规律记少推多,抓住 ou 韵母的字,也可清楚地知道哪些字该读 uo 了。凡在泉州话里读为 io、ao、iu 韵母的字,普通话读 ou 韵母不读 uo 韵母。例如,在泉州话里,"剖、谋、否"韵母均为[io],在普通话里对应的韵母是 ou;"豆、偷、透、楼"韵母均为[au],在普通话里读 ou 韵不读 uo 韵;"周、仇、受、收"的韵母均为[iu],普通话读音韵母也是 ou。

三、ê、ei、ie 的区分

从结构上看,ê 属单韵母,ei、ie 属于复韵母。ê 的舌头位置偏前,口腔开口度大小适中。ie 中的 e 实际读 ê 音,和 ei 中的 e 读音不一样。ei、ie 尽管都属复韵母,但韵腹并不相同,且口形大小变化也不一样。ei 发音口形从大到小变化,ie 发音口形从小到大变化。

实际发音时,由于单韵母 ê 在普通话里除叹词"欸"外,单用的机会并不多,只在复韵母 ie、üe 中出现。因此基本不存在发错 ê 的问题。错误大多表现为 ei、ie 的发音错误。泉州人说普通话时容易给它添加韵头、丢失韵尾或改读为 ai。有以下几种：

①当 ei 和 f、n、l 相拼时,添加韵头 u,错读成 fui、nui、lui。

例：废、费、非→fui　　馁、内→nui　　累、泪、雷→lui

②丢失韵尾 i,把 ei 读成[ɛ]。

例：配[p'ei]→[p'ɛ]　　媒[mei]→[mɛ]　　黑[xei]→[xɛ]

③ ei 与声母 b、p、m、z 相拼时,往往改念成"ai"韵母。

例：北 běi→bǎi　　没 méi→mái(眉、每、霉)　　贼 zéi→zái　　备 bèi→bài

泉州方言中没有 ie 韵母,说普通话时易丢失其韵头变成[e]。

例：姐 jiě→jě　　铁 tiě→tě　　爹 diē→dē　　憋 biē→bē

碰到这两个韵母,我们要注意既不要多加也不要丢失韵头或韵尾。易把 ei 读成 ai 的应把握住它们的口形,ei 的开口度要小于 ai。

辨识 ei 和 ie 可以根据它们在音节拼合中的特点进行辨记。

ei 和 ie 对比音节主要有 6 对,如：

　　ei—ie　　　bei—bie　　　pei—pie
　　诶—叶　　　背—憋　　　配—苤
　　dei—die　　nei—nie　　　lei—lie
　　得—爹　　　内—聂　　　类—列

此外,如果音节声母是 f、g、h、zh、sh、z,则韵母肯定是 ei 而不会是 ie;而如果音节声母是 t、j、q、x,则韵母只能是 ie 而不是 ei。记住这些特点,辨识范围便大大缩小了,如：

被 bèi 子—稗 bài 子　　美 měi 人—买 mǎi 人
小妹 mèi—小麦 mài　　贼 zéi 害—灾 zāi 害
没 méi 人—埋 mái 人　　备 bèi 笔—败 bài 笔

四、前后鼻韵母的区分

前后鼻韵母的区分，关键在于前后鼻韵尾-n 和-ng 的区分。发前鼻韵尾-n 时，舌尖要轻轻抵住上齿龈，舌沿上靠，包堵口腔气流；软腭下降，让气流由鼻腔流出。发后鼻音韵尾-ng 时，舌根轻轻抵住软腭，软腭下降，让气流由鼻腔流出，除阻时不发音。这个动作相对简单一些，只要把嘴巴张开，舌根往上顶，便可得到正确的发音动作。

五、关于 iou、uei、uen 韵腹弱化的问题

iou、uei、uen 在音节拼读时，韵腹 o、e 呈不稳定发音。当 iou、uei、uen 处于非零声母音节中时，韵腹在拼写上省略，省写为 iu、ui、un。发音也随声母、声调的不同而产生变化。

1.iou 的音变

在音节中，iou 受到声调阴平（第一声）和阳平（第二声）的影响，使中间的元音（韵腹）弱化，甚至接近消失，舌位动程主要表现为前后的滑动，成为[iu]。不过，这种音变是随着声调自然变化的，在语音训练中不必着重强调。

2.uei 的音变

在音节中，uei 受声母和声调的影响，中间的元音弱化。大致有四种情况：第一，读阴平（第一声）或阳平（第二声）的零声母音节，韵母 uei 中间的元音音素弱化或接近消失。例如："微""围"的韵母弱化为[uI]。第二，在舌尖音声母 z、c、s、d、t、zh、ch、sh、r 后，并读为阴平（第一声）和阳平（第二声）时，韵母 uei 中间的元音音素弱化接近消失。例如："催""推""垂"的韵母弱化为[uI]。第三，在舌尖音声母后，并读为上声（第三声）或去声（第四声）时，韵母 uei 中间的元音音素弱化，但没有消失。例如："嘴""腿""最""退"的韵母都弱化成[ui]。第四，在舌面后音（舌根）声母 g、k、h 后，并读为阴平或阳平时，韵母 uei 中间的元音 e 弱化但不消失。例如："规""葵"的韵母弱化成[ui]。

3.uen 的音变

在音节中，鼻韵母 uen 受声母、声调的影响，中间元音产生弱化。音变条件与 uei 相同（参见 uei 音变）。

普通话口语教程

【练习】

1.齐齿呼韵母和撮口呼韵母的练习

(1)词语练习

i—ü：	继续	纪律	体育	例句	地域	依据
ü—i：	履历	语气	距离	语系	曲艺	玉米
ie—üe：	解决	协约	节约	谢绝	子了	谐谑
üe—ie：	血液	决裂	月夜	确切	学业	学界
in—ün：	氤氲	因循	新军	嶙峋	禁运	进军
ün—in：	寻衅	寻亲	云锦	云鬓	军民	熏心
ing—iong：	英雄	应用	平庸	顶用	挺胸	英勇
ian—üan：	演员	健全	前缘	衔冤	田园	联选
üan—ian：	悬念	捐献	卷烟	怨言	眷恋	卷帘

(2)词语对比练习

比翼—比喻　　前面—全面　　经济—京剧
分期—分区　　名义—名誉　　容易—荣誉
季节—拒绝　　雨季—雨具　　办理—伴侣
适宜—适于　　书记—书局　　大姨—大于
得意—德育　　里程—旅程　　实际—实据
戏曲—序曲　　臆测—预测　　遗传—渔船
夜色—月色　　夜夜—月月　　协会—学会
绱鞋—上学　　切实—确实　　茄子—瘸子

(3)绕口令练习

驴踢梨

一头驴,驮筐梨,驴一跑,滚了梨。驴跑梨滚梨绊驴,梨绊驴蹄驴踢梨。

瘸子拿碟子

南边来了个瘸子,手里托着个碟子,碟子里装着茄子。地上钉着个橛子,绊倒了南来的瘸子,撒了碟子里的茄子,气得瘸子撇了碟子,拔了橛子,踩了茄子。

颜圆眼和袁眼圆

山前有个颜圆眼,山后有个袁眼圆,两个人山前来比眼。不知是颜圆眼的眼比袁眼圆的眼生得圆,还是袁眼圆的眼比颜圆眼的眼看得远。

2.区分 o、ou 和 uo

(1)词语练习

走路—左路　　楼上—锣上　　豆子—垛子
收过—说过　　周到—捉到　　搜身—缩身

破获 pòhuò　　剥夺 bōduó　　没落 mòluò　　脱钩 tuōgōu
弱肉 ruòròu　　落后 luòhòu　　佝偻 gōulóu　　苟活 gǒuhuó

(2)绕口令练习

狗和猴

门口坐着一条狗,尾巴拖着一个斗。楼后躲着一只猴,头上托着一颗果。狗瞅着猴想吃果,猴逗逗狗想拖斗。不知是猴拖走斗,还是狗吃掉果。

3.发音练习

(1)词语对比练习

an—ang：	烂漫—浪漫	心烦—心房	赞颂—葬送
uan—uang：	顽固—亡故	晚上—网上	乱转—乱撞
ian—iang：	简化—讲话	肩上—江上	下贱—下降
en—eng：	人参—人生	清真—清蒸	陈旧—成就
un—ong：	轮船—龙船	山村—山葱	浑水—洪水
in—ing：	亲生—轻生	红心—红星	金银—经营
ün—iong：	有韵—有用	工运—功用	蕴意—用意

(2)绕口令练习

天津和北京

天津和北京,津京两个音。一个是前鼻音,一个是后鼻音。你要分不清,请你注意听。

盆和棚

天上一个盆,地下一个棚。盆碰棚,棚碰盆,棚倒了,盆碎了。是棚赔盆还是盆赔棚?

城隍庙内两判官

城隍庙内两判官,左边是潘判官,右边是庞判官,不知是潘判官管庞判官,还是庞判官管潘判官?

本章训练目标和学习重点、难点

[训练目标]

掌握普通话韵母的分类和发音特点,念准每个韵母;初步了解自己家乡话韵母和普通话韵母的对应关系,学会普通话有而方言没有的韵母;掌握韵母与声母、声调拼合的规律,学会正确认读和拼写普通话音节。

[学习重点]

掌握39个韵母的发音及其和声调、声母的拼合规律。

[学习难点]

1. 掌握单韵母 e 的发音。

2. 辨识下列几组韵母的发音：齐齿呼和撮口呼韵母；ê、ie、ei、o、uo、ou；前后鼻韵母。

第六章 语流音变[①]

掌握了普通话的声、韵、调,并不代表就能说一口标准、流利、纯正的普通话。人们在说话或者诵读时,总是发出一连串的字音,从而形成语流。语流中的字音,互相影响,往往会发生一些变化,主要表现为变调、轻声、儿化和"啊"的变读等几个方面。要说好普通话,就不能不掌握这些变化。

第一节 变调

一、变调的定义

变调是指语流中某个声调受到相邻字音声调的影响而出现的声调变读现象。变调多数是由后一个音节声调的影响引起的。在普通话中,最常见的变调有上声的变调、"一""不"的变调、叠音形容词的变调等。

二、变调的发音

(一)上声的变调

上声音节在单念及词句末尾时不变调,例如:"柳""杨柳"中的"柳"。上声变调的发音视后一音节的声调而定。

1.上声＋非上声:上声变读半上,调值由214变为211。例如:

上声＋阴平:lǎoshī(老师)　　xiǎochī(小吃)　　héyuē(和约)

上声＋阳平:lǎorén(老人)　　xiǎoxíng(小型)　　hétán(和谈)

上声＋去声:lǎoliàn(老练)　　xiǎomài(小麦)　　héshàn(和善)

上声＋轻声:lǎopo(老婆)　　xiǎozi(小子)　　héshàng(和尚)

2.上声1＋上声2:上声1变读阳平,调值变为35,上声2读原调。例如:

lǎozhě(老者)　　xiǎoqiǎo(小巧)　　hé'ǎi(和蔼)

3.上声1＋上声2＋上声3:可根据语义对其结构加以分组,若词语结构是"双单

[①] 本章引用词条部分出自《普通话水平测试实施纲要(2021年版)》。

格",则前两个上声都要读阳平,调值是35。例如:

| měnggǔyǔ | yǒnggǎnzhě | xuǎnjǔfǎ | shǒuxiětǐ |
| 蒙古语 | 勇敢者 | 选举法 | 手写体 |

若词语结构是"单双格",则前一个上声变读半上,调值是211,第二个上声变读阳平,调值是35。例如:

| xiǎolǎohǔ | tiěshuǐguǎn | dǎngxiǎozǔ | lěngchǔlǐ |
| 小老虎 | 铁水管 | 党小组 | 冷处理 |

值得注意的是,在文章或话语中,作为后一字的上声常常读半上,调值是211,很少读作全上。例如:"天长地久,小鸟和水手的感情日趋笃厚。"

(二)"一""不"的变调

1."一""不"的不变调情况

①"一""不"在单念及词句末尾时不变调,例如"一""统一""不""决不"等。

②"不"在非去声前不变调。

③"一"还有几种情况不变调:

在表示日期时,例如:"二〇二一年十月一日";

在序数词中,例如:"第一天""第一次""一中";

数数时,例如:"一、二、三……十一……"。

2."一""不"的变调(为便于识读,这里标变调,实际拼写时一般仍标原调)

①"一""不"+去声:"一""不"变读阳平,调值35。例如:

yíbàn	yídài	yídàn	yígòng	yíguàn
一半	一带	一旦	一共	一贯
búcè	búchì	búlì	búmiào	búshì
不测	不啻	不力	不妙	不适

②"一"+非去声:"一"变读去声,调值51。例如:

"一"+阴平: yìbān　　yìbiān　　yìxīn　　yìduān
　　　　　　一般　　　一边　　　一心　　　一端

"一"+阳平: yìlián　　yìpáng　　yìqí　　yìshí
　　　　　　一连　　　一旁　　　一齐　　　一时

"一"+上声: yìqǐ　　yìtǐ　　yìzǎo　　yìjǔ
　　　　　　一起　　一体　　一早　　　一举

3."一""不"夹在词语中间一般读轻声,强调时也可按变调规则变读
例如:

tīngyitīng	kànyikàn	xiàoyixiào	zuòyizuò
听一听	看一看	笑一笑	坐一坐
qùbuqù	hǎobuhǎo	kànbuqīng	tīngbudǒng
去不去	好不好	看不清	听不懂

(三)重叠形容词的变调

形容词重叠主要有三种格式:
- AA 儿式: 高高儿　　长长儿　　好好儿　　大大儿
- ABB 式: 白生生　　亮堂堂　　明晃晃　　沉甸甸
- AABB 式: 认认真真　舒舒服服　清清楚楚　马马虎虎

AA 儿式的形容词,不论第二个 A 本调是什么,一律读作阴平调,如好好儿(hǎohāor);ABB 式的形容词,后面两个 B 可以读原调,也可以变读为阴平调,如明晃晃(mínghuānghuāng);AABB 式的形容词,除"马马虎虎""慢慢腾腾"等几个常用词在生活中要按习惯后两个 B 变读为阴平外,其他既可读原调,也可按变调读,例如:漂漂亮亮(piàopiàoliāngliāng)。这种格式需要注意,书面语色彩较浓的词一般不变调,如"轰轰烈烈"。

【练习】

1. 上声的变调

(1)词语练习

上声＋阴平:	紧张	语音	手工	北方	普通
	口腔	抚摸	本身	响声	简称
上声＋阳平:	果皮	语文	水平	祖国	宛如
	口头	感情	美学	体裁	脸颊
上声＋去声:	笔迹	丑恶	请示	宝贝	隐蔽
	腐败	琐事	理论	侥幸	闪烁
上声＋轻声:	点心	本事	老实	里头	打发
	口袋	晚上	委屈	耳朵	女婿
上声＋上声:	雨水	所以	尽管	指导	好比
	享有	鲁莽	起码	子女	以往
上声＋上声＋上声:	水彩/笔	管理/组	几百/里	草稿/纸	
	短/粉笔	小/拇指	好/总理	耍/笔杆	

一串上声:　　请你往左转。
　　　　　　　我很想你。
　　　　　　　咱俩永远友好。
　　　　　　　给我两碗炒米粉。
　　　　　　　种马场养有几百匹好种马。
　　　　　　　写好草稿请举手。
　　　　　　　李厂长很了解你。

(2)句子练习

①这里的树,以古老苍劲见长。有两棵老树:一棵是周柏,另一棵是唐槐。

②森林,是地球生态系统的主体,是大自然的总调度室,是地球的绿色之肺。森林维护地球生态环境的这种"能吞能吐"的特殊功能是其他任何物体都不能取代的。

③奶奶给我讲过这样一件事:有一次她去商店,走在她前面的一位阿姨推开沉重的大门,一直等到她跟上来才松开手。

④雨伞厂的鲁厂长送了我两把纸雨伞。

⑤通过选举,小史出任纺织组小组长。

⑥请允许我讲两句。

⑦"走下领奖台,一切从零开始"十一个大字,和国旗遥遥相望,姑娘们训练之余偶尔一瞥就能看到。

⑧比如,散落在田间、路边及草丛中的塑料餐盒,一旦被牲畜吞食,就会危及健康甚至导致死亡。

⑨台湾岛形状狭长,从东到西,最宽处只有一百四十多公里;由南至北,最长的地方有三百九十多公里。地形像一个纺织用的梭子。

⑩考古学家发现,在两千多年前的西汉时代,人们已经懂得了用麻来造纸。但麻纸比较粗糙,不便书写。

2."一""不"的变调

(1)词语练习

一瞥	一支	一天	一生	一些
一盘	一层	一直	一流	一同
一缕	一百	一手	一口	一晃
一线	一瞬	一律	一定	一度
不善	不配	不孝	不忿	不懈
一心一意	一带一路	一粥一饭	一颦一笑
一如既往	一往直前	一诺千金	一生一世
一模一样	一针见血	一箭双雕	一发千钧
一目了然	一蹶不振	一尘不染	一席之地
一视同仁	一言不发	一成不变	一丝不苟
不卑不亢	不差累黍	不耻下问	不尴不尬
不寒而栗	不即不离	不解之缘	不胫而走
不咎既往	不绝如缕	不堪设想	不可理喻
不郎不秀	不伦不类	不偏不倚	不闻不问
不谋而合	不容置喙	不修边幅	不置可否

(2)句子练习

①农历八月十八是一年一度的观潮日。

②这里的每一尊彩塑、每一幅壁画、每一件文物,都是中国古代人民智慧的结晶。

③一个人的一生,只能经历自己拥有的那一份欣悦,那一份苦难,也许再加上他亲自闻知的那一些关于自身以外的经历和经验。

④"吹面不寒杨柳风",不错的,像母亲的手抚摸着你。

⑤但不能平的,为什么偏白白走这一遭啊?你聪明的,告诉我,我们的日子为什么一去不复返呢?

⑥十年,在历史上不过是一瞬间。在这些日子里,我看到了不少多年不见的老朋友,又结识了一些新朋友。

⑦语言,也就是说话,好像是极其稀松平常的事儿。可是仔细想想,实在是一件了不起的大事。正是因为说话跟吃饭、走路一样的平常,人们才不去想它究竟是怎么回事儿。

⑧秋天一定要住北平。天堂是什么样子,我不知道,但是从我的生活经验去判断,北平之秋便是天堂。论天气,不冷不热。

⑨只见母亲轻轻地对护士说:"不要紧,再来一次!"第三针果然成功了。那位护士终于长出了一口气,她连声说:"阿姨,真对不起。"

⑩今天,我们的中华人民共和国满七十一岁了!今年的"十一"联欢晚会,一律发普通入场券,真正是"上下一心,军民同乐"。

3.叠音形容词变调

(1)AA儿式

| 早早儿 | 慢慢儿 | 偷偷儿 | 狠狠儿 |
| 紧紧儿 | 胖胖儿 | 稳稳儿 | 满满儿 |

(2)ABB式

怯生生	汗津津	红彤彤	喜洋洋
明晃晃	慢腾腾	文绉绉	酸溜溜
笑吟吟	白茫茫	沉甸甸	毛茸茸
灰蒙蒙	闹哄哄	黑黝黝	亮堂堂

(3)AABB式

干干净净	漂漂亮亮	整整齐齐
规规矩矩	稳稳当当	严严实实
热热闹闹	慢慢腾腾	迷迷糊糊

第二节 轻 声

一、轻声概述

语流中的不少音节失去原有的声调,念成又短又轻的调子,这种音节叫作轻声。轻声只有在词语和句子中才能体现出来。轻声主要由音长决定,其长度短于非轻声音节。在音高上,因受前一音节声调的影响而表现出不同的音高形式;在音强上,轻声音节相对弱一些。

轻声不仅引起音高的变化,改变了原来的调值,而且有的还引起声母和韵母的变化,使不送气的清塞音 b、d、g 和不送气清塞擦音 j、z、zh 浊化。例如,"爸爸"中的第二个"爸"字由〔pA⁵¹〕变读为〔bə¹〕;使一些韵母中较高、较低的元音向央元音靠拢,韵母变得比较含混,如"芝麻"中的"麻"由〔mA³⁵〕变读为〔mə³〕。可见,轻声和音高、音强、音长、音色都有关系,轻而短是轻声的本质特征。

有些轻声音节具有区别词义和区分词性的作用。例如"兄弟":①xiōngdì,指哥哥和弟弟;②xiōngdi,指弟弟,两者词义不同。再如"地道":①dìdào,在地面下掘成的地下通道,名词;②dìdao,真正的、纯粹的,形容词。另外,轻声还可增强语言的节奏感,轻重有致,使话语婉转动听。

二、轻声的发音

轻声音节的读音可根据前一音节的调值而分为两类:在非上声后读作轻短的微降调(调值 31),在上声后读作轻短的微升调(调值 44)。

1.阴平＋轻声:轻声可以发成一个轻短的去声,调值是 2 度。例如:

tāshi	xiēxi	jiāoqing	bāngshou
踏实	歇息	交情	帮手
chēnghu	fēngzheng	guīju	jīling
称呼	风筝	规矩	机灵

2.阳平＋轻声:轻声可以发成一个轻短的去声,调值是 3 度。例如:

fúfen	máfan	péngyou	yáchen
福分	麻烦	朋友	牙碜
zuómo	qínkuai	shíduo	húqin
琢磨	勤快	拾掇	胡琴

3.去声＋轻声:轻声可以发成一个轻短的去声,调值是 1 度。例如:

dùifu	rènshi	zìhao	tèwu
对付	认识	字号	特务
suìshu	yìngchou	luòtuo	bùfen
岁数	应酬	骆驼	部分

4.上声＋轻声:轻声可以发成一个轻短的阴平,调值是 4 度。例如:

mǎhu	biǎndan	kǒudai	dǎting
马虎	扁担	口袋	打听
huǒhou	nǎodai	xǐhuan	zǔzong
火候	脑袋	喜欢	祖宗

三、轻声词

学会轻声的发音后还需能辨别出轻声词。轻声词主要有两类:一类是没有规律而日常习惯读轻声的词。例如：包袱、聪明、交情、麻烦、漂亮、庄稼等。(详见《普通话水平测试指要》"双音节轻声词表")另一类是有规律可循的轻声词。例如：

1.助词，有以下三类：

①结构助词"的、地、得"。例如：

wǒde	hóngdehuā	gāoxìngde	qiāoqiāode
我的	红的花	高兴地	悄悄地
pǎodekuài	xuédehǎo	nádedòng	hélǐde'ānpái
跑得快	学得好	拿得动	合理地安排

②时态助词"着、了、过"。例如：

zuòzhe	kànzheshū	pǎole	chīleyīwǎnfàn
坐着	看着书	跑了	吃了一碗饭
shuōguo	qùguonàr	shàngguodàng	láiguoquánzhōu
说过	去过那儿	上过当	来过泉州

③语气词"啊、吗、吧、哇、呢、啦"等。例如：

| duōma | láiba | zǒuwa | méine | kuàiqùya | dàola |
| 多吗 | 来吧 | 走哇 | 没呢 | 快去呀 | 到啦 |

2.名词和代词的后缀"子、头、们、巴、么"。例如：

érzi	shēnzi	yànzi	kùzi	xiāzi	tīzi
儿子	身子	燕子	裤子	瞎子	梯子
shítou	gǔtou	mántou	yātou	shétou	quántou
石头	骨头	馒头	丫头	舌头	拳头
wǒmen	nǐmen	tóngxuémen	duìyuánmen	dàibiǎomen	
我们	你们	同学们	队员们	代表们	
xiàba	jiēba	wěiba	yǎba	zuǐba	níba
下巴	结巴	尾巴	哑巴	嘴巴	泥巴
zhème	nàme	zěnme	duōme	shénme	
这么	那么	怎么	多么	什么	

3.名词、代词后表示方位的语素或词"上、下、里、边、面"，例如：

lóushang	shānshang	chēxia	shùxia	xiǎoxīli
楼上	山上	车下	树下	小溪里
shūli	zhèbian	nánbian	shàngmian	hòumian
书里	这边	南边	上面	后面

4.动词、形容词后的趋向动词"去、来、起来、下去"等。例如：

| guòqu | shànglai | xiàqu | qǐlai |
| 过去 | 上来 | 下去 | 起来 |

kànqilai	náchulai	lěngxiaqu
看起来	拿出来	冷下去

5.重叠式名词或动词及夹在词语中间的"一""不"。例如：

bàba	lǎolao	xīngxing	zuòzuo	xiàoxiao
爸爸	姥姥	猩猩	坐坐	笑笑

dǎtingdǎting	shāngliangshāngliang	shìyishì	qùbuqù
打听打听	商量商量	试一试	去不去

6.量词"个"。例如：

yīge	sānge	wǔge	qīge
一个	三个	五个	七个

shíge	bāge	zhège	nàge
十个	八个	这个	那个

【练习】

1.词语练习

黑的	小的	觉得	值得	偷偷地
笑着	停了	醒着	听过	飞得高
好吗	多呢	来啦	棍子	小心哪
柚子	裙子	枕头	码头	怪不得
舍得	尾巴	地方	秀气	福气
脾气	月饼	上司	婆婆	不由得
两个	六个	舅舅	下巴	靠得住
扫帚	相声	核桃	苗条	骆驼

2.句子练习

(1)老王从楼上走下来,手里拿着个包袱。

(2)他把钥匙忘在屋里了,打不开门上的锁,没法儿进去了。

(3)院子里有一个小花园,四周围着篱笆,里面种满了玫瑰、芍药、茉莉、牡丹、菊花等,红的、白的、黄的、紫的,漂亮极了。

(4)我爱吃的蔬菜很多,如萝卜、苤蓝、蘑菇、黄瓜等,我还爱吃馒头、烧饼、烧卖等面食。

(5)这时我同时还看了母亲针线笸箩里常放着的那几本《聊斋志异》,聊斋故事是短篇的,……

(6)这是用花生、胶枣、榛子、栗子等干果与蜜饯掺和成的。

(7)我今天穿的衣服就是五十块钱,但我喜欢的还是昨天穿的那件十五块钱的衬衫,穿着很精神。

第六章　语流音变

(8)水稻、甘蔗、樟脑是台湾的"三宝"。

(9)渐渐地我的眼睛模糊了,……。我望着许多认识的星,我仿佛看见它们在对我眨眼,我仿佛听见它们在小声说话。

(10)我喜欢出发。凡是到达了的地方,都属于昨天。

(11)燕子去了,有再来的时候;杨柳枯了,有再青的时候;桃花谢了,有再开的时候。但是,聪明的,你告诉我,我们的日子为什么一去不复返呢?

(12)那时候我正在读一些天文学的书,也认得一些星星,好像它们就是我的朋友,它们常常在和我谈话一样。

(13)画上的街市可热闹了。街上有挂着各种招牌的店铺、作坊、酒楼、茶馆,走在街上的,是来来往往、形态各异的人。

(14)绳子上系着许多铃铛,然后把蝙蝠的眼睛蒙上,让它在屋子里飞。……蝙蝠就像没头苍蝇似的到处乱撞,挂在绳子上的铃铛响个不停。

(15)照北京的老规矩,春节差不多在腊月的初旬就开始了。"腊七腊八,冻死寒鸦",这是一年里最冷的时候。

(16)我看看父亲,不好意思地低下头。

(17)最使我难忘的,是我小学时候的女教师蔡芸芝先生。

(18)我看到我们平时所说的天空,大气层中飘浮着片片雪白的云彩,那么轻柔,那么曼妙,在阳光普照下,仿佛贴在地面上一样。

(19)那时候,也许,它可以松一肩重担,站在树下,吃几口嫩草。偶尔摇摇尾巴,摆摆耳朵,赶走飞附身上的苍蝇,已经算是它最闲适的生活了。

(20)地理知识告诉我,地球上大部分地区覆盖着海洋。

3.短文练习

　　天上风筝渐渐多了,地上的孩子也多了。城里乡下,家家户户,老老小小,也赶趟儿似的,一个个都出来了。舒活舒活筋骨,抖擞抖擞精神,各做各的一份儿事去。"一年之计在于春",刚起头儿,有的是工夫,有的是希望。

(选自朱自清《春》)

　　张择端画这幅画的时候,下了很大的功夫。光是画上的人物,就有五百多个:有从乡下来的农民,有撑船的船工,有做各种买卖的生意人,有留着长胡子的道士,有走江湖的医生,有摆小摊的摊贩,有官吏和读书人,三百六十行,哪一行的人都画在上面了。

(选自滕明道《一幅名扬中外的画》)

　　我们家的大花猫性格实在有些古怪。说它老实吧,它有时候的确很乖。它会找个暖和的地方,成天睡大觉,无忧无虑、什么事也不过问,可是,它决定要出去玩玩,就会出走一天一夜,任凭谁怎么呼唤,它也不肯回来。说它贪玩吧,的确是呀,要不怎么会一天一夜不回家呢?可是,它听到老鼠的一点响动,又多么尽职。它屏息凝视,一连就是几个钟头,非把老鼠等出来不可!

它要是高兴,能比谁都温柔可亲:用身子蹭你的腿,把脖儿伸出来让你给它抓痒,或是在你写作的时候,跳上桌来,在稿纸上踩印几朵小梅花。它还会丰富多腔地叫唤,长短不同,粗细各异,变化多端。在不叫的时候,它还会咕噜咕噜地给自己解闷。这可都凭它的高兴。它若是不高兴啊,无论说多少好话,它一声也不出。

它什么都怕,总想藏起来。可是它又那么勇猛,不要说对付小虫和老鼠,就是遇上蛇也敢斗一斗。

它小时候可逗人爱哩!它来我们家刚好满月,腿脚还站不稳,已经学会了淘气。一根鸡毛,一个线团,都是它的好玩具,耍个没完没了。一玩起来不知要摔多少跟头,但是跌倒了马上起来,再跑再跌,头撞在门上、桌腿上,撞疼了也不哭。后来胆子越来越大,就到院子里去玩了,从这个花盆跳到那个花盆,还抱着花枝打秋千。院中的花草可遭了殃,被它折腾得枝折花落。我从来不责打它。看它那样生气勃勃,天真可爱,我喜欢还来不及,怎么会跟它生气呢?

(选自老舍《我们家的猫》)

第三节　儿　化

一、儿化概述

儿化指的是后缀"儿"与它前一音节的韵母结成一个音节,并使这个韵母带上卷舌音色的一种音变现象,被儿化了的韵母叫作"儿化韵"。例如,"小鸟儿",其中的"儿"不单独发音,不是独立的音节,只是一个符号,表示在发"鸟"音节时,该音节的韵母要加上卷舌动作,带上卷舌音色彩。用汉语拼音字母拼写儿化音节,只需在原来的音节之后加上"r"就可以了。例如:"猴儿"(hóur)、"线圈儿"(xiànquānr)。

普通话的39个韵母中除 er 外的韵母都可以直接儿化(作为单元音的 ê 也没有儿化)。儿化使这些韵母发生音变,由于舌头上卷,以至舌位较高较前的韵尾 i、n 难以发音而丢失;使非央元音变成了央元音,或增加了央元音,还使后鼻韵母的韵腹带鼻音色彩等。

有些儿化词可以区分词义和词性。例如:"火星"和"火星儿","火星"指太阳系九大行星之一,"火星儿"指极小的火。"白面"和"白面儿","白面"是粮食,"白面儿"是毒品,词义不同。"盖"和"盖儿","盖"是动词,"盖儿"是名词。"黄"和"黄儿","黄"是形容词,"黄儿"是名词,词性、词义都不同。

儿化还可表示细小、亲切、喜爱等特殊的感情色彩,例如"玻璃球儿""勺儿""老头儿""小鸡儿"等。大的事物一般不儿化。

二、儿化的发音

儿化的发音可分为两大类,根据韵母是否容易做卷舌的动作而分为便于卷舌的和不便于卷舌的,对便于卷舌的韵母可直接卷舌,不便于卷舌的韵母则要做些调整,使其易于卷舌。儿化具体音变规律如下:

(一)便于卷舌的

韵母中韵腹或韵尾是 a、o、e、ê、u(包括 ao、iao 韵母),儿化时直接卷舌。这类韵母共有 13 个,即:a、o、e、u、ia、ua、uo、ie、üe、ao、iao、ou、iou。例如:

bǎncār	fěnmòr	āigèr	méipǔr
板擦儿	粉末儿	挨个儿	没谱儿
dòuyár	dàguàr	bèiwōr	bànjiér
豆芽儿	大褂儿	被窝儿	半截儿
dànjuér	bàndàor	niǔkòur	zhuājiūr
旦角儿	半道儿	纽扣儿	抓阄儿

(二)不便于卷舌的

1. 韵尾是 i、n 的韵母(in、ün 除外),儿化时丢掉韵尾 i、n,主要元音卷舌。这类韵母共 10 个:ai、ei、uai、uei、an、ian、uan、üan、en、uen。例如:

xiǎháir	dāobèir	mòshuǐr	zǒuwèir
小孩儿	刀背儿	墨水儿	走味儿
bǐgǎnr	zhàopiānr	cháguǎnr	ràoyuǎnr
笔杆儿	照片儿	茶馆儿	绕远儿
bǎménr	yàgēnr	dǎdǔnr	pàngdūnr
把门儿	压根儿	打盹儿	胖墩儿

韵母 in、ün,儿化时丢掉韵尾 n,再加 er。例如:

| jiǎoyìnr | sòngxìnr | huāqúnr | héqúnr |
| 脚印儿 | 送信儿 | 花裙儿 | 合群儿 |

2. 韵尾是 ng(ing、iong 除外),儿化时丢掉韵尾 ng,主要元音鼻化并卷舌。这类韵母共 6 个:ang、iang、uang、eng、ueng、ong。例如:

gǎntàngr	yàofāngr	bíliángr	tòuliàngr
赶趟儿	药方儿	鼻梁儿	透亮儿
tiānchuāngr	gāngbèngr	xiǎowèngr	chōukòngr
天窗儿	钢镚儿	小瓮儿	抽空儿

韵母 ing、iong,儿化时丢掉韵尾 ng,加上鼻化的 er。例如：

dǎmíngr	rényǐngr	xiǎoxióngr	gǒuxióngr
打鸣儿	人影儿	小熊儿	狗熊儿

3.韵母是 i、ü,在后面加 er。例如：

mǐlìr	wányìr	nīr	méihǎoqìr
米粒儿	玩意儿	妮儿	没好气儿
yǒuqùr	qūqur	jīnyúr	xiǎoqǔr
有趣儿	蛐蛐儿	金鱼儿	小曲儿

4.韵母是-i[ɿ],-i[ʅ]韵母变作 er。例如：

guāzǐr	méicír	xìsīr	tiāocìr
瓜子儿	没词儿	细丝儿	挑刺儿
jìshìr	tángzhír	mòzhīr	niánsānshír
记事儿	堂侄儿	墨汁儿	年三十儿

【练习】

1.儿化韵和儿化词发音

下面列出每个原形韵母,用符号＞表示由哪个原形韵母变为儿化韵。

a＞ar： 那儿 哪儿 把儿 碴儿 号码儿 没法儿 刀把儿 打杂儿

ai＞ar： 女孩儿 男孩儿 壶盖儿 鞋带儿 加塞儿 名牌儿

an＞ar： 老伴儿 门槛儿 坎儿 脸蛋儿 包干儿 脸盘儿 栅栏儿 蒜瓣儿 快板儿

ang＞ãr： 药方儿 瓜瓢儿 香肠儿

ia＞iar： 豆芽儿 掉价儿 一下儿

ian＞iar： 一点儿 有点儿 差点儿 冒尖儿 心眼儿 牙签儿 聊天儿 小辫儿 坎肩儿 馅儿饼 拉链儿

iang＞iãr： 好样儿(的) 像样儿 娘儿(俩) 鼻梁儿 花样儿

ua＞uar： 大褂儿 笑话儿 牙刷儿 麻花儿

uai＞uar： 一块儿

uan＞uar： 好玩儿 大腕儿 打转儿 落款儿

uang＞uãr： 打晃儿 蛋黄儿

üan＞üãr： 烟卷儿 杂院儿 手绢儿 人缘儿

ei＞er： 倍儿(棒) 刀背儿 摸黑儿

en＞er： 大婶儿 嗓门儿 纳闷儿 老本儿 花盆儿 一阵儿 小人儿(书)

eng＞ẽr： 脖颈儿 夹缝儿 提成儿

ie＞ier： 小鞋儿 一些儿 半截儿

üe>üer: 橛儿　旦角儿

uei>uer: 一会儿　这会儿　会儿　耳垂儿　那会儿　跑腿儿　多会儿
围嘴儿

uen>uer: 光棍儿　砂轮儿　没准儿　开春儿　冰棍儿

ueng>uẽr: 小瓮儿

i>i:er: 玩意儿　垫底儿　肚脐儿　针鼻儿

in>i:er: 一个劲儿　今儿　一股劲儿　有劲儿

ing>i:ẽr: 门铃儿　花瓶儿　眼镜儿

ü>ü:er: 毛驴儿　小曲儿　痰盂儿

ün>ü:er: 花裙儿　合群儿

-i(前)>er: 瓜子儿　石子儿　挑刺儿

-i(后)>er: 记事儿　锯齿儿　墨汁儿

e>er: 这儿　单个儿　打嗝儿　唱歌儿　逗乐儿　饭盒儿　模特儿

u>ur: 梨核儿　泪珠儿　碎步儿　媳妇儿

ong>õr: 胡同儿　果冻儿　酒盅儿　小葱儿　门洞儿

iong>iõr: 小熊儿

ao>aor: 叫好儿　绝着儿(招儿)　灯泡儿　红包儿　口哨儿　口罩儿
手套儿　跳高儿

iao>iaor: 面条儿　豆角儿　小鸟儿

ou>our: 衣兜儿　年头儿　个头儿　老头儿　线轴儿　小偷儿　小丑儿
炕头儿

iou>iour: 棉球儿　顶牛儿　加油儿

uo>uor: 大伙儿　出活儿　火锅儿　绝活儿　小说儿　邮戳儿　做活儿
蝈蝈儿　心窝儿

o>or: 耳膜儿　粉末儿

2.对话练习

老朋友相遇

甲：那不是张师傅吗？好久没见了！

乙：哦，是李师傅！我们家搬城外边儿去了。就在羊市口儿东边儿的小梅村儿。

甲：你们家里有花儿吗？

乙：有啊！花园儿里种着茶花儿，花盆儿里养着菊花儿，花瓶儿里还插着梅花儿。

甲：哟！要是有空儿，能上你们家玩儿玩儿，一边儿赏花儿，一边儿聊天儿，那该多好哇！

乙：非常欢迎！等下了班儿，咱俩一块儿去。先去农贸市场绕个弯儿，我买点儿小葱儿、豆角儿、土豆儿、豆芽儿，还有小白菜儿什么的，回去好做饭哪。

甲：别这么麻烦了。咱俩下了班儿，上对门儿小饭馆儿，买一斤锅贴儿，带上点儿爆肚儿、蒜瓣儿，再弄二两白干儿，到你家慢慢儿喝。

乙：行！哦，差点儿忘了，还得买点儿豆瓣儿酱，外加两盒烟卷儿。

甲：咳！想不到你们这儿环境挺不错的。地里是饱满的麦穗儿，小鸟儿在树枝儿上唱歌儿，河里的小鱼儿在水上吹泡儿。你看！那儿还有一条小船儿呢。

小船儿上那老头儿拿着钓鱼竿儿，是在钓鱼吧？

乙：要说美，咱们村儿可真美，早半天儿电影厂的人还在这儿拍电影儿哩！

（《普通话水平测试指南》）

3.短文练习

有一个南方人，第一次到北京来，道路很不熟悉。有一天，他参观了故宫以后，想顺便到王府井大街逛逛。人家告诉他，要去王府井，最好从故宫东门儿出去，他出了故宫东门儿，没走多远就遇到一个十字路口儿。往哪边走才是王府井呢？正巧过来一个老头儿，他赶快去问路。老头儿说："我耳朵可有点儿背，您问什么井，我们这儿都用自来水儿！"等这个人说明了自己的意思，老头儿告诉他："您从这儿一直往东边儿走，顶多有一二里地，就是一个十字路口儿，到了那儿您就别再往东边儿走了，那儿是金鱼胡同儿；您也别往北边儿拐，北边儿是灯市口儿；您得往南边儿拐，一拐弯儿就是王府井北口儿了。"这位南方来的同志谢过老头儿，一边儿走，一边儿念叨着："东边儿，南边儿，北边儿……我们南方只说左边儿、右边儿，怎么北京这么多边儿？"

（《普通话水平测试指南》）

4.快板词练习

进了门儿，倒杯水儿，喝了两口运运气儿。顺手拿起小唱本儿，唱了一曲儿又一曲儿，练完嗓子练嘴皮儿。绕口令儿，练字音儿，还有单弦牌子曲儿，小快板儿，大鼓词儿，越说越唱越带劲儿。

第四节 语气词"啊"的音变

在语流中语气词"啊"受前一音节的影响而产生音变，其读音由前一音节最末一个音素决定。具体如下：

(1)前字韵母或韵尾是 a、o、e、ê、i、ü，"啊"读 ya，写作"呀"。例如：

xiǎoyāya	dàbóya	kuàixiěya	tiān'éya
小鸭呀	大伯呀	快写呀	天鹅呀
biéshuōya	mǔjīya	zhēnguàiya	màiyúya
别说呀	母鸡呀	真怪呀	卖鱼呀

(2)前字韵母或韵尾是 u,"啊"变读 wa,写作"哇"。例如：

hékǔwa	bùkùwa	kuàizǒuwa	zhūyóuwa
何苦哇	布裤哇	快走哇	猪油哇
zhēnchǎowa	zǎocāowa	zhōngyàowa	biéxiàowa
真吵哇	早操哇	中药哇	别笑哇

(3)前字韵尾是 n,"啊"读 na,写作"哪"。例如：

hǎorénna	guǎiwānna	zhēnbènna	dāngxīnna
好人哪	拐弯哪	真笨哪	当心哪

(4)前字韵尾是 ng,"啊"读 nga,写作"啊"。例如：

chàngnga	xiǎngnga	lěngnga	xíngnga
唱啊	想啊	冷啊	行啊

(5)前字韵母是 -i[ʅ],"啊"读[za],写作"啊"。例如：

dàzìza	yīcìza	zhuāngsǐza
大字啊	一次啊	装死啊

(6)前字韵母是 -i[ɿ]、er,"啊"读 ra,写作"啊"。例如：

kuàichīra	bùshìra	zhēnzhíra	xiǎoèrra
快吃啊	不是啊	真直啊	小二啊

【练习】

1.花朵,如果不在春天开放,总缺少这份艳美啊！

2.他只喜欢吃个瓜啊、果啊的。

3.柴啊、米啊、油啊、盐啊,样样都得她操心。

4.她是人民的好女儿啊！

5.我怔住,抬头看树,那上面,果真的,爬满阳光啊,每根枝条上都是。

6.是啊,请不要见笑。我崇敬那只小小的、英勇的鸟儿,我崇敬它那种爱的冲动和力量。

7.你看,张择端画的画,是多么传神啊！

8.太阳他有脚啊,轻轻悄悄地挪移了；我也茫茫然跟着旋转。

9.在它看来,狗该是多么庞大的怪物啊！

10.孩子们是多么善于观察这一点啊。

11.他这时高兴得不知说什么好啊！……生宝觉得生活多么有意思啊！太阳多么红啊！天多么蓝啊！庄稼人多么可爱啊,他心里产生了一种向前探索的强烈欲望。

第五节　词语的轻重格式

多音节的词,按重、中、轻三等音量相配。配合规律和词的结构关系,形成种种不同的格式。但总的看来,轻音不会在词的第一个音节出现。

1.双音节词有两种格式:中重格式和重轻格式。

重轻格式又可细分为重轻和重次轻,前一种即双音节的轻声词,例如:"玻璃、护士、坐坐、枕头、月亮、打算"等。后一种格式的词语词典中并没有标注轻声,但口语中习惯读作重次轻格式,显得更纯正。例如:"安生、刺激、气氛、情绪、势力、想法、早晨、去处、座位"等。

2.三音节的词语,以中轻重为主要格式("轻"为"次轻音")。例如"服务员、建设部、文学院、马鞍山、刘胡兰、胆固醇、代理人"等。

少数是中重轻格式,例如:"大丈夫、老头子、打屁股、串亲戚、套近乎、翻跟头"等。

或者是重轻轻格式,例如:"看起来、使不得、那么着、了不得、巴不得、真是的、怪不得"等。

或者是重轻重格式,例如:"生意经、狮子狗、用不着、铺盖卷儿、排子车(pǎi·zichē)、说不来、说得上、势利眼"等。

3.四音节词,以"中轻中重"为主要格式("轻"属次轻音)。例如:"维吾尔族、慌里慌张、维生素A、计划生育、两袖清风、身先士卒"等。

少数为重中重轻格式,例如:"耍嘴皮子、不好意思、大小伙子"等。

本章训练目标和学习重点、难点

[训练目标]
掌握普通话中的变调、轻声、儿化、"啊"的音变等,并能在口语实践中正确运用。
[学习重点]
1.轻声词的发音与辨记。
2.儿化韵做到有"儿"有"化"。
[学习难点]
普通话语感的培养。

第七章 朗读

第一节 朗读概说

朗读是以说好普通话作为前提的,同时又是锻炼说普通话的有效途径。朗读,字面上的理解是"把书面语言通过声音响亮地表达出来"。其实朗读还包含声音里的情感处理和发声技巧。朗读不只是简单地把文字转化为声音,准确、清晰地把文章的内容表现出来是它的最低要求,朗读是一门艺术,朗读者必须对作品进行二度创作,才能把内容生动地表达出来。

一、朗读者的身份

根据朗读目的的不同,朗读者的身份可分为文字作品的介绍者和表演者。

如果只是让受众了解文字作品的内容,朗读者便是文字作品的介绍者;如果是让受众得到美的欣赏或得到愉悦的说服,朗读者便是表演者。朗读者是文字作品的介绍者或表演者,与作品的体裁有点关系,如读一则通知,朗读者一般是介绍者。文学作品的有声语言化,朗读者可以是表演者,也可以是介绍者,如把一个文学作品读给听众听,让听众了解这个文学作品的内容,而不是用丰富的情感去打动听众,此时朗读者就是作品的介绍者。议论性文章的有声语言化,朗读者也不一定就是文章的介绍者,如果朗读者是精心地用情、用理对文字作品进行艺术化处理而朗读,能够激起听众的共鸣,那么朗读者就是表演者。

二、朗读者和听众及朗读环境的关系

朗读者与听众的关系是互动的,朗读不但要让听众了解作品的内容,还要通过朗读者的二度创作来打动听众。如果听众不知所云,朗读便是失败的。要根据不同听众的不同特点进行朗读,同时还要考虑听众是在什么环境中听朗读的。

面对少年儿童朗读,语气要更为亲切。

在广场或剧场朗读,声音和情感要放开点儿。因为空间大,与听众的距离较远,声音不大点儿、情感不浓烈点儿,听众听起来会感到淡而无味。

在教室等空间较小的环境中朗读时,声音和情感则要适度控制,因为在小范围、近距离朗读,如果声音和情感不加以控制,会给听众以不自然的感觉;在录音室录制朗读作品,对声音和感情更要控制。

三、作品的处理

文字作品是朗读的依据,没有以文字作品为依据的有声语言表达不是朗读。朗读是对文字作品进行二度创作的过程。

1.理解作品

理解作品是对作品进行处理的基础,也是进行二度创作的基础。对所要朗读的作品,首先要弄清它的中心是什么,文章可以分为哪几个层次。如果对作品的理解出现偏差,二度创作是不可能成功的。如戴望舒的《雨巷》:

撑着油纸伞,独自/彷徨在悠长悠长/又寂寥的雨巷,/我希望逢着/一个丁香一样地/结着愁怨的姑娘。/她是有/丁香一样的颜色,/丁香一样的芬芳,/丁香一样的忧愁,/在雨中哀怨,哀怨又彷徨;/她彷徨在这寂寥的雨巷,/撑着油纸伞/像我一样,/像我一样地/默默彳亍着,/冷漠,凄清,又惆怅。/她静默地走近/走近,又投出/太息一般的眼光,/她飘过/像梦一般地,/像梦一般地凄婉迷茫。/像梦中飘过/一枝丁香地,/我身旁飘过这女郎;/她静默地远了,远了,/到了颓圮的篱墙,/走尽这雨巷。/在雨的哀曲里,/消了她的颜色,/散了她的芬芳,/消散了,甚至她的/太息般的眼光,/丁香般的惆怅。/撑着油纸伞,独自/彷徨在悠长、悠长/又寂寥的雨巷,/我希望飘过/一个丁香一样地/结着愁怨的姑娘。

这首诗虽然有迷茫的一面,但同时又有不懈追求的一面。"丁香一样的姑娘"的意象象征了作者所追求的美好事物、美好理想。尽管"丁香一样的姑娘"忽隐忽现,似难追寻,但"我"仍在不懈地追寻。如果只注意到作品中"迷茫"的一面,忽略了"追寻"的一面,朗读起来便会低沉、灰暗,缺少亮色。

2.感受作品

朗读是通过声音来反映客观世界的,而想象和情感是客观事物与声音之间的桥梁,缺少"桥梁"的朗读只是机械地发声,不可能打动听众。因此在朗读文字作品特别是文学作品,不只是要从理性上理解作品,更要通过想象呈现客观事物的形象进而用情感去感受作品,如临其境,如闻其声,如见其人,似与作品中的人物一起经历喜怒哀乐。如朗读戴望舒的《雨巷》时,要觉得自己正置身于一条悠长悠长的小巷,似乎看见一个美丽的、飘忽不定的姑娘在小巷中走着,渴望追上她,可她却像雾像云难以追寻,但总也没有放弃追寻的努力。

【练习】
1.想象站在夕阳中的河畔,把《再别康桥》提供的形象和情感表现出来,让受众得到美的享受。

再别康桥
徐志摩

轻轻的我走了,
　正如我轻轻的来;
我轻轻的招手,
　作别西天的云彩。
那河畔的金柳,
　是夕阳中的新娘;
波光里的艳影,
　在我的心头荡漾。
软泥上的青荇,
　油油的在水底招摇;
在康桥的柔波里,
　我甘心做一条水草!
那榆荫下的一潭,
　不是清泉,是天上虹;
揉碎在浮藻间,
　沉淀着彩虹似的梦。
寻梦?撑一支长篙,
　向青草更青处漫溯;
满载一船星辉,
　在星辉斑斓里放歌。
但我不能放歌,
　悄悄是别离的笙箫;
夏虫也为我沉默,
　沉默是今晚的康桥!
悄悄的我走了,
　正如我悄悄的来;
我挥一挥衣袖,
　不带走一片云彩。

2.有条理、重点突出地把《2024级硕士研究生入学须知》朗读出来,让受众明了文中的内容。

2024级硕士研究生入学须知

一、报到时间 2024年9月7日(周六)新生须持《研究生录取通知书》按时报到,因故不能按时报到者,应事先由新生本人或其家长来电请假或者来信(时间以当地邮戳为准)请假,请假一般不超过两周,未经请假或请假逾期视为自动放弃入学资格。

二、报到地点

一号办公楼203室。

三、新生入学复查

为确保招生质量,新生到校后,学校将对新生报考材料进行复核。凡不符合录取条件或有舞弊行为者将按有关规定处理。

四、报到前须准备的事项

(一)考生档案学校已向考生档案所在单位寄发调档函,考生可到本人档案所在单位咨询、办理档案派送。

(二)户籍事宜

根据国家相关规定,按照户口迁移自愿原则,凡入学时办理户口迁移的非定向录取研究生,届时须提交本人户口迁移证和录取通知书以便办理落户手续。

3.想象面向几种不同的听众及在教室里、剧场里这两个不同环境中朗读以下作品。

悼念一棵枫树

牛汉

我想写几页小诗,把你最后的绿叶保留下几片来。

——摘自日记

　　湖边山丘上
　　那棵最高大的枫树,
　　被伐倒了……
　　在秋天的一个早晨

　　几个村庄
　　和这一片山野
　　都听到了,感觉到了
　　枫树倒下的声响

　　家家的门窗和屋瓦
　　每棵树,每根草
　　每一朵野花
　　树上的鸟,花上的蜂

第七章　朗读

湖边停泊的小船
都颤颤地哆嗦起来……
是由于悲哀吗？

这一天
和这一片山野上
飘着浓郁的清香

清香
落在人的心灵上
比秋雨还要阴冷

想不到
一棵枫树
表皮灰暗而粗犷
发着苦涩气息
但它的生命内部
却贮蓄了这么多的芬芳

芬芳
使人悲伤

枫树直挺挺的
躺在草丛和荆棘上
那么庞大，那么青翠
看上去比它站立的时候
还要雄伟和美丽
伐倒三天之后
枝叶还在微风中
簌簌地摇动
叶片上还挂着明亮的露水
仿佛亿万只含泪的眼睛
向大自然告别

哦，湖边的白鹤
哦，远方来的老鹰
还朝着枫树这里飞翔呢

枫树
被解成宽阔的木板
一圈圈年轮

涌出了一圈圈的
凝固的泪珠

泪珠
也发着芬芳
不是泪珠吧
它是枫树的生命
还没有死亡的血球

村边的山丘
缩小了许多
仿佛低下了头颅
伐倒了
一棵枫树
伐倒了
一个与大地相连的生命

4.在正确理解和感受作品的基础上朗读以下作品。

悬岩边的树
曾卓

不知道是什么奇异的风
将一棵树吹到了那边——
平原的尽头
临近深谷的悬岩上
它倾听远处森林的喧哗
和深谷中小溪的歌唱
它孤独地站在那里
显得寂寞而又倔强
它的弯曲的身体
留下了风的形状
它似乎即将倾跌进深谷里
却又像是要展翅飞翔……

南　曲
蔡其矫

洞箫的清音是风在竹叶间悲鸣。
琵琶断续的弹奏

是孤雁的哀啼,在流水上
引起阵阵的颤栗。
而歌唱者悠长缓慢的歌声,
正诉说着无穷的相思和怨恨。
我仿佛听见了古代闽越谪罪人的疾苦
和蛮荒土地上垦殖者的艰辛,
看见了到处是接连的高山,
峻险的道路,
孤舟在风浪中覆没,
妇女在深夜中独坐,
生者长别,死者无消息,
一次又一次的战争,一次又一次的流血……
故乡呀,你把过去的痛苦遗留在歌中,
让生活在光明中的我们永不忘记。

第二节　朗读的基本技巧

对文字作品的理解和感受是朗读的前提,最终必须形成声音,听众才能感受到作品的内容。因此对作品有了理解,有了感受后还要有与之相对应的语言表达技巧。

一、停连与重音

朗读中的停顿和连接以及重音的设置处理是为了把作品的内容准确地、生动地表现出来。

停连即停顿和连接。文章中的标点符号虽然对朗读的停连有一定的提示作用,但朗读中停连并不一定根据标点符号,而应根据朗读时的语意、语气来处理。如带有担心的口吻问"他怎么了?"可以在"他"之后安排一个停顿,表示猜测或担心不愿看到的情况出现。又如"祖国啊,我亲爱的祖国!"为了表达对祖国的深厚情感,要强调"亲爱"一词,于是我们在"祖国啊"后面不停顿,而在"亲爱的"后安排停顿。

重音即朗读中强调的字词。如朱自清的《背影》第一段:

我与父亲不相见已二年余了,我最不能忘记的是他的背影。那年冬天,祖母死了,父亲的差使也交卸了,正是祸不单行的日子,我从北京到徐州,打算跟着父亲奔丧回家。到徐州见着父亲,看见满院狼藉的东西,又想起了祖母,不禁簌簌地流下眼泪。父亲说:"事已如此,不必难过,好在天无绝人之路!"

朗读时重音为"不""二""最""背影""祸不单行""簌簌"。"不"和"二"合起来强调很久没有见到"父亲"了;"背影"是全文所要强调的文眼;"祸不单行"凸现"父亲"沉重的心情;"簌簌"形象地表现"我"难过之情。还有一种重音为反义重音,即字面意思与实际意思是错位的,如《背影》中"聪明"等词。重音的表达必须与非重音字词不一样,它的表达方式有:弱中见强,低中见高,快中见慢,实中见虚,连中见停或反之。

二、基调和节奏

基调指的是作品的基本风格、情调、气氛、情绪。基调的外在表现与音色、音高、音量、节奏相关。朗读的节奏和朗读的基调是相连的。如果基调是沉重、庄严的,那么节奏是缓慢的;如果基调是欢快的,那么节奏就是轻快的。朗读时必须在把握基调的基础上根据作品的内容起伏进行变化。注意情感、声音色彩层次及其变化的把握。如朱自清《荷塘月色》的基调是宁静、舒缓的,但其中仍有变化。到了"采莲"那几个段落,作者的情感有所躁动,画面的色彩也比较明亮,节奏也比较明快,一直到最后一段才复归平静。

上面讲了节奏与基调的关系,我们再来看看节奏自身的特征。节奏原来是指音乐中有规律地交替出现的长短、强弱等现象。在朗读中体现在抑扬顿挫上。朗读如果平平地读,没有抑扬顿挫,就不能打动受众。这些有规律的变化是建立在作品体现出来的情感波动脉络或逻辑链条的排列上。如《春江花月夜》交替出现了自然界相对的静和人生的动的对比,这就为我们朗读中节奏的处理提供了文本依据。

【练习】

1.先找出下面文章中的重音并安排停顿和连接的位置,然后朗读。朗读中要注意使用重音的不同表达方式。

背影(节选)

朱自清

我们过了江,进了车站。我买票,他忙着照看行李。行李太多了,得向脚夫行些小费,才可过去。他便又忙着和他们讲价钱。我那时真是聪明过分,总觉他说话不大漂亮,非自己插嘴不可。但他终于讲定了价钱;就送我上车。他给我拣定了靠车门的一张椅子;我将他给我做的紫毛大衣铺好座位。他嘱我路上小心,夜里要警醒些,不要受凉。又嘱托茶房好好照应我。我心里暗笑他的迂;他们只认得钱,托他们真是白托!而且我这样大年纪的人,难道还不能料理自己么?唉,我现在想想,那时真是太聪明了!

我说道:"爸爸,你走吧。"他望车外看了看,说:"我买几个橘子去。你就在此地,不要走动。"我看那边月台的栅栏外有几个卖东西的等着顾客。走到那边月台,须穿过铁道,须跳下去又爬上去。父亲是一个胖子,走过去自然要费事些。

我本来要去的,他不肯,只好让他去。我看见他戴着黑布小帽,穿着黑布大马褂,深青布棉袍,蹒跚地走到铁道边,慢慢探身下去,尚不大难。可是他穿过铁道,要爬上那边月台,就不容易了。他用两手攀着上面,两脚再向上缩;他肥胖的身子向左微倾,显出努力的样子。这时我看见他的背影,我的泪很快地流下来了。我赶紧拭干了泪,怕他看见,也怕别人看见。我再向外看时,他已抱了朱红的橘子往回走了。过铁道时,他先将橘子散放在地上,自己慢慢爬下,再抱起橘子走。到这边时,我赶紧去搀他。他和我走到车上,将橘子一股脑儿放在我的皮大衣上。于是扑扑衣上的泥土,心里很轻松似的,过一会说:"我走了,到那边来信!"我望着他走出去。他走了几步,回过头看见我,说:"进去吧,里边没人。"等他的背影混入来来往往的人里,再找不着了,我便进来坐下,我的眼泪又来了。

2.朗读下面文章,在把握基调的同时还要注意情感和声音色彩的层次变化。

荷塘月色
朱自清

这几天心里颇不宁静。今晚在院子里坐着乘凉,忽然想起日日走过的荷塘,在这满月的光里,总该另有一番样子吧。月亮渐渐地升高了,墙外马路上孩子们的欢笑,已经听不见了;妻在屋里拍着闰儿,迷迷糊糊地哼着眠歌。我悄悄地披了大衫,带上门出去。

沿着荷塘,是一条曲折的小煤屑路。这是一条幽僻的路;白天也少人走,夜晚更加寂寞。荷塘四面,长着许多树,蓊蓊郁郁的。路的一旁,是些杨柳,和一些不知道名字的树。没有月光的晚上,这路上阴森森的,有些怕人。今晚却很好,虽然月光也还是淡淡的。路上只我一个人,背着手踱着。这一片天地好像是我的;我也像超出了平常的自己,到了另一世界里。我爱热闹,也爱冷静;爱群居,也爱独处。像今晚上,一个人在这苍茫的月下,什么都可以想,什么都可以不想,便觉是个自由的人。白天里一定要做的事,一定要说的话,现在都可不理。这是独处的妙处,我且受用这无边的荷香月色好了。

曲曲折折的荷塘上面,弥望的是田田的叶子。叶子出水很高,像亭亭的舞女的裙。层层的叶子中间,零星地点缀着些白花,有袅娜地开着的,有羞涩地打着朵儿的;正如一粒粒的明珠,又如碧天里的星星,又如刚出浴的美人。微风过处,送来缕缕清香,仿佛远处高楼上渺茫的歌声似的。这时候叶子与花也有一丝的颤动,像闪电般,霎时传过荷塘的那边去了。叶子本是肩并肩密密地挨着,这便宛然有了一道凝碧的波痕。叶子底下是脉脉的流水,遮住了,不能见一些颜色;而叶子却更见风致了。

月光如流水一般,静静地泻在这一片叶子和花上。薄薄的青雾浮起在荷塘里。叶子和花仿佛在牛乳中洗过一样;又像笼着轻纱的梦。虽然是满月,天上却有一层淡淡的云,所以不能朗照;但我以为这恰是到了好处——酣眠固不可少,小睡也别有风味的。月光是隔了树照过来的,高处丛生的灌木,落下参差的斑驳的黑影,峭楞楞如鬼一般;弯弯的杨柳的稀疏的倩影,却又像是画在荷叶上。塘中的月色并不均匀;但光与影有着和谐的旋律,如梵婀玲上奏着的名曲。

  荷塘的四面,远远近近,高高低低都是树,而杨柳最多。这些树将一片荷塘重重围住;只在小路一旁,漏着几段空隙,像是特为月光留下的。树色一例是阴阴的,乍看像一团烟雾;但杨柳的丰姿,便在烟雾里也辨得出。树梢上隐隐约约的是一带远山,只有些大意罢了。树缝里也漏着一两点路灯光,没精打采的,是渴睡人的眼。这时候最热闹的,要数树上的蝉声与水里的蛙声;但热闹是它们的,我什么也没有。

  忽然想起采莲的事情来了。采莲是江南的旧俗,似乎很早就有,而六朝时为盛;从诗歌里可以约略知道。采莲的是少年的女子,她们是荡着小船,唱着艳歌去的。采莲人不用说很多,还有看采莲的人。那是一个热闹的季节,也是一个风流的季节。梁元帝《采莲赋》里说得好:

  于是妖童媛女,荡舟心许;鹢首徐回,兼传羽杯;棹将移而藻挂,船欲动而萍开。尔其纤腰束素,迁延顾步;夏始春余,叶嫩花初,恐沾裳而浅笑,畏倾船而敛裾。

  可见当时嬉游的光景了。这真是有趣的事,可惜我们现在早已无福消受了。

  于是又记起《西洲曲》里的句子:

  采莲南塘秋,莲花过人头;低头弄莲子,莲子清如水。

  今晚若有采莲人,这儿的莲花也算得"过人头"了;只不见一些流水的影子,是不行的。这令我到底惦着江南了。——这样想着,猛一抬头,不觉已是自己的门前;轻轻地推门进去,什么声息也没有,妻已睡熟好久了。

春江花月夜

张若虚

春江潮水连海平,海上明月共潮生。
滟滟随波千万里,何处春江无月明。
江流宛转绕芳甸,月照花林皆似霰。
空里流霜不觉飞,汀上白沙看不见。
江天一色无纤尘,皎皎空中孤月轮。
江畔何人初见月?江月何年初照人?
人生代代无穷已,江月年年望相似。
不知江月待何人,但见长江送流水。
白云一片去悠悠,青枫浦上不胜愁。

谁家今夜扁舟子？何处相思明月楼？
可怜楼上月徘徊，应照离人妆镜台。
玉户帘中卷不去，捣衣砧上拂还来。
此时相望不相闻，愿逐月华流照君。
鸿雁长飞光不度，鱼龙潜跃水成文。
昨夜闲潭梦落花，可怜春半不还家。
江水流春去欲尽，江潭落月复西斜。
斜月沉沉藏海雾，碣石潇湘无限路。
不知乘月几人归，落月摇情满江树。

第三节 不同文体作品的朗读

一、诗歌的朗读

诗歌朗读要注意作品的意境和韵律。诗歌不仅有内在的韵律也有外在的韵律。诗歌韵律在朗读时大多体现在语节的划分上。如果没有把握好诗歌的韵律，朗读时将不能使诗歌的文体特点表现出来，可能把诗歌读得像散文一样。

1.格律诗的朗读

格律诗由于字数和结构是固定的，语节划分比较容易，但是在朗读时也容易产生呆板的现象。因此，朗读时要注意把握作品中情感细微的变化。五言诗可分两个语节，前两个音节为一个语节，后三个音节为一个语节。例如：

床前/明月光，
疑是/地上霜。
举头/望明月，
低头/思故乡。

五言诗也可以分为三个语节。例如：

床前/明/月光，
疑是/地上/霜。
举头/望/明月，
低头/思/故乡。

七言诗可分为三个语节。例如：

渭城/朝雨/浥轻尘，
客舍/青青/柳色新。
劝君/更尽/一杯酒，
西出/阳关/无故人。

七言诗也可分为四个语节。例如：

渭城/朝雨/浥/轻尘，
客舍/青青/柳色/新。
劝君/更尽/一杯/酒，
西出/阳关/无/故人。

2.自由诗的朗读

朗读自由诗同样要注意韵律的把握。如艾青的《手推车》：

在黄河/流过的/地域
在无数的/枯干了的/河底
手推车
以唯一的/轮子
发出/使阴暗的天穹/痉挛的/尖音

二、散文的朗读

朗读散文要注意厘清文章的脉络，把握文章的内在韵律，声音忌"硬"和"冲"，要轻柔、自然。人物语言不宜追求形似，只要稍微把人物的情感、心理状态点一点就可以了。

三、叙事作品的朗读

小说以及故事、寓言等叙事性作品的朗读要分清叙述性语言和人物语言。叙述性语言指的是交代情节的语言，描述性强，朗读时要娓娓道来，节奏要随着情节紧张、舒缓而变化。人物语言指的是作品中人物的对话，朗读时要注意人物的性格、心情、环境等。

四、议论文朗读

议论文朗读要把握好文章的逻辑关系，有的是并列关系，有的是转折关系、递进关系，只有把握住逻辑关系才有可能把文章的脉络清晰地表现出来。

【练习】

1. 先给诗歌分节,后朗读。

春　晓
孟浩然

春眠不觉晓,
处处闻啼鸟。
夜来风雨声,
花落知多少。

早发白帝城
李白

朝辞白帝彩云间,
千里江陵一日还。
两岸猿声啼不住,
轻舟已过万重山。

我爱这土地
艾青

假如我是一只鸟,
我也应该用嘶哑的喉咙歌唱:
这被暴风雨所打击着的土地,
这永远汹涌着我们的悲愤的河流,
这无止息地吹刮着的激怒的风,
和那来自林间的无比温柔的黎明……
——然后我死了,
连羽毛也腐烂在土地里面。
为什么我的眼里常含泪水?
因为我对这土地爱得深沉……

2. 厘清文章的脉络,把握文章的内在韵律基础上朗读。

夜宿泉州
郭　风

温馨的、有点潮湿的、南方的夜降落在城市的林梢和屋檐前。一轮新月好像一朵橘子花,宁静地开放在浅蓝色的天空。

城市在闪耀着它的宝石似的光辉,散发着豆蔻一般的香味。泉州,你经历过多少风险,珍藏了这样多的珍宝。那林立的碑坊,那雄伟的东塔和西塔,那开元寺紫云大殿后面希腊哥林多式的廊柱雕刻,大殿前面平台基石上古埃及式的人面兽身的浮雕,那以青色花岗石建筑的、具有古叙利亚建筑风味的清真寺……它们怎样越过时间的长河,掩映在你的林荫中,在月色里默默地沉思。

轻风从旅馆的窗口悄悄地吹过。那风中仿佛吹来大海的凉气和港湾里夜潮的喧腾。泉州,时代过去了,我仿佛还能看见你的港湾里布满古代的船舶。那从波斯湾和印度洋出发的帆船的队伍,它们照着太阳上升的方向,来到你这里。那从婆罗洲和摩鹿加群岛出发的商船的队伍,借着大洋的季风,鼓起它们的风帆,来到你这里。泉州,时代过去了,我仿佛还能看见你的仓库里堆满各色的货物,笼罩着的乳香、咖啡和可可,檀香和蔷薇水的香味。我仿佛还能看见在你的码头上,在你的街道上和小巷里,横过绿色的稻田,走动着世界上各种肤色的人们。那从西里伯群岛前来的旅行队,身上还披着热带太阳的芬芳和明月的光辉。我仿佛还能看见那从亚力山大港来的水手,给你带来非洲地带的爱情和音乐,那从波斯湾沿岸前来的商人,给你带来菠菜的种子,撒在你的河边和田野里……啊,那还是人类航海的黎明时期,越过漫长的中世纪,泉州,在长久以前的时期,你便是世界沿岸的一个中心。在漫长的历史年代里,中外文化的交流,在这里开放美丽的花朵。我仿佛触摸着一幅地图:在这上面,泉州,你好像林荫中的一朵金玫瑰,披着月色在那里闪光,发出深沉的香味。

古老的城市!南方的四月的夜晚,是多么的甜蜜的啊。这个晚上,我想,我是不想睡觉了。泉州,让我站立在这窗口,永远守望着你的过去,我千百倍的爱你的今天!在传说中曾经开放过雪白的莲花的古桑树啊(泉州开元寺有一棵古桑树枝叶茂盛,从唐代活到现在。民间传说,它曾开过白莲花),你正是见证:泉州,今天是变得更加美丽了。我看见学校的窗户,像开放在花棚上的紫藤花一般地开放着,那灯火像海面上的渔火一样地闪耀。我看见新村的房屋和它的阳台,建筑在斜坡上,周围围着的竹篱,又被古老的龙眼树林的夜色所环绕。我看见梨园戏剧团的楼房,紧靠着郊区;向前走去,那里有美丽的河流和古老的石桥。我看见车站灯火辉煌,最后一班的班车已经到站了吗?有亲爱的海外侨胞搭这一班车到家乡来省亲吗?我看见郊外的田野有如海洋,四月的麦浪在明月下有如海波在荡漾。我看见果园有如蜂房,花在结果,果在酿造甜汁。我看见烟囱的手臂伸到明澈的夜空,我听见厂房里的轮子和压榨机在唱着新的歌……啊,这一切,都是我所爱的,让我歌唱这芬芳的土地上新的建设!让我伸出手来,把你整个抱在我的两臂里:

泉州,晚安!

3.朗读小说。

香雪（片段）

铁 凝

  七点钟，火车喘息着向台儿沟滑过来，接着一阵空哐乱响，车身震颤一下，才停住不动了。姑娘们心跳着涌上前去，像看电影一样，挨着窗口观望。只有香雪躲在后边，双手紧紧捂着耳朵。看火车，她跑在最前边；火车来了，她却缩到最后去了。她有点害怕它那巨大的车头，车头那么雄壮地喷吐着白雾，仿佛一口气就能把台儿沟吸进肚里。它那撼天动地的轰鸣也叫她感到恐惧。在它跟前，她简直像一叶没根的小草。

  "香雪，过来呀！看那个妇女头上别的金圈圈，那叫什么？"凤娇拉过香雪，扒着她的肩膀问。

  "怎么我看不见？"香雪微微眯着眼睛说。

  "就是靠里边那个，那个大圆脸。唉！你看她那块手表比指甲盖还小哩！"凤娇又有了新发现。

  香雪不言不语地点着头，她终于看见了妇女头上的金圈圈和她腕上比指甲盖还要小的手表。但她也很快就发现了别的。"皮书包！"她指着行李架上一只普通的棕色人造革学生书包。这是那种在小城市都随处可见的学生书包。

  尽管姑娘们对香雪的发现总是不感兴趣，但她们还是围了上来。

  "哟，我的妈呀！你踩着我脚啦！"凤娇一声尖叫，埋怨着挤上来的一位姑娘。她老是爱一惊一乍的。

  "你咋呼什么呀，是想叫那个小白脸和你搭话了吧？"被埋怨的姑娘也不示弱。

  "我撕了你的嘴！"凤娇骂着，眼睛却不由自主地朝第三节车厢的车门望去。

  那个白白净净的年轻乘务员真下车来了。他身材高大，头发乌黑，说一口漂亮的北京话。也许因为这点，姑娘们私下里都叫他"北京话"。"北京话"双手抱住胳脖肘，和她们站得不远不近地说："喂，我说小姑娘们，别扒窗户，危险！"

  "哟，我们小，你就老了吗？"大胆的凤娇回敬了一句。

  姑娘们一阵大笑，不知谁还把凤娇往前一搡，弄得她差点撞在他身上。这一来反倒更壮了凤娇的胆："喂，你们老呆在车上不头晕？"她又问。

  "房顶子上那个大刀片似的，那是干什么用的？"又一个姑娘问。她指的是车厢里的电扇。

  "烧水在哪儿？"

  "开到没路的地方怎么办？"

  "你们城市里一天吃几顿饭？"香雪也紧跟在姑娘们后边小声问了一句。

  "真没治！""北京话"陷在姑娘们的包围圈里，不知所措地嘟囔着。

  快开车了，她们才让出一条路，放他走。他一边看表，一边朝车门跑去，跑到门口,又扭头对她们说:"下次吧,下次告诉你们!"他的两条长腿灵巧地向上一跨就上了车,接着一阵叽哩哐啷,绿色的车门就在姑娘们面前沉重地合上了。列车一头扎进黑暗,把她们撇在冰冷的铁轨旁边。很久,她们还能感觉到它那越来越轻的震颤。

4.朗读议论文。

杂感(片段)

鲁　迅

人们有泪,比动物进化,但即使有泪,也就是不进化,正如已经只有盲肠,比鸟类进化,而究竟还有盲肠,终不能很算进化一样。凡这些,不但是无用的赘物,还要使其人达到无谓的灭亡。

现今的人们还以眼泪赠答,并且以这为最上的赠品,因为他此外一无所有。无泪的人则以血赠答,但又各各拒绝别人的血。

人大抵不愿意爱人下泪。但临死之际,可能也不愿意爱人为你下泪么?无泪的人无论何时,都不愿意爱人下泪,并且连血也不要:他拒绝一切为他的哭泣和灭亡。

人被杀于万众聚观之中,比被杀在"神不知鬼不觉"的地方快活,因为他可以妄想,博得观众中的或人的眼泪。但是,无泪的人无论被杀在什么所在,于他并无不同。

杀了无泪的人,一定连血也不见。爱人不觉他被杀之惨,仇人也终于得不到杀他之乐;这是他的报恩和复仇。

死于敌手的锋刃,不足悲苦;死于不知何来的暗器,却是悲苦。但最悲苦的是死于慈母或爱人误进的毒药,战友乱发的流弹,病菌的并无恶意的侵入,不是我自己制定的死刑。

仰慕往古的,回往古去罢!想出世的,快出世罢!想上天的,快上天罢!灵魂要离开肉体的,赶快离开罢!现在的地上,应该是执着现在,执着地上的人们居住的。

但厌恶现世的人们还住着。这都是现世的仇,他们一日存在,现世即一日不能得救。

先前,也曾有些愿意活在现世而不得的人们,沉默过了,呻吟过了,叹息过了,哭泣过了,哀求过了,但仍然愿意活在现世而不得,因为他们忘却了愤怒。

勇者愤怒,抽刃向更强者;怯者愤怒,却抽刃向更弱者。不可救药的民族中,一定有许多英雄,专向孩子们瞪眼。这些孱头们!

孩子们在瞪眼中长大了,又向别的孩子们瞪眼,并且想:他们一生都过在愤怒中。因为愤怒只是如此,所以他们要愤怒一生,——而且还要愤怒二世,三世,四世,以至末世。

第七章 朗读

本章训练目标和学习重点、难点

［训练目标］
通过学习和训练,初步掌握朗读的基础知识,并能够流畅朗读各种文体的文章。
［学习重点］
理解作品的情感,把握朗读的基调。
［学习难点］
在日常训练中掌握朗读的技巧与规律。

第八章　说　话

普通话训练中,掌握声、韵、调是读好一个音节的基础,但如何将这些音节串成一段语流,并保证语流的自然、规范、流畅,则需要通过说话训练。说话训练是一种综合性的口语技能训练,是普通话训练的重要环节,朗读、演讲和辩论则是在说话的基础上从不同层面的升华。

说话是人们运用有声语言进行交流的活动,是一门应用语言的艺术。在实际应用中,说话大致可分为单向式和双向式两种类型。单向式说话又称主体说话,双向式说话或称为交谈。本章分别就这两类进行说明。

第一节　主体说话

主体说话即单向式说话,是相对于交谈而言的一种口语表达方式。它是一种独白式的言语活动,不是指电影、戏剧角色独自抒发个人感情和愿望的自言自语,而是指说话人在公共场合向公众发表的讲话。在这种言语活动中,说话人把他人作为自己的听众,独白式地表达自己的思想、观点、看法,而没有听者的言语配合,常见于报告、日常谈话、讲故事等。普通话水平测试中第四题说话,属于这一类型。

一、主体说话的特点

1.凭借原有的语音、语汇和语法基础,即时发出一串完整的语流,表达一定的语意。

2.每一语意层面之间,都有一定的内在联系,从而使各个语段条理清楚,逻辑分明,中心明确。

3.单向式说话具有叙说对象,说话者通过叙说达到阐明观点、表明态度、介绍自身等目的,尤忌旁若无人的自言自语。

二、主体说话的要求

(一)语音自然、规范

语音作为语言的外衣,直接对听话者造成刺激,如何控制好吐字发音,是取得交流的一条捷径。总的来说,语音要做到自然、亲切、规范。有的人说话时拿腔拿调,或者直接采用朗诵或背诵的语气,对方言区的人来说,尤其应该注意这一点。此外,语音的规范性对表达效果影响很大,如有位导游介绍泉州的气候时说:"泉州市由于受到海洋性气候的影响,夏季并不lè(热)。"这就造成听话者接受信息的错误。而这类现象在生活中并不少见,要避免这类现象,就要求说话者必须讲究语音的规范,避免受到方音的影响。

(二)用词恰当

说话时要注意用词恰当。对方言区的人来说,用词恰当第一紧要的便是用词规范,尽量避免使用方言词语。闽南方言里保留了许多独特的组词形式和词义内涵,有的和普通话词语同形异义,如"报"在泉州话里既能指"通知"也可指"指点"。曾经有人编过这样一则笑话:有个外地人到泉州来,他在路上截住一人问路。那位泉州人热情万分地说:"我报(抱)你去。"那位外地人一下愣在了那儿,半天没反应过来。像这样的笑话,其实在日常生活中确实经常发生。说话过程中,要特别注意避免这种方言词汇的直译。

其次,主体说话过程中要尽量少用书面语,多用口语。古语词要少用,如"之乎者也""无需乎"等;公文用语少用,如"基本上""一般说来""诸如"等。例如:"午后二时许在原班级举行考研分享会,届时学院领导将莅临本次会议。"这则书面通知口头表述则应改为"今天下午两点钟我们要在本班教室举行一个考研分享会,到时候学院领导将参加并为我们加油鼓劲"。这样听来更为直白、更加自然。

再次,近年来网络用语汹涌而来,这一新兴的语言现象,以其独特的方式对语言表达产生了深远的影响。它们以简洁的词汇、生动的形象和幽默的语境,使交流变得轻松愉快。例如,"666"表示"非常厉害","美美哒"表示对美丽漂亮的夸赞,"绝绝子"表示独一无二。网络用语的大量出现,反映出社会的文化变迁和人们的思想观念。例如,"正能量""主旋律""核心价值观""文化自信""遥遥领先"等词,其背后代表的是积极向上、乐观向前的态度。

然而,网络用语在交流中的使用也带来了一些挑战。一些过于简化或模糊化的网络用语,可能会使人们失去对语言精确性的追求。同时,过度使用网络用语也可能会导致沟通混乱和理解困难。例如,"躺枪"这个词,如果没有共同的语境和文化背景,就很难理解其含义。

因此要适度使用网络用语,避免产生沟通混乱和理解困难。同时,也应该保持对传统语言的尊重和传承,以维护语言的多样性和丰富性。

(三)语法规范

语法使用规范与否,直接影响到语句是否通顺。而语句是否通顺流畅,对表达效果影响很大。语句流畅,好像行云流水,听起来易于理解,而且有吸引力,也不易疲劳。反之,则直接影响表达效果。

对于方言区的人来说,尤其应注意方言语法对普通话表达的影响。例如泉州人常说的"你会去簪花吗？""你有来过泉州吗？""你比我较肥"等句子,都是方言语法在日常说话中的体现。如何克服这些不规范的语法习惯,最重要的方法是多听、多说,平常多使用普通话作为交际工具,促使自己习惯于说语法规范的普通话。当然,"冰冻三尺非一日之寒",靠临时抱佛脚是不行的,而需要平时有毅力、耐心和信心日积月累地学习。

(四)主题明确,线条清晰

首先,话语内容应体现交流的目的、态度明确。有的人说起话来喋喋不休,说了许久,听话者始终没听出来他想说什么。在单向式说话中,说话者明确摆出自己的态度和立场,而后根据实际情况加以说明。其次,主体说话时要求话语内容线条清晰。说话不比写文章,白纸黑字的文章可以来回看,而话语一旦通过语音形式表达,稍纵即逝,因而,说话者应对自己所要说的内容先打个腹稿,做到逻辑清晰,简洁明了。

三、主体说话的类型

(一)报告

报告是指以较多的人为听众,严肃、庄严地就某一重大内容,在会议上发表的讲话。报告与人们的社会生活关系十分密切,它能够帮助人们沟通思想,交流经验,提高人们的认识水平和思想水平,提高工作效率。各种会议上的开幕词、闭幕词、动员报告、总结报告、工作报告、政治报告、时事报告、学术报告、工作汇报、思想汇报、经验介绍等,都属报告的范畴。

1.报告的特点

(1)具有权威性

报告,常属于领导或对所讲内容有独到的见解、造诣较深的人,在专门会议上就某一重大问题的讲话。因而这类讲话具有权威性。

(2)具有严肃性

在庄严的场合,面对众多听众,讲述重要内容,这就要求一方面态度严肃,另一方面内容也应讲求严谨。

(3)具有一些书面语的特点

报告,一般备有讲话稿,尤其是重要的报告,讲稿往往要经过反复修改,因而,报告具有一些书面语的特点。它要求讲稿语句通顺,合乎语法,不能过多地省略;要求讲话人善于临场表达,如语音准确,语言轻重适当、停顿合理。

2.报告的基本要求

首先,要做好准备。做报告,不像平常说话,想什么就说什么,报告人必须做好事前的准备工作。准备工作包括起草讲稿,熟悉讲稿和确定讲述方式等。起草讲稿应做到观点正确、中心突出、材料翔实、条理清晰、语言规范。另外,做报告要根据听众的需要、水平和心理,选择他们最喜闻乐见的内容和方式,以利于听众接受。例如给小学生做报告,就不能满口专业术语,而应结合图片、视频进行,做到生动、形象、有趣。

其次,姿态大方。报告时要大方地站或坐在讲话的位置上,让每位听众都听得见,神情亲切坦诚。

最后,注意话风。写作报告时应注意话风,应尊重听众,不摆架子,不打官腔;讲真话、实话;遵守时间限制,不无故拖延时间。

(二)日常谈话

日常谈话,是指那些在非会议场合,以较少的人为听众,用灵活自由的方式,就非重大问题发表的讲话。它是人们进行社会交际的重要方式,人们靠它来传递知识和经验,靠它来达到相互了解和增进彼此的感情,也靠它来说服人们改变或坚持某种思想和行为。日常谈话样式众多,包括自我介绍、讲述见闻、讲解知识、介绍方法、讲述体会、评论是非等。

1.日常谈话的特点

(1)灵活自由的方式

日常谈话不受场合的限制,说话者可边想边说,时间长短亦可自由控制。日常谈话经常是面对面的,因而说话者可以直接观察到听话人的反应,能及时调整说话的内容、速度和方式,因而较为方便灵活。

(2)亲切自然的语境

日常谈话时,说话人与听话人面对面处在一个相互交流的环境中,且说话的内容常是听话人关注的,因而双方之间较为亲切,无距离感。说话人也总是以诚挚友善的态度,坦率热情的语言,自然大方的姿态,以及亲切的语调来维护这种亲切感,保持一个良好的谈话环境。

(3)通俗明白的内容

日常谈话不同于会议讲话,有即席性,说话人对所说的内容一般无认真、细致的准备,只有一个大致的提纲,因而语言上不十分讲究,只求语意明确、语脉连贯、语音清晰、通俗明白简练,使听者能在短时间明确所说的内容。

2.日常谈话的基本要求

(1)目标明确,内容准确

日常谈话针对性强,时间较紧凑,因而要达到预期的效果,必须了解听者的要求,根据了解的情况,确定说话所要达到的目的、说话的内容和方法。

在内容上,要讲真话,所讲述的知识也应准确无误,叙述事实要符合实际,论证问题要有理有据。

(2)态度诚恳热情,姿态自然大方

说话人态度应热情、诚恳、坦率,只有尊重听者,信任听者,为听者着想,才会在听与讲之间建立和谐的关系。

谈话时还应讲究姿态,眼睛应注视着听者,不要总是低着头或目光斜视表现出漫不经心的样子。说话时不要距听者太近和正对听者。表情和手势的运用,也需得体、自然、大方。

(3)语言得体,方法恰当

日常谈话除了应注意语调、语气、快慢、节奏等外,还应注意使用恰当正确的称呼语,恰当地使用敬辞、谦辞;不便直说的要用婉语;有忌讳的要注意避让;需要强调时可用明显的停顿或重音、重复;概念的解释要深入浅出,通俗易懂;举例宜适用听者熟悉的。

(三)讲故事

讲故事,是指用通俗、形象的语言,表达生动、曲折、有趣的情节,来反映社会生活的一种口头文学。

讲故事,就是把自己读到的、听到的、创作的故事讲述给别人听。讲故事,是广大群众喜闻乐见的一种活动。它是生动活泼的宣传形式,也是方便有效的教育工具。

1.讲故事的特点

(1)"讲""表"兼用,声情并茂

讲故事,是单向式言语活动中最富有艺术色彩的口语形式,讲故事的人不仅要用生动的语言说故事,还要调动表情、手势、眼神等"表演"故事,声情并茂。

(2)寓教于乐

讲故事既是教育手段,又是娱乐的一种方式。讲故事的人,可以用诙谐、幽默、风趣的故事,表达严肃庄重的主题;可以用绘声绘色的讲述,告诉人们什么是真、善、美,什么是假、恶、丑。

2.讲故事的基本要求

(1)认真选材

讲好故事的基础,是选好故事或写好故事。无论选择现有的故事或改编、制作新故事,都要注意做到:第一,思想内容健康新鲜,有教育意义;第二,情节曲折、完整,有吸引力;第三,深浅适度,适合大多数听众的口味。

(2)精心准备

精心准备故事应做到:

第一,熟悉故事情节、内容,领会故事的主题思想。

第二,加工改造。讲故事,不是"念"文章,也不是"背"书,而是要把现成的文字

材料(或记忆的内容)加工成适宜口头讲述的故事。因而,它应从以下几个方面入手:

①把书面语言改成口头语言。把一些听众难以理解的方言或冷僻的词语,换成通俗、浅近的口语,把结构层次复杂的长句,换成简洁明了的短句。

②设计好开头和结尾。好的故事一定要有个吸引人的开头,一下子就把听众带到故事中。另外,结尾应有力,发人深思,耐人寻味,起"画龙点睛"的作用。

③调整情节,一个故事是否吸引人,还要看情节是否具有"戏剧性"。情节波澜起伏、跌宕多姿、委婉曲折、妙趣横生,就能抓住听众、吸引听众。

(3)"讲""表"兼顾

"讲"和"表"是讲故事的主要手段。"讲"是指讲故事的人创造性地叙述故事的情节和内容。"表"就是表演,是指讲故事的人用生动的语言、声音、体态、动作、表情等,把故事中人物的性格、思想、感情形象地表现出来。

如何讲好故事,应注意以下几点:

第一,口语化。口语化是故事语言的特征。由于口语化的语言接近生活,听众易于理解,且亲切、自然。

第二,掌握好语气和语调。讲故事的人需用抑扬顿挫、惟妙惟肖的语调展现故事里人物的情感和故事发展的场景变化,让听众跟随你走入故事之中。

第三,处理好语速和节奏。讲故事,要根据听者的身份,选择适当的速度,既要节奏鲜明,让人听起来连贯、清晰、悦耳;又要张弛有度,停顿恰当,可以给听众留下回味的空间。

讲故事中的"表"主要突出体现在两个方面:一是语言,如可以运用不同的声音代表不同的人物,男人的声音较粗厚、女人的声音较尖细、小孩的声音较稚嫩等。二是善于模仿,如绘声绘色地模仿自然界的风声、雨声、流水声,也可以模仿人的笑声、哭声和叹声,以及自然界动物的鸣叫声等,可起到渲染环境气氛,增加故事的真实性和形象性。

第二节 交 谈

交谈是双向交流的说话形式,交谈双方既是主体谈话者,也是谈话的接受者,在交流过程中,双方不断变化角色,从而构成交谈。因此,交谈包括三个因素:一是说话者,二是听话者,三是语言。在交谈过程中,人们借助话语相互交流情感,沟通思想,表达意愿。因而,交谈是最直接、最广泛、最简便的言语交往形式。

一、交谈的特点

1. 话题灵活

交谈时可以就一个共同话题展开,选择不同角度,不同侧面,多方探讨,也可以随时提出新的话题,在一个话题早已达成共识,或对此话题交谈一方已不愿谈及时,可随意转换新话题,以引起对方的交谈兴趣。

2. 听说兼顾

交谈活动中,人们不仅借助语言传播信息,同时还借助耳朵接收信息,将接收到的信息输入大脑进行处理,分析所得到的信息,根据所得到信息的资料,进行反馈,选择、组织适当的话语材料,把所需反馈的信息再以话语形式表现出来。交谈中的另一方一旦接收到信息,又开始下一个反馈信息的过程。当然,话语只是反馈信息时所使用的一种主要手段,人还可以借助身体语言辅助表达。

3. 口语化

在交谈中,所使用的语言,一般不作刻意的修饰,随想随说,具有简洁、自然、明快的口语特征。

4. 多向性

交谈常在两人或两人以上的人群中展开,因而具有多向性。

只要有人群的地方,就会有各种形式的交谈,人们在谈话中交流思想、联络感情、互通情报、洽谈事务、切磋技艺、商讨对策等。不能要求人人都有外交官、公关人员的口才,但无论如何,还是应当提高自身的谈话技巧,更好地达到预期目的。

二、交谈的要求

(一)分析交谈对象,讲究交谈方式

以了解情况为目的的交谈,一般要选择一个对话题比较了解的行家、知情人作为交谈对象,这样才能获得满意的效果。这种对象一般可事先确定,可以在未进行谈话时了解对象的身份、职业、愿望、心境和性格,以选定恰当的交谈方式。如有所中专学校一段时间以来学生心理问题突出,不少学生情绪抑郁,学习效率低。针对这些情况,校方请来了一位心理学博士,为学生进行心理咨询。可这位博士在心理咨询时,满口专业术语,使满怀希望来进行心理咨询的学生感到一无所获。这位博士得到反馈意见后,及时调整自己的话语方式,注意把话说得通俗易懂,明白晓畅。后来他还多次进行类似的心理咨询工作,都获得了好评。

如果对方是主动找上门来,对你的话题做出积极应答的人,可以采用开诚布公的方式进行坦率的交谈;如果对方对你的态度冷淡,这时首先应以平等、真挚、友好待人,使对方建立信任,产生谈话的愿望,然后进行交谈。

选择交谈方式应注意以下几点:第一,应根据对方心情好坏。第二,应根据对方

性格特点,调整交谈方式。第三,要根据交谈对象的实际,分析自己与交谈方的关系和交谈的内容,以决定谈话时所应把握的分寸。

(二)语言规范,表达清晰

口语既然是讲给别人听的,就要让人听得懂,必须使用那些社会早已约定俗成的语音、词汇、语法规范。不讲规范,交流就难以实现,如曾有一位闽南籍知识青年,上山下乡插队时住在一位北方老大娘家中。有一回,老大娘为他准备好洗头、洗澡用的热水,这位青年为了表示客气,说:"你先 sǐ,我再 sǐ。"大娘听完,转身走了。原来闽南方言区部分人 z、c、s 和 j、q、x 不分,这位男青年受方言影响,误将"洗"说成了"sǐ(死)"。难怪大娘生气了。这种事例在我们现实生活的交谈中举不胜举。讲究语言规范,注意交谈过程中所使用的语音、词汇、语法的规范,避免造成交谈的误差,才能顺利进行谈话,达到沟通的目的。

有了语言规范,还应注意表达清晰。日常生活,有不少人说话结结巴巴;也有的人说话不通顺;还有的人在与人谈话时,"哼啊""哈啊""然后……然后……"等有许多口头禅,这些都会影响表达的效果。

有了以上两点做基础,就应考虑语言美了。语言美,除了讲究语言的简洁明快,生动幽默外,还应讲究语言的文明礼貌。礼貌语言,不仅表现在内容的健康正确,还表现在准确地使用称呼语、敬语、谦语和委婉语,表现出谈话者个人的涵养和风度,还可以营造良好的交谈环境。此外,还应注意语调、语气得当;感情爱憎分明,褒贬轻重适当;不使用不文雅的谚语、歇后语;不说污言秽语,不油腔滑调,不冷语伤人。

(三)善于提出、控制和转换话题

话题体现了谈话者的动机,制约着谈话的内容、范围和重点,它是使交谈顺利进行,取得良好效果的重要保证。为了更好完成交谈目的,话题在交谈开始时就必须明确提出,并在交谈中控制和及时转换。

1.提出话题

交谈的动机、对象、内容和环境不同,提出话题的方法也就不同,主要有以下三种:

(1)开门见山法

交谈开始,就直截了当地进入主题,提出自己的看法和见解,以及需要探讨的重点。

(2)侧面迂回法

谈话开始时,先暂时避开话题,谈一些对方感兴趣的事情,边谈边分析对方的心理,选择恰当的时机切入话题。

(3) 反面激将法

当对方不愿就某个话题进行交谈时,可用"激将法"激起对方继续话题的冲动,当然使用时要因人而异,把握火候,不可"激僵",造成情感的裂痕。

2. 控制话题

交谈具有随意性,因此在交谈过程中,话题易被转化,因而对交谈双方而言,为了将交谈进行下去,取得更好的效果,有必要控制话题。控制话题的方法主要有以下两种:

(1) 提示法

即发现对方偏离话题时,及时提醒,防止对方再说下去,促使话题重新回到中心话题上来。提示的方法是多样的,因人而异。当你面对长者或领导时,不可武断地打断说话,而应在谈话告一段落时,有礼貌地重提话题;对亲朋好友,可以采用礼貌的语言和手势,在适当的地方要求对方中止发言,如"您说的是……""你前面说的那个话题我有疑问""请允许我打断一下?""我们再回到开头的话题,行吗?",待对方停止后,重申话题,切不可用粗暴的态度,不礼貌的话语,强行中止谈话。

(2) 主动引导法

为了使对方讲话不离题,听话的人要随时进行判断。对符合题意的谈话,要微微点头,或用简短的应答词语,如"是、对、嗯"等方法表示肯定,对不符合题意,或已有离题倾向的发言,可以礼貌地提醒对方注意。

3. 转换话题

明确地提出话题,有效地控制话题,是谈话成功的重要条件,但在实际交谈中,常常需要根据新情况,及时转换话题,那么如何转换话题呢?首先,要把握好时机,过早地终止或改换话题,会失去良好的谈话机会。转换话题时,应追求自然,顺理成章,避免给人跳跃感。其次,要讲究方式,一般可总结前面的话语,肯定对方的积极配合,然后提出还需继续交谈的话题,多采用侧面迂回法,但如发现对方已不愿继续交谈下去,亦不可勉强。

(四) 保持积极态度,讲究谈话姿势

交谈是一种双向性的活动,讲究各方的密切配合,相互支持。交谈过程中,各方必须相互尊重,相互坦诚。交谈各方的每一个表情、动作,都在对方的密切注视之下,都会对交谈产生重要的影响。另外,还得讲究姿势,表情自然大方,手势点到即止。

(五) 善于倾听和回应对方的话

俗话说:"会说的不如会听的。"一个人在交谈中是否善于听话,是交谈能否成功的决定因素,只有会"听",才能更准确地把握交谈的意图,会听者流露出的情绪,传达出的信息,能更好地促使对方继续谈下去,达到最终目的。倾听别人谈话不仅能捕捉信息,还能获取有关知识,同时还能了解谈话人的个性特点。那么如何做一个好的倾听者呢?

首先,尊重谈话方。把谈话方看成某一方面的权威,眼睛要注视谈话者,表情自然。

其次,主动及时地做出反馈。倾听者能积极主动,并迅速地对谈话方的谈话做出反应,能极大地鼓舞谈话方的热情。

再次,听其言,观其态。不仅要理解谈话方的主要意思,还要善于体察出谈话方话语中的言外之意。

最后,礼貌,谦虚。如有问题需要讨论,或有疑问时,倾听者不要中途打断或中止谈话方的谈话,而要在谈话间歇或某一问题告一段落时,把你的问题以探讨、研究的口吻提出来,切不可自以为是。

回应对方时,要做到:内容切题,有条理。另外还要善于引起听者的注意,可以充分调动口语语音,语调富于变化的特点,加上动作、姿态的辅助,以引起对方的注意。

【练习】

1.扩展训练

(1)我的爸爸是个怎样的人?→表现在哪些方面?对家人……对外人……→举一两个事例分别说明。

(2)我最感兴趣的事是什么?→为什么它是我最感兴趣的事?对我有何益处?→举一两个事例说明。

2.编写说话提纲

根据说话提纲完成三分钟说话:

(1)我的业余生活

(2)童年趣事。

3.采访训练

以小组为单位,每组指定一人为采访者,其余的人为被采访者。每组可从下述内容中任选两项,进行采访练习。

(1)您觉得餐厅令人满意吗?还有什么需要改进的?

(2)您的家乡有哪些风俗?请您具体描述一下。哪个令您印象深刻,为什么?

(3)谁是您最欣赏的历史人物?您欣赏他的哪些方面?对您的个人成长有何帮助?

(4)从小到大您参加过哪些劳动包括家务?有没有令您印象深刻的一次?

您能描述一下那次劳动的经过吗?

采访者要控制好话题,被采访者要有意为难一下采访者,以考验采访者控制话题的能力。采访结束后,由采访者总结归纳大家的意见,向全组宣布采访的结果。最后评议一下采访者提出、控制和转移话题的技巧。

本章训练目标和学习重点、难点

[学习重点]

掌握说话、谈话的特点和要求。

[学习难点]

通过学习说话、谈话的特点和要求,学生能够将理论具体运用到实践中去。

第九章 演讲

第一节 演讲概说

一、演讲的概念

演讲活动是一种源远流长的社会现象,始终伴随着人类文明的发展而发展。在西方,"舌头、金钱和电脑"已成为三大战略武器。在我国,随着改革开放的不断深入,随着物质文明和精神文明的飞跃发展,演讲之风也蓬勃兴起,各种类型的演讲活动广泛开展,演讲艺术日益受到人们的重视。那么,什么是演讲呢?

演讲又叫讲演、演说,专指人们"就某个问题对听众说明事理,发表见解"。[①] 可见,演讲是一种言语表现,但并非所有言语表现都是演讲。邵守义给演讲下的定义是:演讲者在特定的时空和环境中,借助有声语言(为主)和态势语言(为辅)的艺术手段,针对社会的现实和未来,面对广大听众发表意见、抒发情感,从而达到感召听众并促使其行为的一种现实的信息交流活动。它是一种直接的带有艺术性的社会实践活动。

由于演讲是"一人讲,众人听"的口语表达方式,因而演讲者在发表见解、叙事、说理时,不可以像平时交谈那样互为前提、相互引发,也不可能像平时交际那样时常采用某些不言自明的神传意会来代替言语。演讲者必须通过自身的有声语言材料和相应的体态语言来逐条逐款层层展开。因此演讲者的语言总是独白式的,经过认真组织、仔细斟酌、系统成篇的,有着很强的内在逻辑。演讲者这种独白式的言语表达方式,又是有声语言和体态语言的结合体,它要求语言、声音、眼神、动作、姿态的有机结合,浑然一体。演讲时要做到吐词准确、语调动听、表情丰富、动作适度、仪态大方。总之,一次成功的演讲,必须具备以下要素:措辞准确、抑扬有致、体态得当、感情真挚、精彩动人。

[①] 中国社会科学院语言研究所词典编辑室编:《现代汉语词典》(第7版),商务印书馆,2016年版。

二、演讲的种类

演讲形式的多样性决定了演讲分类的多样性,在教学中我们较多采用的是从是否准备文稿的角度,分为命题演讲和即兴演讲。

(一)命题演讲

命题演讲是根据预定的题目事先写好讲稿的演讲,是凭借文字材料进行口语表达训练的重要形式。它的主要特点是:

1.文稿讲究口语化。命题演讲的演讲稿应该用口语,而不是用书面语言写成的,因为演讲必须是讲,而不是念或者背诵。鲁迅先生说:"我们要说现代的、自己的话,用活着的白话,将自己的思想感情直白地说出来。"马克思说得更干脆:"你怎么说就怎么写,怎么写就怎么说。"

2.主题必须集中。命题演讲比一般文章的主题要求更高。尤其对议论性的演讲来说,除了要紧扣命题、立论正确、论据真实而充分、论证严密外,还应做到角度要小,只能阐述其中的一个方面,切忌面面俱到,全面铺开。

3.思想要深刻,见解要独到,情节须感人。就表现先进人物先进事迹的叙事性演讲而言,在概述性地交代人物的先进事迹基础上,必须选择两三个感人的典型事例,感染听众,打动听众,从而达到教育听众的目的。

4.演讲要有魅力。演讲不仅是口语表达的艺术,而且是演讲者品格修养、知识经验、思想情感和风度仪态的综合体现。听众不仅听其声,解其意,还要观其形,悟其情。只有通过对有声语言和态势语的恰当处理,才会产生感人的艺术魅力。

命题演讲由酝酿构思、演练、演讲三个阶段组成。一次成功的命题演讲,包括下面的工作:

1.拟定题目。命题演讲的题目应该鲜明生动,引人入胜,题目的好坏直接影响听众的价值取向。

2.确立主题。演讲主题要适时,要尽量做到单一明确。

3.选择材料。既要恰当地表现主题,又要满足听众的预期需要,同时还要新颖、科学。

4.精心构思。"响开头,曲主体,蓄结尾",这是对演讲结构的基本要求。另外,命题演讲还要恰当地注意称谓、设问、暗示、停顿、语速、声量、体态、表情等。

(二)即兴演讲

即兴演讲是在特定场景和主题的诱发下,或是自发或是别人要求,立即进行的演讲,是一种不凭借文字材料进行表情达意的口语交际活动。它是完全凭借自身的阅历、知识、才能,即兴抒发自己的思想、观点和理论。从某种意义上讲,它比需经过长时间努力准备的演讲更为重要。

即兴演讲,无法事先拟就讲稿,也不允许反复修改、反复试讲、反复排练,所以要求演讲者具备即兴发挥的能力。演讲时大多只有两三分钟时间打腹稿,靠的是"临阵磨枪"。由于临时准备,即兴发表,很难构思出长篇大论来。所以即兴演讲一般是主题单一、篇幅短小、时间短暂的演讲。

即兴演讲的关键在于演讲者头脑是否敏捷,语言的组织能力怎样,能否抓住需要阐述的关键问题。

训练即兴讲话的方式很多。世界著名喜剧表演艺术大师卓别林,为了训练自己即兴发挥的才能,进行一种类似游戏的练习——站着思考。这种练习是这样进行的:在每张纸条上各写下一个题目,然后随意抽签,接着站起来围绕着题目说上60分钟。他曾说:"自玩过这个游戏以来,我机敏了许多。对于各式各样五花八门的题目也有更多的了解,但是,比这更为有用的是我们都学会了在瞬间能就任何题目凝聚自己的知识和思想,我学会了如何站着思考。"

训练人们即兴讲演的方法还可以借用联结技巧。这种方法就是让几人或几十人聚在一起,为每个人规定一定的讲演时间。首先,由第一个人以他能发明出来的绝妙好词来开始叙说一个故事。比如,他也许说"前几天,我正驾着直升机,突然发现一大群飞碟正朝我靠近。于是,我开始下降,可是最靠近的飞碟里有个小人开始向我开火。我……"说到这里,铃声响起,表示这位演讲者时间已经结束。接下来的另一名讲演者必须把故事接下去……到每个人都已贡献了他那一份讲演时,这个行动也许就结束在火星的运河边,或是在美国国会的大厅里了。

这些方法用于培养不经准备的讲演技巧,效果甚佳。即兴演讲的要诀是:

1.善于首先举实例。因为,事件——实例是立刻摄取注意力万无一失的方法。而抓住听众注意力能使自己在极短的时间里获得自信,并建立起与听众之间的和谐关系。这正是一切成功演说的关键所在。

2.展示蓬勃的生机。演讲时身体的活动与心理的活动,关系至为密切。身心交流,可使演讲产生最佳的效果。演讲者慷慨激昂,头头是道,充满蓬勃的生气,将迅速感染听众,使听众很快产生共鸣。

3.遵循适时适地的原则。因为听众只对自己和自己正在做的事情感兴趣,所以当你即兴演讲时,最好发表与听众有密切关系的议论,可以谈论自己的听众,说说他们是谁,正在做什么,并举例说明,也可以讲讲造成这次聚会的缘由,或者把自己之前的演说中人们所谈及的某一特殊事物扩大详述一番。

4.围绕中心思想。即兴演讲不是即兴乱说,手中无稿并非心中无谱,因此,必须围绕一个中心把自己的思想合理归纳,所举的事例必须为表达这个中心思想服务。

即兴演讲稿具有淡开头、趣主体、响结尾的形式特点,因此,即兴演讲稿在限定时间内,可采用由结尾到开头的逆向法准备腹稿。

即兴演讲稿的主体部分可以采用点—片—篇的方式构思,一般来说,这种方式比较省时,而且效率也较高。所谓"点",即小标题或段落大意。根据演讲主题,一般只需列出三五个"点",一篇演讲稿的框架,即可形成。在构思时,要注意各点之间的有机联系,"点"的分布要大致均匀,以有利于进一步扩展成片、成篇。同时,为了加强这种点式结构的稳定性,可以适当借助于文字,用笔在手上写几个字或者是分别代表各点,这样就相当于有了一份文字提纲,有助于减轻心理压力。

构思"点"的工作是在做准备的时间内完成的,而扩点成片,连片成篇,则是在登台演讲的时间内完成的。这一部分的构思不同于书面文字,不必过于咬文嚼字,只要能扣紧"点"的内涵,或补充,或联想,或扩散,或举例,方法可有多种。

在5~7分钟的准备时间里,即兴演讲者需要完成的具体任务有:确定具有鼓动性和较为深刻的思想性的结尾段和结束句;构思出尽可能生动的演讲主体内容;考虑如何引发思路,即怎样来一个既具有平缓起势特点,又不失演讲魅力的开场白。

第二节 演讲的态势技巧

在演讲时,演讲者除了主要依靠有声语言来表意传情外,还常常用动作等来配合。这些伴随着有声语言进行交际活动的非语言要素,我们称之为态势语言。它往往可以弥补口语表达的不足,使思想感情表达得更直观、更充分、更形象、更具体。态势语包括仪表的修饰、体态的协调、手势的运用、眼神的表露、表情的展示等诸项内容。

一、演讲的手势

手势是指能够传情达意的手的各部分的姿势、动作,它是态势语的重要组成部分。手势可以有效地增加演讲的感染力、说服力和号召力,造成更好的演讲效果。演讲的表演要接近生活化,因此,手势不仅要准确适度,而且要优美自然。常见的演讲手势有上举(抬)、下压和平移、斜劈(挥)等几类,每类中又可分单手和双手两种,每种均可有拳式、掌式等。动作设计时要注意以下原则:

1.辨清褒贬含义的区别。一般来说,含褒义的,即表达积极意义的,如希望、肯定等,手往往向上、向前、向内,而含贬义的,即表达消极意义的,如讽刺、否定等,手往往向下、向后、向外。有人还把手势范围大致划分为上中下三个区,分别表示褒、中、贬三种情感。如鼓动号召性的动作,多在胸部以上的区域;一般强调性的动作,多在胸前区域;而鄙视、贬斥性的动作,多在胸部以下区域的左右侧,且以右手在左侧做动作为佳。

2.把握动作的情感分量。一般来说,单手的分量比双手的轻,因此,设计动作时应当配合演讲内容、情绪。通常是前半部动作幅度小,随着一个个的小高潮,动作幅度渐渐增大,力度渐渐加强,至最后,双手齐起,掀起演讲的最后高潮。同时,还需注意拳式动作和掌式动作的内涵是有差别的。拳式动作往往强调动机,而掌式动作往往是动机和效果同时兼顾。

3.动作要成套。哪里要有动作,有什么样的动作,动作幅度多大,都需要密切结合内容通盘考虑,不要随心所欲,以致给人以七零八落的感觉。在7分钟左右的演讲时间里,能有5～7个动作(由小到大)就够了。太少了,显得呆板,太多了显得手舞足蹈。一般来说,在两种情况下,可以考虑设计动作:一是需要加大力度,或需要强调和突出的地方,尤其是在小高潮和结尾大高潮处,可以考虑动作的配合;二是某些抽象语言较多的地方,为增加其形象性,可设计动作。

4.结束阶段(多为高潮)的动作要注意,不要老一套地作"挥手前进"状,要根据语言所要表达的内涵力求实现动作与语言表达的一致性。

二、眼神的表露

眼神是指演讲者眼睛的神态,是通过眼睛来传递信息的一种态势语。演讲者可通过丰富巧妙的眼神"眉目传情",以此影响听众的情绪,调整会场的气氛,进而达到理想的演讲效果。

演讲者运用眼神时,首先要注意,在台上时,眼睛不能随意乱看。因为不同的视线,表达的意义有所不同。视线向上,往往是思索和傲慢的表示;视线向下,往往是忧伤、愧悔、羞怯的表示;环顾左右则往往意味着神情慌张,心绪不宁。演讲者在台上既不能眼睛一动不动地直视,也不能眼珠滴溜溜地乱转。其次,除与观众交流感情外,演讲者还要学会用眼神控制全场听众。主要方法有:环视法和虚视法。所谓环视法,即周期性地把视线从会场、教室的左方扫到右方,再从右方扫到左方,从前面扫到后面,再从后面扫到前面,不断地观察和注意全场听众的动态。环视法是照顾全场,统观全局的观察法。除有必要的短暂注视外,演讲者不要老是盯着某个人或某个地方,尤其要顾及前排及左右两边的死角。所谓虚视法,则多在刚上讲台时使用。步上讲台,下面黑压压一片,不知看谁好,在这种情况下,未曾发言,先把全场前后左右扫一遍(以"震慑"全场),然后目光平视前方,好像在看着什么东西,但实际上什么也没看到。虚视是一种转换性目光,有助于演讲者放松情绪,把精力集中在演讲内容上,显示出彬彬有礼、端正大方的神态来,但不可老是虚视不动,那会显得表情木然。

另外还有前视法、闭目法和点视法:

前视法,即演讲者的视线要平直向前流转,统摄全场听众。一般来说,视线落点应放在最后一排听众的头顶部位。演讲者除了特殊需要外,视线应保持平直向前,注视所有听众。这样的视线,可以使听众感到,他是在向我演讲,从而引起注意;也有利于演讲者保持端正美好的身姿,观察听众的情绪和变化。有些缺少经验的演讲者,在演讲时,或仰望天花板,或俯视地板,或左右环顾,或引目张望门窗等,这些都是不应有的动作。

闭目法,是视线变化的特殊表现,是一种无方向的视线,无视线的视线,有它特定的意义和作用。比如,当演讲的内容使演讲者和听众的情绪极度高涨,情感难以控制时,或讲到某位杰出人物激起人们极大的敬佩时,演讲者可以短暂地闭一下眼睛,以表示某种特殊的感情。此时的"无视线"可以取得意想不到的效果。

点视法,即重点地观察,注视不安静处或不注意的听众,一般听众发现了演讲人的目光,就会触目知错,停止骚动、私语。

随着演讲者的思想感情的千变万化,眼神的变化,必定是多种多样的,有待于演讲者细心体察和匠心处理,不好机械地做出事前规定。但要注意以下几点:

(1)眼神变化要有一定目的,力戒那种故弄玄虚、神秘莫测的眼神,因为这种眼神会造成听众的迷惑和反感。

(2)不能有过多的凝视,这样会对听众形成压力。可以时时采用虚视,这样既不失礼貌,又可使双方感到自然,而演讲者也不会因为视线过分集中而分散对演讲本身的注意。

(3)眼神要同演讲的思想感情的变化同步产生和终止。思想感情表达完毕,相应的眼神也要恢复正常。

(4)要和有声语言形式、手势、身姿等密切配合,协同动作,以求收到更好的效果。孤立的眼神会显得单调无力,不能充分起到传神达意的作用。

三、演讲的造型

一个优秀的演讲者,在演讲的每一个时刻,无论动与不动,都应当像一尊优美的雕像,体现着一种姿态美、形象美。

演讲者的优美姿态和优美形象的形成,首要是如何站的问题。因为双脚是全身直立的基础,许多姿势均源于此。演讲家曲啸说:"听众就是演讲者的镜子,而且是多棱镜,从各个角度来反映演讲者的形象。"演讲者的体态、风貌、举止、表情都应该给听众以协调平衡以至美的感受。要想从语言、气质、神态、感情、意志、气魄等方面充分地表现出演讲者的特点,只有在站立的情况下才有可能。站相稳定优美,舒适自然,演讲者会觉得全身轻松,呼吸畅快,发声吐词流利自然,不受阻碍,身体灵活,同时还能展现出一种美的造型。站立的姿势,一般提倡"丁"字步。一只脚在前,一只脚在后,两腿之间呈90度垂直的"丁"字形,两腿前后交叉距离以不超过一只脚板的长度为宜。演讲者全身的力量应该集中在前脚上,后脚跟略微提起。这种"丁"字站姿多用于表达强烈感情的典型的演讲,有利于激发听众的兴趣和感情。

运用"丁"字站姿需要注意的是两脚不宜紧靠在一起,否则会显得呆板,没有精神,两只脚也不要平行地放在一条直线上,因为两腿所构成的平面,与前排听众的视线恰成平行状态,如果演讲者身体的重力落在两只脚上,就会形成机械对称,失去对比,不仅毫无美感,而且直接影响演讲效果。

另一种站姿是稍息式,两脚之中任何一脚略向前跨步,两脚之间呈 75 度角,脚跟距离在 5 寸左右。这种站姿要求两腿均须直立,全身力量多半集中在后脚,前脚只是辅助。

稍息式站姿在演讲时被广泛运用。说理、达意、传知性的演讲一般都用这种姿势。演讲者可根据演讲内容的需要向四个方向移动位置。一般来说,向前移步表示积极性的意义,如支持、肯定、坚信、进取等;向后移则表示消极性的意义,如疑虑、否定、颓丧、退让等;向左右移动则表示对某一侧听众特别的传情致意等。

四、表情的展示

翻开世界演讲史,可以看到,古今中外演讲家总是十分注意自己面部的表情,以增强演讲的感染力。美国听众评述演讲家罗斯福时说:"他满脸都是动人的表情。"分析罗斯福的演讲的专家认为,他演讲往往更注重面部表情,有时谈得很少,他的表情已经传达了更多准确、有效的信息。

人的面部表情,是人的思想感情在外表上的显示,是人的思想感情最灵敏、最复杂、最准确、最微妙的"晴雨表"。演讲者应善于通过自己的面部表情把自己的内心情感最灵敏、最鲜明、最恰当地显示出来;应善于通过自己的面部表情对听众施加心理影响,构筑起与听众交流思想感情的桥梁。表情的展示要注意以下几点:

1.面部表情自然。表情的动人之处在于自然,自然才显得真挚。具体说来有三忌:①忌拘谨木然。有的演讲者死死盯着演讲稿不放,或者上台后仍然苦思冥想,面部表情呆板僵硬。这会影响演讲的感染力和鼓动性。②忌神情慌张。有的演讲者惊惶不安,手足无措,面红耳赤,战战兢兢,这样自然难以传达出演讲内容和演讲者的内心情感,而且会影响听众的情绪。③忌故作姿态。矫揉造作的面部表情会使听众感到滑稽或虚假,降低对演讲者的信任感,影响演讲效果。

2.面部表情生动丰富。面部表情不仅要自然,而且应该丰富、生动,即应随着演讲内容和情绪发展而变化,既顺乎自然,又富于变化,一笑一颦、一蹙一展都能够和演讲的内容合拍,把听众引入演讲者所希望达到的理想境界,或者把听众的情绪由低潮引向高潮,使听众产生强烈的共鸣。

第三节　演讲的声音技巧

演讲作为一门沟通艺术,主要是通过语言和副语言来实现的。在语言的沟通中,最重要的是语音。"听不懂"作为一种语言障碍,不仅直接影响听众对内容的理解,还会产生演讲者与听众之间的心理障碍。语言沟通也涉及语体。演讲要注意使用通俗化的口语。书面语可以最后被理解,而口语则需要立即被听懂。老舍的话一语中的:

"耳朵不像眼睛那么有耐性,听到一个不爱听的字或一句不易懂的话,马上就不耐烦。"

副语言包括音量、音质、速度、节奏、语调等,它不仅能辅助语言沟通,同时在表达情感方面,它的意义甚至超过语言本身。亚里士多德在《修辞学》中认为:"什么时候说得响亮,什么时候说得柔和,或者介于两者之间;什么时候说得高,什么时候说得低,或者不高不低……这都是关系到演讲成败的关键问题。"下面,我们着重谈谈演讲中的语调设计、重音设计及停顿设计。

一、演讲的语调

演讲表达的主要特点是"讲",因此,语调设计显得尤其重要,它关系到演讲的成功与否。

具体而言,语调设计包括语言情感色彩设计(褒义、中性、贬义色彩的变化)、节奏设计(快速、中速、慢速的变化),音色设计(高音、中音、低音的变化)。设计步骤主要分为三步:(1)整体语调设计。可将全篇分为前后两部分,或始、中、末三部分进行。(2)段落语调设计。在每一部分内部按自然段的划分确定各自的基本语调。(3)句式语调设计。不仅句与句之间可有语调色彩的变化,而且也有必要精确到句子内部,精确到一个字、一个词,它们相互之间也可有语调的变化。

演讲稿不仅会因其叙事为主、抒情为主,以及议论综合的体裁特点而出现内容总体倾向的差异,即使在同一篇演讲稿的内部,不同的段落、不同的句式之间也存在内容表达的差异。其中既有叙述故事的、倾诉感情的,也有宣传鼓动的、雄辩说理的,还有揭露指责的、愤怒声讨的,它们共存于一篇演讲稿内,使得演讲稿具有丰富而又完整的内容结构。对于这些不同性质的语言,演讲者应当在演讲时分别赋予其与其特点相符的语调,只有这样,全篇演讲才能通过演讲者的声音显示出跌宕起伏、缓急有致的魅力,也才能更好地再现演讲稿的中心思想。

为了能在准确把握演讲文稿的情感基调的基础上,成功地将多种语调运用于一体,以充分发挥有声语言的魅力去感染听众、说服听众,在语调的设计上要尽量做到:(1)语调的情感要色彩鲜明,不能含含糊糊,交代不清,即不要以一种基本没有变化的语调进行演讲。(2)语调的色彩变化要错落有致,层次清楚,条理分明。这要求声音要有高低明暗的变化,要有高潮、跌宕的对比,在节奏上还要有快有慢、有张有弛。这样才能有效地保持对听众的吸引力。但要注意不能以一种忽高忽低,变化不定的语调来演讲。(3)语调的设计要合理自然,要围绕字里行间存在的一条贯之始终的情感发展线进行设计。(4)要情动于中而形于言,忌讳故作多情,无病呻吟。

有人说演讲是三分写,七分讲,这里强调的就是语言表达(包括语调设计)的重要性。

二、演讲的重音设计

语调设计和重音设计的目的是共同的,都是为了更有效地发挥有声语言的魅力,形象地再现主题,突出中心。但是,语调设计更注重于从宏观角度把握演讲语言的抑扬顿挫,高低明暗,而重音设计则更注重于微观分析,往往力求通过一个字、一个词的重音强调,达到强化听众感觉的好效果。

重音设计,一般可根据以下几个原则来进行:

(1)把握好逻辑重音。逻辑重音的作用在于强调句子中某些特殊意义,它和上下文,以至全篇文章都有关系。逻辑重音处理得好,可以把上下文的关系表达得更有条理,前后照应,有利于突出中心思想。逻辑重音没有固定的位置,随着逻辑思维而改变,也没有固定的"量"的比例,在演讲中,要视其与突出主题的关系是否密切而定。

(2)处理好感情重音。为了表达某种特定感情而把某些词语重读叫作感情重音。感情重音处理得好,可以把文章中的感情表达得更细腻更充分。强烈的感情重音,有助于强化某种感情。感情重音在同一句中,也可因情感侧重点不同而发生转移。

另外还有一种语法重音,是按照语法结构的特点而重读的,如谓语中的主要动词、表示性状和程度的状语、表示状态或程度的补语、表示疑问和指示的代词等通常读重音。

三种重音交相融合,有机统一,构成了演讲变化有致跌宕多姿的语言风格。重音的基本表达方式也可以有多种。首先,可以采取加重语气,提高声调的办法。其次,在演讲时,重音字与其他字相比,发音更饱满一些,音长略加长一点,也可达到重音突出的效果。有时,重音设计为下降趋势,也可实现感情上升的效果。

三、演讲的停顿设计

演讲中是否善于运用停顿,在某种程度上也是演讲是否成功的标志。因为,要使听众对你的演讲不仅入耳,而且入心,就得让他们有在脑子里转一转的理解、回味过程,这就需要演讲者提供时间,这就需要有停顿。就这一点而言,演讲中恰到好处的停顿,是感情和思想在听众心头的特殊延续。此外,停顿设计得好,可以给演讲者提供合理的换气机会,可以有效地控制语速,使演讲者显得从容不迫,娓娓道来,也有利于更为清晰明快地传达语句和段落的意义。

停顿设计,有时也可以归入语调的节奏设计范畴,与之同步进行。但二者对比,节奏设计更注重于从宏观角度把握演讲语言的快慢频率,急缓张舒,而停顿设计往往更注重于微观分析,有时一处成功的设计,就能有效地强化演讲效果。

停顿设计,一般可以根据以下原则进行:

(1)把握好逻辑停顿。逻辑停顿是为了突出或强调某一特殊意思所做的停顿。

(2)把握好感情停顿。感情停顿是为了突出某种强烈的感情而做的停顿,可长可短,视抒情需要而定。

(3)把握好结构停顿。在演讲中段落之间,尤其在感情跳跃较大的段落之间,应有较长的停顿,以突出层次感、条理性。

在实际演讲过程中,有些演讲者不能合理地安排停顿。他们或两字一顿,或三字一顿,或四字一顿,把完整的语句肢解得七零八碎,既不能使听众正确理解语意,又容易使听众感到疲劳。有的演讲者句中的停顿或句子间的停顿不明显,从而造成词语或句子的粘连,使得语感含糊。此外,停顿既要服从标点符号,又不能被标点符号限制死,特别是停顿的长短必须服从语意的表达和感情的变化。

语调、语速、重音、停顿、调整节奏和加强语势等,可以说是演讲学中"说"的精髓,所以,在演讲训练中应加强这方面的训练,使得演讲者能够根据场所的大小以及内容的需要把自己的音量"活用到最佳程度"。就速度而言,一般用于表达急切、震怒、兴奋、激昂等情感时可快;用于表达沉郁、沮丧、悲哀、思索、亲切等情感时应慢;一般叙述时可慢,涉及阐述时应快。

音量的轻重变化,语速的快慢交替形成了语言特定的节奏。节奏掌握好了,不仅能时时唤起听众的注意,充分表达演讲者的思想感情,还能产生类似音乐的效应,使听众产生美感。

恩格斯的《在马克思墓前的讲话》是纪念词中的典范之作,这篇讲话悲痛而不沉闷,颂扬而不借助于辞藻,节奏的轻重也溢于文端:

(轻)"三月十四日下午二点三刻,当代最伟大的思想家停止思想了。让他一个人留在房里总共不过两分钟,等我们再进去的时候,便发现他在安乐椅上安静地睡着了——但已经是永远的睡着了……"(轻)

(重)"正因为这样,所以马克思是最遭嫉恨的,和最受污蔑的人。各国政府——无论专制政府或共和政府——都驱逐他;资产者——无论保守派或极端民主派——都纷纷争先恐后地诽谤他、诅咒他。他对这一切毫不在意,把他们当作蛛丝马迹一样轻轻抹去,只是在万分必要时才给予答复。现在他逝世了,在整个欧洲和美洲,从西伯利亚矿井到加利福尼亚,千百万革命战友无不对他表示尊敬、爱戴和怀念,而我敢大胆地说,他可能有过很多敌人,但未必有一个私敌。"(重)

恩格斯的讲话不言悲痛,一样令人缅怀;不尚藻丽,一样激动人心。他语调抑扬,情感深切,节奏轻缓,重疾相承,使演讲达到了很高的境界。

第四节 演讲稿的写作

所谓演讲稿就是指演讲者在演讲之前,根据口头表达的需要写出的文稿,是做命题演讲前的准备的重要一环。它是进行现场演讲的主要依据。事实上,选题立意、组织材料、安排结构等,都是撰写演讲稿所要探讨的问题。

一、题目的选择

演讲的题目是一篇演讲词不可缺少的、有机的组成部分。它不仅与演讲的形式有关,更主要的是与演讲的内容、风格、情调有直接关系。一个新颖、生动、恰当而富有吸引力的题目,不仅能在演讲前给人急欲一听的强烈愿望,而且在演讲结束之后,同其内容一样,给人留下永久的记忆,甚至成为一个警句,而广为流传。

一般来说,演讲题目有以下几种类型:

(1)篇首点题式。如《爱国,美的最高形式》《我的理想》《嫉妒是一种卑劣的心理》等,这类演讲题目,往往既是演讲内容的主题提炼,某种程度上,也相当于本篇演讲的内容预告,具有一目了然的特点。

这样的题目有利于演讲者开门见山地开始自己的演讲。但运用时注意题目要紧扣演讲内容,能起到概括并突出主题的作用,防止味淡如白水,使听众失去兴趣。

(2)呼吁鼓动式。如《救救孩子》《世界也有我们的一半》《担负起天下的兴亡》等,这类题目往往以带有号召性的句式为题,具有明显的鼓动特点,往往在演讲稿的结束部分突显主题。它需要把握好演讲稿的鼓动性与叙事、议论等其他成分之间的比例关系及有机联系,注意不要受题目的鼓动性特点的感染,把演讲变成大呼小叫式的空喊。

(3)祝愿祈请式。如《我愿是一棵小草》《我愿做一支燃烧的蜡烛》《做一个有灵魂的人》等,这类题目往往以祈使句式出现,较符合作者本人表现对某一方面有所盼求的演讲。演讲时,需要把握好"盼求"和为什么"盼求"的内在联系,也就是说,题目要立得扎实稳健,令人信服,否则,很容易变成无病呻吟的空诉。

(4)讴歌赞美式。如《祖国,母亲》《黄土地,我的理想土地》《男子汉的风度》等,这类题目中往往含有明显属于褒义色彩的词语,内容往往侧重于对某一事物的深情歌颂,要求在题目限定的范围内,以讴歌赞美的形式揭示出更深一层的生活哲理,忌大呼小叫式的赞美,也忌无病呻吟的抒情。

(5)柔美典雅式。如《生命之树常青》《绿,在我心中升华》《叶的事业》等,这类题目往往以名人名言,或以文字抒情色彩较浓的句式为题,往往侧重于抒情,追求一种深沉的内在的动情的效果,忌大白话式的简单叙述,也忌过于外露的呼吁鼓动。

(6)深沉思考式。如《一个青年军人的思考》《二十一岁的忧虑》等,这类题目往往含有思考、启示等词,或以"是什么"等疑问句式为标志,往往只是阐发内容的引子,作者借题发挥,以展开畅想、分析和议论,着重点在于思考,少不了分析、议论,但要注意不要因题意所限,将演讲变成一篇典型的议论文,结果失去动情性和鼓动性的特点。

(7)对比反差式。如《"零点三三"与"九百六十万"》《圆明园·人民大会堂》,这类题目的特点是往往以两个内涵色彩不同的词语组成,以其正、反、褒、贬色彩的对比引人注目,或虽无此明显标志,但从题目中仍可看出其中含有对比的词。这类演讲往往需要从组成题目的两个色彩对立的词的阐释开始,在阐释的过程中,逐步引发出其中蕴含的主题。

(8)谬语怪论式。如《谦虚不能使人进步》等,这类题目多适合议论综合类演讲,而且多以唱反调的形式,或是从传统观点中挖掘出新意,或是深入剖析,揭示传统观点之不足。它对演讲者的思辨能力有着较高的要求,要能发人之所未发,同时亦需周密思考,谨慎立论。切不可只顾一点,不及其余,更不能自己并未真正完成论证就草率登场结果反落得弄巧成拙的下场。

在给演讲稿定一个最佳题目时要注意以下几点:(1)题目宜小不宜大。(2)标题要醒目,"立"人之所"未立"。(3)防止偏激,防止以偏概全。(4)选好主、客观的交叉点,不仅要扣紧比赛总题目——力求从生活中发掘一个最佳论题,而且要切合自身——自己或有过深刻体验,或原先就比较熟悉,因此适于做成功的发挥。(5)要适合自己的演讲个性。(6)要切合自己的文化水平。

二、演讲稿的结构

演讲的文稿不是主题和材料的简单相加,而是严谨巧妙的结合。人们常常用健美的人来比喻完美的演讲词。高尚的灵魂好比演讲的主题,丰满健壮的血肉如同演讲的材料,而支撑这个血肉之躯的骨骼则是演讲的结构。这里有一个结构巧妙安排的问题。

演讲稿总是由开头、主体、结尾三部分组成。这三部分必须配合恰当,形成有机的整体。开头如何勾勒提要,定好基调;主体如何逐层分析,形成高潮;结尾如何自然收束,发人深省,都必须认真揣摩。

(一)开头

演讲词开头应该短小精巧,新颖诱人,画龙点睛,勾勒提要,能自然顺畅地引领下文,把听众带进声情并茂的演讲情景中去,造成有利于接受演讲观点的心理定式。那么,究竟怎样设计和安排演讲的开头?这主要取决于演讲的内容、环境和听众的情况。内容和时空环境的多样性决定了演讲开头的多样性。常见的有:

(1)设问式开头。演讲者一开始就提出一个或几个出乎意料的问题,迅速唤起听众的兴趣和注意力,引起人们的深思。

(2)叙述式开头。演讲者一开始就讲述新近发生的奇闻怪事,令人震惊的重大事件或生动感人的故事。这种开头,由于故事具有情节生动、内容新奇等特征,容易赢得听众的关注,并能造成悬念,激起听众的兴趣。

(3)解题式开头。这种开头扼要地解释,说明演讲题目的含义,能自然顺畅地转入正文的论述。

(4)明旨式开头。这是常见的开头方式。这种方式开宗明义,概括主要内容,直接提示主题,说明意图。明旨式开头常常使用名言、警句、谚语等,因为这些话言简意赅,富有哲理性,对演讲内容能起提纲挈领、画龙点睛的作用。

(5)抒情式开头。这种开头意在渲染气氛、以情感人,使听众迅速受到情绪感染,注意聆听演讲内容。这种开头多采用排比、比喻、拟人等修辞手法,形象生动,引人入胜。

(6)实物式开头。它通过展示实物,给听众一个感性的直观印象,然后借助具体实物,提出和阐述自己的见解。

(7)悬念式开头。演讲一开始设置悬念,可以很快起到"镇场"的作用,激发听众的兴趣。

(8)就地取材式开头。由时间和当时的情景讲起。

(9)渲染气氛式开头。创造适宜的感情氛围,引发听众相应的感情共鸣,这也是吸引听众,引导听众很快进入讲题的有效的开头方法。

(10)幽默谐趣式开头。借助场景或话题用幽默的语言形式或非语言形式开场,使听众产生亲和感。

(二)主体

主体是演讲稿的主干部分,篇幅较大,要使演讲的观点站得住、立得牢,就必须做到内容充实丰满,有血有肉;要围绕中心论点,处理好论点与论据之间的关系,合乎逻辑地逐层展开论述,做到结构有力,层次清楚,过渡自然。

1.安排好讲述层次

撰写演讲稿安排层次的过程,实际上就是对所选材料进行归类的过程。事件一般有发生、发展、结局等几个阶段,因此一般有提出、分析和解决问题等几个过程,人物有成长变化的历史,场景有空间位置的特征等,因而,层次要排序,以时空为序,以逻辑线索为序,或以认识过程为序,形成时空结构层次、逻辑结构层次和心理结构层次。

安排层次注意通篇格局,统筹安排,给人以整体感;主次分明,详略得当,给人以稳定感;互相照应,过渡自然,给人以匀称感。同时,注意结构层次不宜太复杂,给人以明朗感。

演讲稿的层次排列形式可分为纵向组合结构、横向组合结构和纵横交叉结构。

(1)纵向组合结构。它是指按照时间的推移来排列层次,包括直叙式和递进式两种。直叙式是以时间先后为序,或以事情的发生、发展或变化过程为序。运用这种方法,要注意突出重点,忌平铺直叙。递进式是按事理的展开或认识由浅入深的递进过程来安排结构层次,采用"叙事—说理—结论"的模式,内容呈螺旋式层层深入,由表及里,或按演讲者感情发展的脉络来安排层次,内容起伏跌宕。

(2)横向组合结构。这种组合结构或按事物的组成部分展开,或按空间分布展开,或按事物的情感归类关系展开。按照不同的排列方式,又可分为简单列举式和总分并列式。简单列举式即围绕主旨,把选取的材料逐条逐项并列排出,它们从不同角度来表现演讲中心。总分并列式则常遵循总分思路辐射式地展开,并列的各部分按事物的逻辑关系分类安排,分别围绕主旨阐述一个问题,或说明事物的一个侧面。采用横向组合结构,要力戒开中药铺似的罗列现象,要注意发掘各部分材料间的必然联系,发挥整体效应。

(3)纵横交叉结构。有些内容丰富、容量较大、时间较长的演讲,常采用这种结构。它以时间顺序为主线,穿插纵向组合材料。先按纵向组合容易透出事物发展的全过程,先按横向组合则易于分析出事物各部分之间的联系和区别。采用这种结构,不宜太复杂,否则听众难以理解。

2.组织和安排演讲高潮

演讲最忌平铺直叙,必须有波澜起伏,要在感情上紧紧抓住听众,在理论上说服听众,在内容上吸引听众。在演讲主体中,要组织和安排一个或几个演讲高潮,形成强烈的"共振效应"。演讲高潮实际上就是演讲者和听众感情最激昂、精神最振奋的地方。它是运用典型的事例、恰当的议论、深刻的哲理、巧妙的修辞、生动的语言、真挚的情感、得体的动作所组成的强烈的兴奋点,它是崇高美、哲理美和诗意美达到的高度和谐统一。

(三)结尾

结尾是演讲稿的自然收束。如果演讲的开头和高潮都很精彩,结尾又出人意料,耐人寻味,则锦上添花,给人以美的享受。

怎样设计和安排结尾呢?常见的有以下几种:

(1)总结式结尾。这种结尾,扼要地总结演讲内容,能起到提醒、强调的作用,给听众留下完整的总体印象。

(2)感召式结尾。这种结尾多是提希望、发号召、表决心、立誓言、祝喜庆、贺成就,以激起听众感情的波涛。

(3)抒情式结尾。这种结尾往往是演讲者在叙述典型事例后,油然而生的激情,以抒情方式结尾,言尽而意未尽,留有余韵,给人启迪。

(4)警言式结尾。这种结尾往往通过引用谚语、成语、格言、警句、诗词等方式结尾,言简意赅,多有韵律,使内容显得充实丰满,具有哲理性和启发性。

(5)呼应式结尾。这种结尾与开头呼应,使整篇演讲首尾圆合,结构完整。

综上所述,结尾一定要有深度,如异峰突起,要韵味深长,使听众情绪激扬感奋,切忌虎头蛇尾或画蛇添足,努力避免陈词俗套或语言干巴。

第五节　演讲评价标准

演讲既然是由多要素组成的结构体,那么在对某一演讲进行评价时,从演讲学的角度看,可以从演讲内容、演讲艺术和演讲效果三方面去考察,然后从整体上去审视和把握。

一、演讲内容标准

演讲总是以社会存在的某一方面问题或某一事件作为对象的。演讲的内容,就是指演讲者的演讲所反映的现实生活现象,以及演讲者对这一现实生活现象的主观评价。演讲者演讲内容有无道理,有多少道理,下列各点就是最主要的衡量尺度。

1.选题。好的演讲,其选题应符合现实需要,适合演讲者和听众,范围大小适度,分量轻重得宜。选题在很大程度上,决定着演讲内容的价值。

2.中心。好的演讲,其主旨应当是正确、新颖、深刻的。所谓正确,即要反映生活的真理;所谓新颖,即要有独特性,要有新意;所谓深刻,即要反映事物的本质和规律。

3.材料。从质的方面讲,材料不仅要可靠、典型、新颖和有趣,而且要适合演讲者和听众;从量的方面讲,材料多少要适当。

凡是符合以上条件的演讲,其内容就是好的、成功的;反之,就是不好的、失败的。尚需说明的是,除了特别优秀的演讲和十分拙劣的演讲之外,一般演讲的内容往往比较复杂:部分内容是好的、积极的、恰当的、正确的,部分内容却是不好的、消极的、不恰当的,因而就不能简单地肯定或否定。

二、演讲艺术标准

演讲是思想和艺术、内容和形式的统一体。评价演讲时,我们不仅要坚持内容标准,还要坚持艺术标准。所谓艺术标准,就是指衡量演讲者表达形式、表达技巧和手段的尺度,它的主要要素及基本要求是:

1.语言。公众演说的语言同书面语言以及其他口头表达形式的语言相比,既有相同处又有不同处。其基本特征是:正确性、精炼性、易懂性、情感性、生动性和口语化。此外,它还特别讲究修辞手法的运用。

2.结构。结构是表现演讲内容、显示演讲主题的重要艺术手段。其要求是:逻辑严密,层次分明,组织合理,中心突出,能巧妙地安排开头结尾和构筑高潮。

3.声音。首先要求发音正确和清晰。其次,声音要有抑扬顿挫的节奏美,即演讲者能有效地处理演讲的语速、音量、停顿和重音。

4.态势。演讲者的仪表服饰要整洁,面部表情要丰富,动作手势要自然。一句话,态势要有助于充分地表情达意。

5.应变。应变能力是检验演讲者是否具有演讲才能的重要标志。演讲者既要能妥善处理来自主观方面的意外事变(如怯场、忘词、离题和讲错),又要能灵活处理来自客观方面的意外事变(如乱场、冷场和听众质疑)。

上述五个方面是演讲技巧和演讲形式的主要内容。从艺术的角度评价演讲,就是要从这些方面去审视和考察。就演讲的整体而言,其综合表现的程度愈高,则艺术性愈高;反之,就会显示出艺术上的粗糙低劣。

三、演讲效果标准

首先应当指出的是,在现实的演讲评价工作中,确实存在忽视演讲效果标准的倾向,一些演讲比赛制定的评分标准无此项要求就是一例。这无疑是需要重新认识的一个问题。

我们知道,演讲之所以能伴随着人类的各种社会活动而不断发展,就是因为它能产生强烈而普遍的社会作用。如果不从实际效果方面去分析和评价演讲,就不可能对演讲做出公正的评价,演讲评价本身也就失去了存在的意义。当然,这里讲的效果,主要是指演讲者将信息传达给听众后,听众由此所引起的全部反应。例如,演讲吸引听众注意力的程度,受听众欢迎的程度,演讲者和听众之间感情交流的程度等。这些都是从听众常见的表层的反应来看演讲效果的,如果从深层和高层的角度看,演讲的效果就是从演讲对听众的真理启迪作用、情感激发作用、艺术感染作用和行动导发作用四个方面表现出来的。由此可见,效果标准是个综合性的标准,是内容和艺术标准不能完全代替的相对独立的标准。

的确,从效果上去评价演讲是比较困难的,但这并不说明演讲效果就无从衡量,更不能说明演讲不需要效果评价标准,问题在于如何进一步完善效果标准——这正是演讲评价所要解决的问题之一。

【经典例文】

在庆祝中国共产党成立100周年大会上的讲话
习近平

同志们,朋友们:

今天,在中国共产党历史上,在中华民族历史上,都是一个十分重大而庄严的日子。我们在这里隆重集会,同全党全国各族人民一道,庆祝中国共产党成立一百周年,回顾中国共产党百年奋斗的光辉历程,展望中华民族伟大复兴的光明前景。

首先,我代表党中央,向全体中国共产党员致以节日的热烈祝贺!

在这里,我代表党和人民庄严宣告,经过全党全国各族人民持续奋斗,我们实现了第一个百年奋斗目标,在中华大地上全面建成了小康社会,历史性地解决了绝对贫困问题,正在意气风发向着全面建成社会主义现代化强国的第二个百年奋斗目标迈进。这是中华民族的伟大光荣!这是中国人民的伟大光荣!这是中国共产党的伟大光荣!

同志们、朋友们!

中华民族是世界上伟大的民族,有着5000多年源远流长的文明历史,为人类文明进步作出了不可磨灭的贡献。1840年鸦片战争以后,中国逐步成为半殖民地半封建社会,国家蒙辱、人民蒙难、文明蒙尘,中华民族遭受了前所未有的劫难。从那时起,实现中华民族伟大复兴,就成为中国人民和中华民族最伟大的梦想。

为了拯救民族危亡,中国人民奋起反抗,仁人志士奔走呐喊,太平天国运动、戊戌变法、义和团运动、辛亥革命接连而起,各种救国方案轮番出台,但都以失败而告终。中国迫切需要新的思想引领救亡运动,迫切需要新的组织凝聚革命力量。

十月革命一声炮响,给中国送来了马克思列宁主义。在中国人民和中华民族的伟大觉醒中,在马克思列宁主义同中国工人运动的紧密结合中,中国共产党应运而生。中国产生了共产党,这是开天辟地的大事变,深刻改变了近代以后中华民族发展的方向和进程,深刻改变了中国人民和中华民族的前途和命运,深刻改变了世界发展的趋势和格局。

中国共产党一经诞生,就把为中国人民谋幸福、为中华民族谋复兴确立为自己的初心使命。一百年来,中国共产党团结带领中国人民进行的一切奋斗、一切牺牲、一切创造,归结起来就是一个主题:实现中华民族伟大复兴。

——为了实现中华民族伟大复兴,中国共产党团结带领中国人民,浴血奋战、百折不挠,创造了新民主主义革命的伟大成就。我们经过北伐战争、土地革命战争、抗日战争、解放战争,以武装的革命反对武装的反革命,推翻帝国主义、封建主义、官僚资本主义三座大山,建立了人民当家作主的中华人民共和国,实现了民族独立、人民解放。新民主主义革命的胜利,彻底结束了旧中国半殖民地半封建社会的历史,彻底结束了旧中国一盘散沙的局面,彻底废除了列强强加给中国的不平等条约和帝国主义在中国的一切特权,为实现中华民族伟大复兴创造了根本社会条件。中国共产党和中国人民以英勇顽强的奋斗向世界庄严宣告,中国人民站起来了,中华民族任人宰割、饱受欺凌的时代一去不复返了!

——为了实现中华民族伟大复兴,中国共产党团结带领中国人民,自力更生、发愤图强,创造了社会主义革命和建设的伟大成就。我们进行社会主义革命,消灭在中国延续几千年的封建剥削压迫制度,确立社会主义基本制度,推进社会主义建设,战胜帝国主义、霸权主义的颠覆破坏和武装挑衅,实现了中华民族有史以来最为广泛而深刻的社会变革,实现了一穷二白、人口众多的东方大国大步迈进社会主义社会的伟大飞跃,为实现中华民族伟大复兴奠定了根本政治前提和制度基础。中国共产党和中国人民以英勇顽强的奋斗向世界庄严宣告,中国人民不但善于破坏一个旧世界、也善于建设一个新世界,只有社会主义才能救中国,只有社会主义才能发展中国!

普通话口语教程

——为了实现中华民族伟大复兴，中国共产党团结带领中国人民，解放思想、锐意进取，创造了改革开放和社会主义现代化建设的伟大成就。我们实现新中国成立以来党的历史上具有深远意义的伟大转折，确立党在社会主义初级阶段的基本路线，坚定不移推进改革开放，战胜来自各方面的风险挑战，开创、坚持、捍卫、发展中国特色社会主义，实现了从高度集中的计划经济体制到充满活力的社会主义市场经济体制、从封闭半封闭到全方位开放的历史性转变，实现了从生产力相对落后的状况到经济总量跃居世界第二的历史性突破，实现了人民生活从温饱不足到总体小康、奔向全面小康的历史性跨越，为实现中华民族伟大复兴提供了充满新的活力的体制保证和快速发展的物质条件。中国共产党和中国人民以英勇顽强的奋斗向世界庄严宣告，改革开放是决定当代中国前途命运的关键一招，中国大踏步赶上了时代！

——为了实现中华民族伟大复兴，中国共产党团结带领中国人民，自信自强、守正创新，统揽伟大斗争、伟大工程、伟大事业、伟大梦想，创造了新时代中国特色社会主义的伟大成就。党的十八大以来，中国特色社会主义进入新时代，我们坚持和加强党的全面领导，统筹推进"五位一体"总体布局、协调推进"四个全面"战略布局，坚持和完善中国特色社会主义制度、推进国家治理体系和治理能力现代化，坚持依规治党、形成比较完善的党内法规体系，战胜一系列重大风险挑战，实现第一个百年奋斗目标，明确实现第二个百年奋斗目标的战略安排，党和国家事业取得历史性成就、发生历史性变革，为实现中华民族伟大复兴提供了更为完善的制度保证、更为坚实的物质基础、更为主动的精神力量。中国共产党和中国人民以英勇顽强的奋斗向世界庄严宣告，中华民族迎来了从站起来、富起来到强起来的伟大飞跃，实现中华民族伟大复兴进入了不可逆转的历史进程！

一百年来，中国共产党团结带领中国人民，以"为有牺牲多壮志，敢教日月换新天"的大无畏气概，书写了中华民族几千年历史上最恢宏的史诗。这一百年来开辟的伟大道路、创造的伟大事业、取得的伟大成就，必将载入中华民族发展史册、人类文明发展史册！

同志们、朋友们！

一百年前，中国共产党的先驱们创建了中国共产党，形成了坚持真理、坚守理想，践行初心、担当使命，不怕牺牲、英勇斗争，对党忠诚、不负人民的伟大建党精神，这是中国共产党的精神之源。

一百年来，中国共产党弘扬伟大建党精神，在长期奋斗中构建起中国共产党人的精神谱系，锤炼出鲜明的政治品格。历史川流不息，精神代代相传。我们要继续弘扬光荣传统、赓续红色血脉，永远把伟大建党精神继承下去、发扬光大！

同志们、朋友们！

一百年来，我们取得的一切成就，是中国共产党人、中国人民、中华民族团结奋斗的结果。以毛泽东同志、邓小平同志、江泽民同志、胡锦涛同志为主要代表的中国共产党人,为中华民族伟大复兴建立了彪炳史册的伟大功勋!我们向他们表示崇高的敬意!

此时此刻,我们深切怀念为中国革命、建设、改革,为中国共产党建立、巩固、发展作出重大贡献的毛泽东、周恩来、刘少奇、朱德、邓小平、陈云同志等老一辈革命家,深切怀念为建立、捍卫、建设新中国英勇牺牲的革命先烈,深切怀念为改革开放和社会主义现代化建设英勇献身的革命烈士,深切怀念近代以来为民族独立和人民解放顽强奋斗的所有仁人志士。他们为祖国和民族建立的丰功伟绩永载史册!他们的崇高精神永远铭记在人民心中!

人民是历史的创造者,是真正的英雄。我代表党中央,向全国广大工人、农民、知识分子,向各民主党派和无党派人士、各人民团体、各界爱国人士,向人民解放军指战员、武警部队官兵、公安干警和消防救援队伍指战员,向全体社会主义劳动者,向统一战线广大成员,致以崇高的敬意!向香港特别行政区同胞、澳门特别行政区同胞和台湾同胞以及广大侨胞,致以诚挚的问候!向一切同中国人民友好相处,关心和支持中国革命、建设、改革事业的各国人民和朋友,致以衷心的谢意!

同志们、朋友们!

初心易得,始终难守。以史为鉴,可以知兴替。我们要用历史映照现实、远观未来,从中国共产党的百年奋斗中看清楚过去我们为什么能够成功、弄明白未来我们怎样才能继续成功,从而在新的征程上更加坚定、更加自觉地牢记初心使命、开创美好未来。

——以史为鉴、开创未来,必须坚持中国共产党坚强领导。办好中国的事情,关键在党。中华民族近代以来180多年的历史、中国共产党成立以来100年的历史、中华人民共和国成立以来70多年的历史都充分证明,没有中国共产党,就没有新中国,就没有中华民族伟大复兴。历史和人民选择了中国共产党。中国共产党领导是中国特色社会主义最本质的特征,是中国特色社会主义制度的最大优势,是党和国家的根本所在、命脉所在,是全国各族人民的利益所系、命运所系。

新的征程上,我们必须坚持党的全面领导,不断完善党的领导,增强"四个意识"、坚定"四个自信"、做到"两个维护",牢记"国之大者",不断提高党科学执政、民主执政、依法执政水平,充分发挥党总揽全局、协调各方的领导核心作用!

——以史为鉴、开创未来,必须团结带领中国人民不断为美好生活而奋斗。江山就是人民,人民就是江山,打江山、守江山,守的是人民的心。中国共产党根基在人民、血脉在人民、力量在人民。中国共产党始终代表最广大人民根本利益,与人民休戚与共、生死相依,没有任何自己特殊的利益,从来不代表任何利益集团、任何权势团体、任何特权阶层的利益。任何想把中国共产党同中国人民分割开来、对立起来的企图,都是绝不会得逞的!9500多万中国共产党人不答应!14亿多中国人民也不答应!

新的征程上,我们必须紧紧依靠人民创造历史,坚持全心全意为人民服务的根本宗旨,站稳人民立场,贯彻党的群众路线,尊重人民首创精神,践行以人民为中心的发展思想,发展全过程人民民主,维护社会公平正义,着力解决发展不平衡不充分问题和人民群众急难愁盼问题,推动人的全面发展、全体人民共同富裕取得更为明显的实质性进展!

——以史为鉴、开创未来,必须继续推进马克思主义中国化。马克思主义是我们立党立国的根本指导思想,是我们党的灵魂和旗帜。中国共产党坚持马克思主义基本原理,坚持实事求是,从中国实际出发,洞察时代大势,把握历史主动,进行艰辛探索,不断推进马克思主义中国化时代化,指导中国人民不断推进伟大社会革命。中国共产党为什么能,中国特色社会主义为什么好,归根到底是因为马克思主义行!

新的征程上,我们必须坚持马克思列宁主义、毛泽东思想、邓小平理论、"三个代表"重要思想、科学发展观,全面贯彻新时代中国特色社会主义思想,坚持把马克思主义基本原理同中国具体实际相结合、同中华优秀传统文化相结合,用马克思主义观察时代、把握时代、引领时代,继续发展当代中国马克思主义、21世纪马克思主义!

——以史为鉴、开创未来,必须坚持和发展中国特色社会主义。走自己的路,是党的全部理论和实践立足点,更是党百年奋斗得出的历史结论。中国特色社会主义是党和人民历经千辛万苦、付出巨大代价取得的根本成就,是实现中华民族伟大复兴的正确道路。我们坚持和发展中国特色社会主义,推动物质文明、政治文明、精神文明、社会文明、生态文明协调发展,创造了中国式现代化新道路,创造了人类文明新形态。

新的征程上,我们必须坚持党的基本理论、基本路线、基本方略,统筹推进"五位一体"总体布局、协调推进"四个全面"战略布局,全面深化改革开放,立足新发展阶段,完整、准确、全面贯彻新发展理念,构建新发展格局,推动高质量发展,推进科技自立自强,保证人民当家作主,坚持依法治国,坚持社会主义核心价值体系,坚持在发展中保障和改善民生,坚持人与自然和谐共生,协同推进人民富裕、国家强盛、中国美丽。

中华民族拥有在5000多年历史演进中形成的灿烂文明,中国共产党拥有百年奋斗实践和70多年执政兴国经验,我们积极学习借鉴人类文明的一切有益成果,欢迎一切有益的建议和善意的批评,但我们绝不接受"教师爷"般颐指气使的说教!中国共产党和中国人民将在自己选择的道路上昂首阔步走下去,把中国发展进步的命运牢牢掌握在自己手中!

——以史为鉴、开创未来,必须加快国防和军队现代化。强国必须强军,军强才能国安。坚持党指挥枪、建设自己的人民军队,是党在血与火的斗争中得出的颠扑不破的真理。人民军队为党和人民建立了不朽功勋,是保卫红色江山、维护民族尊严的坚强柱石,也是维护地区和世界和平的强大力量。

新的征程上,我们必须全面贯彻新时代党的强军思想,贯彻新时代军事战略方针,坚持党对人民军队的绝对领导,坚持走中国特色强军之路,全面推进政治建军、改革强军、科技强军、人才强军、依法治军,把人民军队建设成为世界一流军队,以更强大的能力、更可靠的手段捍卫国家主权、安全、发展利益!

——以史为鉴、开创未来,必须不断推动构建人类命运共同体。和平、和睦、和谐是中华民族5000多年来一直追求和传承的理念,中华民族的血液中没有侵略他人、称王称霸的基因。中国共产党关注人类前途命运,同世界上一切进步力量携手前进,中国始终是世界和平的建设者、全球发展的贡献者、国际秩序的维护者!

新的征程上,我们必须高举和平、发展、合作、共赢旗帜,奉行独立自主的和平外交政策,坚持走和平发展道路,推动建设新型国际关系,推动构建人类命运共同体,推动共建"一带一路"高质量发展,以中国的新发展为世界提供新机遇。中国共产党将继续同一切爱好和平的国家和人民一道,弘扬和平、发展、公平、正义、民主、自由的全人类共同价值,坚持合作、不搞对抗,坚持开放、不搞封闭,坚持互利共赢、不搞零和博弈,反对霸权主义和强权政治,推动历史车轮向着光明的目标前进!

中国人民是崇尚正义、不畏强暴的人民,中华民族是具有强烈民族自豪感和自信心的民族。中国人民从来没有欺负、压迫、奴役过其他国家人民,过去没有,现在没有,将来也不会有。同时,中国人民也绝不允许任何外来势力欺负、压迫、奴役我们,谁妄想这样干,必将在14亿多中国人民用血肉筑成的钢铁长城面前碰得头破血流!

——以史为鉴、开创未来,必须进行具有许多新的历史特点的伟大斗争。敢于斗争、敢于胜利,是中国共产党不可战胜的强大精神力量。实现伟大梦想就要顽强拼搏、不懈奋斗。今天,我们比历史上任何时期都更接近、更有信心和能力实现中华民族伟大复兴的目标,同时必须准备付出更为艰巨、更为艰苦的努力。

新的征程上,我们必须增强忧患意识、始终居安思危,贯彻总体国家安全观,统筹发展和安全,统筹中华民族伟大复兴战略全局和世界百年未有之大变局,深刻认识我国社会主要矛盾变化带来的新特征新要求,深刻认识错综复杂的国际环境带来的新矛盾新挑战,敢于斗争,善于斗争,逢山开道、遇水架桥,勇于战胜一切风险挑战!

——以史为鉴、开创未来,必须加强中华儿女大团结。在百年奋斗历程中,中国共产党始终把统一战线摆在重要位置,不断巩固和发展最广泛的统一战线,团结一切可以团结的力量、调动一切可以调动的积极因素,最大限度凝聚起共同奋斗的力量。爱国统一战线是中国共产党团结海内外全体中华儿女实现中华民族伟大复兴的重要法宝。

新的征程上,我们必须坚持大团结大联合,坚持一致性和多样性统一,加强思想政治引领,广泛凝聚共识,广聚天下英才,努力寻求最大公约数、画出最大同心圆,形成海内外全体中华儿女心往一处想、劲往一处使的生动局面,汇聚起实现民族复兴的磅礴力量!

——以史为鉴、开创未来,必须不断推进党的建设新的伟大工程。勇于自我革命是中国共产党区别于其他政党的显著标志。我们党历经千锤百炼而朝气蓬勃,一个很重要的原因就是我们始终坚持党要管党、全面从严治党,不断应对好自身在各个历史时期面临的风险考验,确保我们党在世界形势深刻变化的历史进程中始终走在时代前列,在应对国内外各种风险挑战的历史进程中始终成为全国人民的主心骨!

新的征程上,我们要牢记打铁必须自身硬的道理,增强全面从严治党永远在路上的政治自觉,以党的政治建设为统领,继续推进新时代党的建设新的伟大工程,不断严密党的组织体系,着力建设德才兼备的高素质干部队伍,坚定不移推进党风廉政建设和反腐败斗争,坚决清除一切损害党的先进性和纯洁性的因素,清除一切侵蚀党的健康肌体的病毒,确保党不变质、不变色、不变味,确保党在新时代坚持和发展中国特色社会主义的历史进程中始终成为坚强领导核心!

同志们、朋友们!

我们要全面准确贯彻"一国两制"、"港人治港"、"澳人治澳"、高度自治的方针,落实中央对香港、澳门特别行政区全面管治权,落实特别行政区维护国家安全的法律制度和执行机制,维护国家主权、安全、发展利益,维护特别行政区社会大局稳定,保持香港、澳门长期繁荣稳定。

解决台湾问题、实现祖国完全统一,是中国共产党矢志不渝的历史任务,是全体中华儿女的共同愿望。要坚持一个中国原则和"九二共识",推进祖国和平统一进程。包括两岸同胞在内的所有中华儿女,要和衷共济、团结向前,坚决粉碎任何"台独"图谋,共创民族复兴美好未来。任何人都不要低估中国人民捍卫国家主权和领土完整的坚强决心、坚定意志、强大能力!

同志们、朋友们!

未来属于青年,希望寄予青年。一百年前,一群新青年高举马克思主义思想火炬,在风雨如晦的中国苦苦探寻民族复兴的前途。一百年来,在中国共产党的旗帜下,一代代中国青年把青春奋斗融入党和人民事业,成为实现中华民族伟大复兴的先锋力量。新时代的中国青年要以实现中华民族伟大复兴为己任,增强做中国人的志气、骨气、底气,不负时代,不负韶华,不负党和人民的殷切期望!

同志们、朋友们!

一百年前,中国共产党成立时只有50多名党员,今天已经成为拥有9500多万名党员、领导着14亿多人口大国、具有重大全球影响力的世界第一大执政党。

一百年前,中华民族呈现在世界面前的是一派衰败凋零的景象。今天,中华民族向世界展现的是一派欣欣向荣的气象,正以不可阻挡的步伐迈向伟大复兴。

过去一百年,中国共产党向人民、向历史交出了一份优异的答卷。现在,中国共产党团结带领中国人民又踏上了实现第二个百年奋斗目标新的赶考之路。

全体中国共产党员!党中央号召你们,牢记初心使命,坚定理想信念,践行党的宗旨,永远保持同人民群众的血肉联系,始终同人民想在一起、干在一起,风雨同舟、同甘共苦,继续为实现人民对美好生活的向往不懈努力,努力为党和人民争取更大光荣!

同志们、朋友们！

中国共产党立志于中华民族千秋伟业，百年恰是风华正茂！回首过去，展望未来，有中国共产党的坚强领导，有全国各族人民的紧密团结，全面建成社会主义现代化强国的目标一定能够实现，中华民族伟大复兴的中国梦一定能够实现！

伟大、光荣、正确的中国共产党万岁！

伟大、光荣、英雄的中国人民万岁！

（《求是》2021年7月15日）

本章训练目标和学习重点、难点

［训练目标］

通过各种单项训练达到综合性的演练效果。

［重点难点］

掌握演讲的口语技巧和态势语技巧，以及演讲稿的撰写技巧。

第十章 辩论

第一节 辩论的基础知识

一、辩论的定义

辩论,又称"论辩",是指站在不同立场或持不同观点的人之间就同一问题,运用辩论形式所进行的论证和反驳的过程。

辩论是一种复合型的口语活动,要论也要辩,不可论而不辩或辩而不论。俗话说"针尖对麦芒",双方如果根本没有发生思想言论的"碰撞"和"交锋"就无法形成论辩。

二、辩论的形式

按内容分,辩论的形式大致有以下三种:

1. 生活辩论

生活辩论是以日常生活中发生的各种问题为中心展开的论辩。如师生质疑、家庭讨论、公共争辩等。

2. 会议辩论

会议辩论是就某一指定论题,在专门的场合进行的论辩。它包括外交论辩、法庭论辩、学术论辩等。

3. 赛场辩论

赛场辩论是指辩论双方就某一论题所进行的论辩演练活动,它是前两种论辩的模拟,是自我教育的好形式。这种论辩源于1922年的"国际雄辩运动",当时是由英美有识之士发起组织的。

三、辩论的意义

常言道:"是非越辩越清,真理越辩越明。"

辩论是一门非常古老的学科。就中国而言,春秋战国时期,百家争鸣,诸子蜂起,辩风盛行,"辩士"大量涌现。先秦典籍中对辩论的意义做了这样的肯定:"一人之辩,重于九鼎之宝;三寸之舌,强于百万之师。"论辩的史实和言辞更是随处可见,至今仍闪烁着真理的光辉。

随着中国改革开放的不断深入,辩论日益受到人们的重视和喜爱。可以说,论辩的意义除了在于批驳谬误,探求真理,通过辩论以达到明辨是非,弘扬真理的目的外,对于开阔知识面,交流信息,促进人们逻辑思维能力和语言表达能力的发展也具有重要的作用。

四、辩论的特征

1. 双向对立

在辩论中,辩论双方有一个共同的辩题,辩论各方都坚持不同的立场和观点,或摆事实,或讲道理;或辩护,或批驳;你来我往,唇枪舌剑,爱憎分明,从而产生语言上的强烈对抗。

2. 逻辑严密

逻辑是论辩中的核心和灵魂,只有正确的论点和充实的论据是不够的,还应注意论点和论据的内在联系,使之产生强大的逻辑力量。

3. 思维敏捷

辩手交锋,风云变幻,这就要求辩手迅速地判断、推理和应变。由于辩手的发言时间极为有限,所以要做到思维敏捷,语言明快,言简意赅,平易朴实。特别是在"自由辩论"阶段,应尽可能做到三言两语,点到为止,对答如流,一语中的。

五、常用辩论技巧

辩论是一门语言的艺术,语言能力的强弱决定了论辩水平的高低,如同其他语言技巧一样,论辩技巧也是人们从大量语言实践中点点滴滴总结出来的。下面介绍八种比较常用的论辩技巧。

1. 例证法

例证法是"以事证理",即运用一定的事实来证明自己观点的论辩方法。常言道"事实胜于雄辩",例证法是应用非常广泛的论辩方法。例如,《吕氏春秋》引婴投江的故事:

> 有过于江上者,见人方引婴而欲投之江中。婴儿啼。人问其故,曰:"此其父善游。"其父虽善游,其子岂遽善游哉?

父亲善游怎能证明他的儿子善游,这显然犯了论据偏离的错误。

2. 引证法

引证法是"以理证理"。论辩时,通过引用事理,引用名言、典故、哲人睿语、方言俗语等来证明自己观点的论辩方法,叫引证法。引证法的特点是引经据典,旁征博引,借言求证,使语言新鲜生动,活泼有趣,以增强说辩的感染力。例如,东汉光武帝刘秀的姐姐湖阳公主死了丈夫后,看中了朝中品学兼优的宋弘,就请刘秀撮合其事。一次,刘秀把宋弘召来,以言相探道:"俗话说'位高换友,富贵换妻',是人之常情吧?"

宋弘回答说："我听说'贫困之交不能忘,糟糠之妻不下堂',这样才是好的品行。"刘秀欲让宋弘娶湖阳公主,便运用俗语来试探宋弘,而宋弘是个品德高尚的人,不为所动。这种情况下,既不能含糊其词,留下后患,又不能直来直去,冒犯皇上,于是,宋弘巧妙地运用古语,言辞委婉地表示了自己的态度,恰到好处地回答了这道难题。

3.反语法

所谓反语法,就是不从正面驳斥对方,而通过发问加强攻势,摆出与对方所讲道理或事例恰恰相反的道理或事例,以责难压倒对方的论辩方法。即我们通常所说的"反唇相讥"。例如,诗人歌德到公园散步,不巧在一条仅容一人通过的小径上碰见一位对他抱有成见并把他的文章贬得一文不值的批评家。狭路相逢,四目相对,批评家傲慢地说:"对一个傻瓜,我决不让路。"歌德面对辱骂,微微一笑道:"我正和你相反。"说罢往路边一站。霎时,那位批评家的脸变得通红,进退两难。

在这里,面对批评家的粗野无礼,诗人没有谩骂反击,而是接过对方的话头,给予巧妙的还击。批评家陷入了进退维谷的"两难"境地,而诗人既教训了对方,维护了自己的尊严,又体现了高雅的风度,一举多得,令人拍案叫绝。

4.导谬法

导谬法又叫反证法,这是论辩经常使用的方法之一。即先以退为进,将对方的话归之于某个站不住脚的原理,然后从这个原理中推导出明显的荒谬结论并将之推向极端,反戈一击,即"以子之矛,攻子之盾",从而否定对方论题。例如:

俄国著名作家赫尔岑应朋友邀请出席一个音乐会,可是,音乐会上所演奏的乐曲使他很倒胃口。他便用双手捂着耳朵,打起瞌睡来。这时,女主人对赫尔岑的举动很见怪,就问他:"先生你不喜欢音乐吗?"赫尔岑摇了摇头,指着演奏者说:"这些低级轻佻的音乐使人厌烦。"

女主人惊叫起来,对赫尔岑说:"你说的什么呀?这里演奏的都是流行音乐呀?"赫尔岑平心静气地反问:"难道流行的东西都是高尚的吗?"

女主人很不服气地说:"不高尚的东西怎么会流行呢?"

赫尔岑微微一笑,风趣地对女主人说:"那么流行性感冒一定也很高尚了!"

5.类比法

所谓类比法,就是当对方以简单枚举法来证明其观点时,就举出同类的相反事例加以推理,从而达到反驳对方的目的。例如:

有一孝子在服丧期间偶然吃了一顿红米饭,被一个迂腐的书生看到,指责他是一个不孝之人。这位孝子问书生为什么这样说,书生说:"红色是喜庆的颜色,你在服丧期间吃红米饭,岂不是不孝吗?"

这位孝子听后,对书生的迂腐非常生气,反驳说:"照你这样说,你天天吃白米饭,你岂不是天天在服丧吗?"

6.仿照法

在论辩中,为反击对方的无礼和傲慢,可仿照对方的话语结构拟造一个语意相反的句子反击过去,即以其人之道,还治其人之身。例如,加拿大前外交官郎宁生于我国湖北襄樊,是喝中国奶妈的奶长大的。他回国后在一次竞选议员时,反对派诋毁他说:"你是喝中国人的奶长大的,你身上一定有中国人的血统。"郎宁毫不迟疑地反驳道:"据有关人士透露,你们是喝牛奶长大的,所以你们身上一定有牛的血统。"郎宁顺着对方思路,仿照出错误的观点,这样就有力地反驳了"喝中国奶妈的奶长大,就有中国人的血统"的观点。

7.歧义法

论辩中的歧义法是指桑骂槐,巧妙利用语言中的多义词或同音词,在某种特定情况下,将甲义换过来表示乙义,使之产生特殊意义或感情的论辩方法,即巧钻对方的空子。例如,鲁迅在厦门大学任教期间,校方曾召开一次专门会议,无理削减一半经费,遭到了与会人员的反对。校长林文庆不但不予理睬,反而阴阳怪气地说:"关于这件事,不能听你们的。学校的经费是有钱人付出的,只有有钱人,才有发言权。"鲁迅从口袋里摸出一文钱"啪"的一声放在桌上,大声说:"我是有钱人,我有发言权。"林文庆顿时哑口无言,十分尴尬。

8.诱入法

所谓诱入法,就是当批驳对方观点从正面进攻比较困难时,就侧面迂回包抄,由远及近,由此及彼,步步紧逼,请君入瓮,最后驳倒对方的论辩方法。正所谓"明修栈道,暗度陈仓"。使用此种方法,关键是要藏而不露,出奇制胜。例如:

从前有位渔民,不幸丧生。他的独生子冒着风浪继续在海上打鱼。有个聪明人问:"你的父亲不是被大海淹死了吗?"

"是的。"

"那你为什么还到危险的海上来打鱼呢?"

渔民的儿子反问:"你的爸爸是在哪死的呢?"

"他呀,他是死在家里的床上的。"

"那么,你为什么还要天天睡在那危险的床上呢?"

"……"聪明的人说不出话来了。

六、赛场辩论介绍

1.赛场辩论的主要特点

赛场辩论是一种有组织的比赛。其特点如下:

(1)辩论的题目都是事先设计的,可以事先告知,因此,具有一定的可计划性。

(2)辩论以获胜为主要目的,对问题的观点是由抽签确定的。双方在辩词上要力争自圆其说,因而它并不代表辩手的本意。

(3)这种辩论是一种竞赛,为体现公平、合理,辩论必须严格按规则进行,不能违反。

(4)辩论双方都永远不可能被对方说服,其胜负关键在于博得评判员的肯定。

2.赛场论辩的组织规则

有了组织规则和评分标准,才能保证论辩顺利地进行。

(1)辩论的赛制

传统辩论比赛常用4∶4的论辩方式。比赛分正、反两方,双方各派4人参赛,按程序轮番发言。比赛分团体论辩阶段、自由论辩阶段和总结阶段。团体论辩阶段,共18分钟。首先正方一辩发言,接着反方一辩发言,然后正反两方二辩、三辩交替发言。每人3分钟,这一阶段各方的主要任务是论证自己的观点。自由论辩阶段,共8分钟。由反方任何一位辩手立即进行辩驳,双方轮流发言,使论辩进入你来我往的交锋状态。这时,每位辩手的次序、时间和次数都不受限制,但整队的发言时间累计不得超过4分钟。总结阶段,共8分钟。先由反方四辩总结陈词,然后正方四辩总结陈词,正、反双方各有4分钟。

(2)辩论的选题

辩题的恰当与否直接影响到论辩的进行,关系到论辩比赛的成败。要确立一个好的辩题应注意以下几个方面:

第一,可辩性强。辩题要考虑正反双方相对平衡,必须是尚无定论的问题,使正反双方都有话可说,且难易相当。同时,辩题要有意义。一般来说,要选择现实需要的"热门话题",既要能引起听众的兴趣,又要有教育意义。

第二,单纯明确。辩题要领必须明确,做到平易、通俗,但又耐人寻味,便于挖掘。

第三,深浅适度。根据辩手的实际知识水平,辩题要有的放矢,只有这样双方才有言可辩。

(3)辩手的分工

传统辩论比赛常采用4∶4模式,正好体现了"起承转合"的古文手法。

辩论比赛是有组织的合作行为,特别注重团队精神,不仅要求辩手要能言善辩,而且要求辩手之间分工合理,配合默契,从而形成有机的整体。据此辩手一般分工如下:

第一辩手的主要作用是"起",即开题。主要是从理论上阐明本方立场和观点,确立己方的阵地和进攻路线,搭建一个固若金汤的城堡。

第二辩手的主要作用是"承"。即选择一个特定的角度,进一步展开论证,深化己方的基本立场和理论。

第三辩手的主要作用是"转",重点在驳。三辩除了针对对方前几位辩手出现的谬误和矛盾发起攻击之外,还要尽可能在确凿的材料基础上进一步发挥己方的立场。

第四辩手的主要作用是"合",即总结,承担总结陈词的任务。也就是要把己方的所有观点放在一个新的高度,加以概括。

(4)辩论的评分标准

①个人分数

辩论技巧

[辩论员语言的流畅,分析、反驳和应变能力以及论点的说明和逻辑性]　　40分

内容、资料
[论据内容是否充实,引述资料是否恰当]　　　　　　　　　　　30 分
风度及幽默感
[辩论员的表情动作是否恰当,是否有风度及幽默感]　　　　　15 分
自由辩论
[个人在自由辩论时的表现]　　　　　　　　　　　　　　　　15 分
四位辩论员总分　　　　　　　　　　　　　　　　　　　　　400 分
② 整体合作
[全队论点结构的完整性,队员之间的默契与配合]　　　　　　40 分
总分　　　　　　　　　　　　　　　　　　　　　　　　　　440 分

如果连主持人的发言在内,每场论辩约 40 分钟。

3. 华语辩论顶级赛事

华语辩论的最高赛事之一国际大学群英辩论会,前身为国际大专辩论赛,于 1993 年首创,两年一届,已成功举办了十届,2007 年更名为国际大学群英辩论会。赛事通过中央电视台和新加坡新传媒的电视转播,名噪一时。

2013 年中央电视台宣布无限期停办国际大学群英辩论会之后,华语辩论出现三大顶级赛事:国际华语辩论邀请赛(简称"新国辩")、世界华语辩论锦标赛(简称"华辩"、"华辩世锦赛"或"世锦赛")和华语辩论世界杯(简称"世界杯")。同时还涌现出一批如中国政法大学举办的"法辩"、新南威尔士大学举办的"华夏杯"、西南政法大学举办的"天伦杯"等一批具有影响力的国际性赛事。

大赛赛制不断创新,比赛观赏性和竞争性不断增强。除安排注重交锋的竞技辩论以外,还增设哲理辩论赛,缩小交锋技术要求,决胜以哲理深度、推论周全为最主要标准。2014 届辩论邀请赛还设置了新的比赛形式:约辩,由初赛被淘汰的队伍自由选择其他未进入决赛的代表队,向其发起挑战,增进交流。

(1) 国际华语辩论邀请赛

经典辩题有 2020 国际华语辩论邀请赛——"内卷"是个真问题/假问题(席瑞 胡渐彪 罗淼 VS 梁秋阳 马薇薇 周玄毅)、2023 国际华语辩论邀请赛——当代年轻人应该活得更现实/更理想(澳门大学 VS 中国传媒大学)等。主要赛制如表 10-1。

表 10-1　国际华语辩论邀请赛赛制

环节	流　　程	时间
正方一辩陈词	正方一辩对本方观点进行阐述	3 分钟
反方四辩质询正方一辩	反方四辩须针对正方一辩的立论进行针对性提问,质询方可以打断被质询方发言,被质询方不能打断、反问质询方	3 分钟
反方一辩陈词	反方一辩对本方观点进行阐述	3 分钟

续表

环节	流程	时间
正方四辩质询反方一辩	正方四辩须针对反方一辩的立论进行针对性提问，质询方可以打断被质询方发言，被质询方不能打断、反问质询方	3分钟
正方二辩陈词		3分钟
反方三辩质询正方二辩	反方三辩须针对正方二辩的论点进行针对性提问，质询方可以打断被质询方发言，被质询方不能打断、反问质询方	3分钟
反方二辩陈词		3分钟
正方三辩质询反方二辩	正方三辩须针对反方二辩的论点进行针对性提问，质询方可以打断被质询方发言，被质询方不能打断、反问质询方	3分钟
反方三辩质询小结		3分钟
正方三辩质询小结		3分钟
自由辩论	由正方率先开始发言，此后正反双方轮流交替发言。当一方时间用尽后，由另一方自由发言，直至该方时间用尽或主动放弃剩余时间	4分钟
双方四辩总结陈词	结辩顺序由赛前抽签决定	4分钟

说明：表中各环节时长为2014年之前使用，2015年起改用总计时自由分配制，共计时17分钟，由该队伍临场自由调配各个环节的时长，每个环节不得少于1分钟。质询环节只计算质询方时间，被质询方回答时间不纳入计时。自由辩论中，双方各有4分钟发言时间，正方首先开始，双方交替发言。此环节单独计时，不计入自由分配环节时间。

(2)世界华语辩论锦标赛

经典辩题有第九届世界华语辩论锦标赛——当今时代，应该鼓励年轻人找到/跳出舒适圈（北京邮电大学VS复旦大学）、第九届世界华语辩论锦标赛——青年人更应该培养自豪感/危机感（清华大学VS中国政法大学）等。主要赛制如表10-2。

表10-2 世界华语辩论锦标赛赛制

环节		流程	时间
开篇立论	正方一辩陈词	正方一辩对本方观点进行阐述	3分钟30秒
	反方一辩陈词	反方一辩对本方观点进行阐述	3分钟30秒
驳论环节	正方二辩驳论	正方二辩针对对方论点进行驳论	2分钟
	反方二辩驳论	反方二辩针对对方论点进行驳论	2分钟
	正反双方对辩	双方以交替形式轮流发言，辩手无权中止对方未完成之言论。双方计时将分开进行，一方发言时间完毕后另一方可继续发言，直到剩余时间用完为止	双方各为1分30秒

续表

环节		流　程	时间
盘问环节	正方三辩盘问反方一、二、四辩	正方三辩可以质询对方任何辩手。(除了对方三辩)答辩方只能作答不能反问,而质询方有权在任何时候中止答辩方	2分钟30秒
	反方三辩盘问正方一、二、四辩	反方三辩可以质询对方任何辩手。(除了对方三辩)答辩方只能作答不能反问,而质询方有权在任何时候中止答辩方	2分钟30秒
	正方三辩质询小结	正方三辩发言,小结是对质询环节的总结,需针对质询时的交锋内容与回答进行反驳	1分30秒
	反方三辩质询小结	反方三辩发言,小结是对质询环节的总结,需针对质询时的交锋内容与回答进行反驳	1分30秒
战术暂停环节		在该环节,正反双方可以在各自辩手席上与己方辩手自由讨论,时间为2分钟。双方同时计时	双方同时计时
自由辩论环节	自由辩论	由正方开始发言。发言辩手落座为发言结束即为另一方发言开始的计时标志,另一方辩手必须紧接着发言;若有间隙,累计计时照常进行。同一方辩手的发言次序不限	双方各4分钟
总结陈词	反方四辩总结陈词		3分30秒
	正方四辩总结陈词		3分30秒
奇袭环节		奇袭环节具体规则如下:每个大环节结束时主席将询问双方是否采用奇袭,决定采用则示意主席请求发言。奇袭的形式可分为质询和申论两种形式	

(3)世界华语辩论锦标赛

经典辩题有2022年第十届世界华语辩论锦标赛高校组小组赛F组第五场——年轻人更应该乘风/破浪(广东财经大学 VS 大连理工大学)、第十届世界华语辩论锦标赛半决赛——无用之用/有用之用,方为大用(南京审计大学 VS 新南威尔士大学)。主要赛制如表10-3。

表 10-3 世界华语辩论锦标赛

环节	流程		时间
立论、盘问环节	正方一辩进行开篇立论	正方对本方观点进行阐述	3分30秒
	反方一辩盘问正方一辩	反方一辩针对正方一辩的立论进行盘问,答辩方只能作答不能反问,而质询方有权在任何时间中止答辩方	1分30秒
	反方一辩进行开篇立论	反方对本方观点进行阐述	3分30秒
	正方一辩盘问反方一辩	正方一辩针对反方一辩的立论进行盘问,答辩方只能作答不能反问,而质询方有权在任何时间中止答辩方	1分30秒
驳论、对辩环节	反方二辩进行驳论或继续陈词	反方二辩针对前面的立论和盘问环节进行驳论或继续陈词	2分30秒
	正方二辩进行驳论或继续陈词	正方二辩针对前面的立论和盘问环节进行驳论或继续陈词	2分30秒
	正方二辩对辩反方二辩	针对以上环节,正方二辩对辩反方二辩,双方以交替形式轮流发言,辩手无权中止对方未完成之言论。双方计时将分开进行,一方发言时间用完后另一方可继续发言,直至剩余时间用完为止	共计3分钟
盘问环节	正方三辩盘问	正方三辩可对反方除三辩外的其余一辩、二辩、四辩进行盘问,盘问方可在任意时间打断,被盘问方不得反问	2分30秒
	反方三辩盘问	反方三辩可对正方除三辩外的其余一辩、二辩、四辩进行盘问,盘问方可在任意时间打断,被盘问方不得反问	2分30秒
	正方三辩小结	正方三辩针对以上的盘问环节进行总结,需针对盘问时交锋内容与回答进行反驳	1分30秒
	反方三辩小结	反方三辩针对以上的盘问环节进行总结,需针对盘问时交锋内容与回答进行反驳	1分30秒
总结陈词	自由辩论	由正方开始发言。发言辩手落座视为发言结束即为另一方发言开始的计时标志,另一方必须紧接着发言;若有间隙,累计计时照常进行。同一方辩手的发言次序不限。如果一方时间用完,另一方可以继续发言,也可向主席示意放弃发言	总计8分钟
	正方四辩总结陈词	正方四辩针对前面所有环节进行总结,升华己方观点	3分30秒

第二节 优秀辩词实录和点评

知难行易
——第二届国际大专辩论赛决赛辩词

正　方：南京大学队
观　点：知难行易
反　方：辅仁大学队
观　点：知易行难

主　席：欢迎收看中国中央电视台和新加坡电视机构共同主办的"1995 国际大专辩论会"。今天将要进行的是人们期待已久的大决赛,也可谓本届辩论会的高潮。

在过去的 6 天当中,8 支辩论队伍分别进行了 4 场初赛和 2 场半决赛,各队都有出色的表现,可谓精彩纷呈。

从表面上来看,辩论赛仿佛是一种高级的智力游戏,然而它所引发出来的知识与智慧,特别是辩手们表现出来的个性的风采和整体的青春魅力,我认为超越了辩论本身。当然,既然是辩论,就总有胜负之分,所以今天坐在场上的两支队伍都是"过关斩将,志在必得"。双方只要稍一留意就会发现这中间有一个很有趣的巧合,从我这个角度来说,正好是男左女右,一边是"长袖善舞,巾帼不让须眉",另一边是"豪气勃发,好男要跟女斗"。我们过去都说"龙虎斗",看(来)今天要改成"龙凤相争"了。

现在我来介绍一下今天的辩论双方。坐在我右手边的是正方——南京大学队。她们的 4 位辩手分别是:一辩钟婳婳同学,社会学系三年级;二辩邬健敏同学,法律系四年级;三辩韩璐同学,经济系二年级;四辩杨蔚同学,中文系一年级研究生。(掌声)那么坐在我左手边的是反方辅仁大学队。如果您看过过去的几场比赛,对这几位辩手您可能也相当熟悉了。他们是:一辩顾振豪同学,法律系法学组三年级;二辩林立书同学,法律系财经法学组三年级;三辩刘伯彦同学,大众传播系新闻学三年级;四辩林正疆同学,法律系财经法学组三年级。(掌声)

我们今天的评判团由海内外的知名学者组成,我向大家介绍一下。这 5 位成员分别是:中国政法大学法律系江平教授。(掌声)哈佛大学中国历史及哲学教授、美国人文社会科学院院士杜维明教授。(掌声)中国文艺理论学会会长、华东师范大学王元化教授。(掌声)耶鲁大学东亚语言与文学系主任孙康宜教授。(掌声)上海戏剧学院余秋雨教授。(掌声)

各位观众,"知难行易"与"知易行难"是传统文化意义上的经典命题,历代的诸位贤哲都为此发出过深深的感叹,也留下了许多著名的论断。在现实生活中,知与行究竟孰难孰易,每个人根据自己人生体验都会做出不同的回答。希望今天的8位辩手在这个问题上也会做出令人信服的论述。作为正方的南京大学辩论立场是:"知难行易。"而作为反方的辅仁大学队的辩论立场是:"知易行难。"双方的立场由抽签而定。

首先我们欢迎正方一辩钟嫄嫄发言,时间3分钟。

[程序发言]

正方一:谢谢主席!尊敬的评委,各位嘉宾,来自宝岛的对方辩友,大家好!洪荒久远的50万年前,在我们脚下的这片土地上生活着我们的祖先北京猿人。沧海桑田,斗转星移,告别了茹毛饮血的过去,他们学会了钻木取火。火的运用是跨时代的大发现。然而直到100多年前,科学家才揭开了机械能转化为热能的规律,从而科学地说明了钻木取火的真正奥秘。这就无可辩驳地证明了我方立场:知难行易。所谓"行"是人对外界事物作用的过程,包括对"知"的运用;所谓"知"是指对"行"的认识,解决做什么、为什么做和怎样做的问题。知既是一个过程,又是一个结果。所谓"知难行易",是说求知得知难,行动使用易。"知难行易"与"说说容易做起来难"的言行观"风马牛不相及",切不可混为一谈。我方主张知难行易,理由如下:首先,认识发生学告诉我们,行先知后,知难行易。人一生下来便会行,所谓:"手之舞之,足之蹈之。"但要成为像对方辩友那样才学渊博的翩翩君子,寒窗十年苦,谈何容易。个人求知无穷尽,人类探索亦无止境,"钻之弥深,仰之弥坚"[①]。孔子他老人家到了晚年还坚持学习《易传》,韦编三绝。可见求知难哪!其次,辩证法告诉我们知行密切相关。人类的行为是一个不断进步的过程,其中,知是关键。无知之行只是简单重复。有了"知",才有了自觉行为;有了"知",才有了开拓前进。"知"作为"行"的认识、概括和总结,是行路明灯,是行动指南。掌握了"行"的知识和方法才会有成就。"知",只有长期艰苦探索才会小有所成,因而"知"比"行"显得更难。再次,日常经验告诉我们,"行"之不易,归根到底是不知或知之不足。俗语说得好:"会者不难,难者不会。"说的就是这个道理。一旦掌握了"行"的知识和方法,行起来必然如庖丁解牛般游刃有余。总而言之,知行相比,知难行易。谢谢各位!(掌声)

主　　席:好,各位观众,现在我们来听听反方是如何破题立论的。请反方一辩顾振豪同学发言,时间3分钟。请!

反方一:主席,各位评委,大家好!题目把知、行两个东西分开来,就是要我们讨论其中的难易程度。如果把纯粹的认知与行动弄得混淆不清,那么难易从何产

[①] 语出《论语·子罕》。原文为"仰之弥高,钻之弥坚"。

生？对方辩友所犯的第一个矛盾就是把知包含在行的过程。那么就请问对方辩友，这时候还有讨论行的必要吗？任何一个时代都需要知行的配合，但不同时代则需要不同的知行学说。大体而言，知只有两种：一方面是道德伦理的良知，另一方面是科学经验的所谓知识。接下来让我方从这两方面，分别论述"知"和"行"之间的关系。第一，环顾当今社会，教育、科技日渐普及，但是人们的道德行为却是日益堕落。所谓吃、喝、嫖、赌、抽、坑、蒙、拐、骗、偷，社会不安的秩序才是我们所应当面临的问题。这时我们不禁怀疑，真的是知难行易吗？难道是知识教育文化不够？难道问题不是出在具体的落实与实践方面吗？我们难道不知道所谓的仁义礼智？我们难道不知道所谓一般的公民道德吗？传统儒家告诉我们什么，所谓："人性之善也，犹水之就下也。人无有不善，水无有不下。"孟子不也说"仁、义、礼、智"是人之四端吗？王阳明先生更告诉了我们，今天所谓的良知是本心所固有的，是生而有之的。因此对于为人处世的一些基本道理，对于所谓一般的佛理道德，这些都是我们本来就知道的，良知更是我们本心所拥有的。这难道不是很清楚很简单的吗？难在哪里呢？难在"行"啊！难在具体的实践方面。由于人心的懈怠，由于外在环境种种的限制以及变数，所以说"行难"更甚于"知难"啊！从第二个方面——科学经验方面来说，也是知易行难。顶夸克在物理学上早就能够论证出所谓顶夸克粒子的存在，但是还必须等到加速器产生，我们才能确切真实掌握住这样的概念。爱因斯坦发明相对论之后，人们却要经过一段长时间的艰辛过程才能创造出原子弹。综上所述，我们可以发现，一般的通病是什么？一般的通病就是：说是一回事，做又是另外一回事。所以我方才要在这里解析什么是"知难行易"，什么是"知易行难"。唯有认清"知易行难"的情况，才能够认清什么情况你不是不知道，你只是不愿意去做。所以，"知"不单只是"知"，"行"也不单只是"行"，知行必须相互配合。所以明白了知易行难的道理之后，我们就要对症下药，希望能够药到病除！谢谢大家！（掌声）

主　　席：谢谢顾振豪同学！现在我们请正方二辩邬健敏同学进一步阐述正方观点，时间也是3分钟。

正方二：谢谢主席！大家好！对方辩友提出了一个观点说："说是一回事，做又是一回事。"显然，他们把今天的"知行关系"偷换成了"言行关系"。嘴上说一说就代表你心里真的知道吗？鹦鹉经过训练还能说人话呢，但是我们能够说这些鹦鹉像对方辩友一样学识渊博吗？显然不能啊！（掌声）今天，尊重知识，尊重人才，发展高科技，开拓新领域，已成为世界潮流。人类已深深懂得知难行易，唯有迎难而上，方能健步而行。我方之所以认为"知"难于"行"，更基于以下原因。第一，创造知识比运用知识更难。今天，人们对电灯已熟视无睹，可当年爱迪生历经磨难，痴心不改，试过1600多种材料，做了1万多次实验，写下了2万页笔记。可见知有多难啊！伟大的革命先行者孙中山先生周游列国,潜心于革命之学,险些命丧于伦敦,终于积心血而成《建国方略》。面对这样的事实,对方辩友难道还要告诉大家说"知"很容易吗?叔本华说得好:伟大的思想家和科学家是人类的灯塔,如果没有他们,人类将在迷茫的大海中漂泊啊!第二,探索方法比运用方法更难。求知不只包括一般原理,更要掌握具体的方法。传说远古时鲧盲目采用水来土掩的方法,结果反而使洪水泛滥成灾,而禹以父为鉴,摸索出疏导的方法,终于取得了抗洪救灾的全面胜利。第三,认识规律比按规律办事更难。认识规律是一个积沙捡金的过程。规律不是推销员,不会自己找上门来,它有待人们不懈探求。改造利用沙漠资源就是一个认识规律的难题,一旦人类攻克了这一难题,沙漠变绿洲就不再是海市蜃楼。综上所述,"知"是一个艰难曲折的过程,它需要"天将降大任于斯人"的责任感,需要"吾将上下而求索"的勇气,更需要"众里寻他千百度"的毅力。因此,我方认为知难行易!谢谢大家!(掌声)

主　席: 谢谢邬健敏同学的发言!现在我们来看看反方二辩林立书同学是如何反驳正方观点的。时间也是3分钟。

反方二: 大家好!对方辩友告诉了我们怎样的命题呢?对方辩友告诉了我们,知而不行只是未知啊!对方辩友,在这样的命题之下,我们看看今天的立论点应该站在哪里?如果是这个样子的话,对方辩友告诉了我们,所有的知识、所有知道的事情都是假的,除非你一一地去实现。举个例子说,今天我知道丢垃圾是不道德的,我也知道不丢垃圾是道德的。那么当我在丢垃圾的时候,你能告诉我说,我这个时候已经忘记道德了,我不知道道德噢。等到丢完之后才恍然大悟地说,我的道德又重新出现了。换句话说,对方辩友告诉了我们什么?对方辩友在这样的架构下,只是告诉了我们:知而不行,只是未知。那么到底什么是知?什么是不知?不要忘记一句话:"知之为知之,不知为不知,是知也。"对方辩友不要混淆了。好的,再让我们从三个方面告诉大家,知虽然可能是很难的,但是行是更难的。首先,在天时方面来讲,孟子说过:"虽有智慧,不如乘势;虽有镃基,不如待时。"若不是三国的时代趋势,刘备的三顾茅庐及赤壁的东风巧现,孔明纵然有运筹帷幄之智,也无法大展雄才,大行其道,终将落入"英雄无用武之地"呀!我们再来看看地理环境的限制。凭借今日建筑方面的发达科技,我们就可轻易知道建筑长江三峡大坝要用什么办法,要用什么材料,但是从动工到完成也必须花上15年的光景。这工程浩大艰辛,全然都是环境所致的。再者,知易行难是我们人类生活中的逻辑。人人都知道男性女性要互相地关怀,男性要平等地对待女性,但是经过20年漫长的妇女运动,妇女的地位仍然没有改善,所以我们才要在北京举行妇女大会继续努力呀!(掌声)再来,我们要告诉大家的是,现今社会的个体不论是环保、女权、民主、法制、教育、和平、文化、道德都体现了知易行难的道理,而唯有认清"知易行难"的真正含义,才能使人人去了解,去透悟。坐而言不起于行是国人的通病。我们只有对症下药，才能药到病除，使人人勇于立行，耻于空谈，才能够发挥真正中国传统愚公移山的力行精神！我的申论到此结束。谢谢大家！（掌声）

主　席：谢谢林立书同学！现在我们请正方三辩韩璐同学发言，时间也是3分钟。请。

正方三：大家好！对方一辩给我们谈到道德伦理，说嘴上一套做又是一套，请问这是真正的知道道德吗？请对方辩友给我们解释，什么是"满口的仁义道德，一肚子男盗女娼"呢？对方辩友又说，有些人不是不知道，而是说不愿意去做，那么，这是不是要给小偷找借口呢？因为小偷说"我真的不是不知道偷东西不好，可是我就是忍不住要伸出第三只手"啊！对方二辩又说到了男性比女性更需要关怀，那么既然对方辩友认为知易行难，我们想要请教一个问题，怎样才能打开男性封闭的心灵？怎样才能让男性成为一个开放的人呢？好，我方认为知难行易。翻开历史史册，人类求知探索的伟业可谓"惊天地，泣鬼神"。"生命诚可贵"，但是李林塔尔为了科学却献出了生命。"爱情价更高"，但是诺贝尔为了事业却终生孤独。李时珍遍尝百草才获"回春之术"，司马迁励精图治终成"一家之言"。对方辩友您一定也还知道，达尔文呕心沥血几十年才孕育了《进化论》，布鲁诺用生命凝成真理，"魂归去来兮"。"艰难困苦，玉汝于成。"古往今来，就是这用热血和生命叩响知识之门的求知者铸成了人类文明的脊梁。正视现实人生，"行"正如辩友所说的并非一帆风顺，但是，对已知的深刻认识告诉我们，"知"比"行"更难。求知之路漫漫兮人类上下而求索。和平难，难就难在各国尚未达成共识；反腐败也难，难就难在还不知道制止腐败的办法；治艾滋病更难，难就难在医学知识还没有突破性的进展。而有知，行就会化难而易。博大精深的知识、入木三分的思想的确来之不易，可是换来的却是行动中的大刀阔斧，工作上的从容自如。越洋电话让"天涯若比邻"，电波送衷情；信用卡让我们"一卡在手，走遍天下"。今天我们认为知难行易，但我们更要知难而上。正如伟大的德国科学家希尔伯特所说："我们必须知道，我们将会知道。"谢谢各位！（掌声）

主　席：谢谢韩璐同学！我们现在请反方三辩刘伯彦同学进一步阐述反方观点，时间也是3分钟。请！

反方三：谢谢主席！大家好！我们发现对方辩友从立论开始就出现了两大谬误。第一个谬误是对方辩友口中的"知"，其实是王阳明先生所说的"真知"，这个真知其实是"知行合一"啊！请对方不要混淆了。但是在知行合一的情况下，知包含了行，那么作为反方的我们讨论行有什么必要呢？对方犯的第二点谬误是，对方辩友如果认为在行动中不断地检验所获得的"知"才叫作"知"的话，我想请教对方辩友的是，在现在这个阶段，您如何去判别你现在这个"知"没有谬误了，它已经可以成为一个"知"了。这样的真知又从何而生呢？换句话说,对方辩友所犯的谬误可以说是将知视为知行合一。这样的知行合一在这个题目中是不合适的。就这一次大专辩论会所讨论的题目,我们可以发现,从金钱和道德的统一到愚公精神,从社会秩序的维系到男女平权,都在讨论当今人类的精神层面上出现的问题,都在讨论人的道德良知已经逐渐暗淡的现状。因此我们在这里讨论的"知"焦点应该放于人的"道德良知"。我方认为知易行难的理由有三。第一,孟子曾经说过:"人之所以异于禽兽者几希。"这一点最细微也是最巨大的东西,那就是人的道德良知。所以说:"人之不学而能者,良知也;所不出而知者,良知也。"王阳明也告诉我们,良知之于人心,无须分圣贤和愚昧啊!我们可以发现,良知是越逾万川、不假外求的。知怎么会难呢?知是很容易的。第二,不可否认,良知会受私欲的蒙蔽,但是绝对不可以说良知被蒙蔽,人就没有良知,就好像月亮被乌云遮住了,我们可以说这个世上没有月亮吗?(掌声)一旦被蒙蔽就必须扫除蒙蔽。所以今天我方在此立论,告诉大家知之难。知有何难?有天时地利人和之难。我们有生不逢时、时不我待的天时之难,有形势险恶、遍地荆棘的地利之难,也有短时间因循怠惰、朝三暮四、意志不坚的人和之难啊!这样的难上加难,怎么能说是知难行易呢?第三点,不同的时代需要有不同的知行观。现代人说一套做一套,纸上谈兵光说不练,知法犯法的例子更是屡见不鲜。从台湾的国际票券公司和第四信用合作社的挪用公款到北京市政府(官员)贪污被查案的害群之马,我们发现的都是知法犯法,对方辩友能说他们不知吗?!(掌声)今天我为什么说知易行难,就是让现在的人们真正发觉他的错误在于:你知了可是你不去行。所以告诉大家知易行难,才是痛下针砭,对症下药,才能真正地急知急行,知行合一。谢谢大家!(掌声)

主　　席:好,谢谢刘伯彦同学!从刚才几位辩手的发言中,大家可以看出这的确是一场势均力敌的辩论,一边是纵横古今,一边也是旁征博引。在接下来的自由辩论这个阶段,我们更要看看双方的辩手是如何针锋相对的。各方发言的时间都是5分钟,必须交替发言。先从正方开始。请。

[自由辩论]

正方二:说一说就等于知得深,悟得透吗?那知了在树上成天还叫"知了""知了",对方辩友,你认为这知了"知了"什么呢?

反方四:我们要请教对方辩友,今天基本上任何一个中国人或者任何一个种族的人都知道杀人者死,或者都知道杀人是不对的概念,知是如此容易,那么为什么还是有那么多人无法克制自己内心的欲望而去杀人呢?(掌声)所以说"行难"啊!(掌声)

正方三:对啊,那些人正是因为上了刑场死到临头,知道法律的威力,法律的尊严,可谓"知难"哪,对方辩友!(掌声)

反方三:对方辩友,早就告诉你:"知之为知之,不知为不知。"不要模糊了知的含义。

照您这么说,台下来自6个地方的朋友们,他们不能打进决赛,而如果我们拿不到冠军,您岂不说他们和我们都不懂辩论吗?(掌声)

正方四:对方同学刚才跟我们说"知就是道德良知",那么孔子说得好,圣人是"生而知之"的,我们可都是凡人,我们要"学而知之",这难不难呢?

反方一:对方辩友不要再逃避问题了。回到前面的问题,难道知法犯法——知道法律却还去犯罪,这不就突出了所谓知易行难吗?

正方一:那我们想请问对方辩友,从法律诞生一直到现在为止,这位同学,你知道真正杜绝知法犯法的办法是什么呢?对方同学刚才就说,我方是知行合一,知的过程中也会有某些行的方式,那这本质还是知啊!我在看书的时候也会翻书,那对方同学说我是在翻书而不是在看书吗?(掌声)

反方二:对方辩友,这里我举个例子来告诉大家。如果今天法官贪污、律师枉法的话,那么谁能够比律师、法官更知道法律呢?这不就是知法犯法最好的例子吗?(掌声)

正方二:对方辩友搞错了。那恰恰反映的是这些法官和律师不知道我们法律的威严,不知道我们法律的真谛呀!"法网恢恢,疏而不漏。"这个古训他们不知啊!我想请问对方辩友,你们说知很容易。那么请您轻轻松松解释给大家听,到底是"鸡生蛋"呢,还是"蛋生鸡"呢?为什么人类探讨了这么久,还是没有一个正确的答案呢?(掌声)

反方四:对方辩友,按照您方的说法,一定要错误出现了之后才会知道,那么每一个抽烟的人都知道吸烟有害健康,因为他光看烟盒就知道。按对方辩友的说法的话,一定要有人抽烟抽死之后,他才知道,他才真的是知道,不然的话,他没死之前他都不知道。(笑声,掌声)

正方三:对方辩友看来您还是对吸烟的人知之不深啊!他们更知道"饭后一支烟,赛过活神仙"哪!(掌声)

反方三:那么就对方辩友而言,求得真知是一连串的艰苦奋斗的历程,这个历程难道不是"行"吗?

正方四:这求知的过程当然也是知了。我们说知就是求知、得知嘛!行才是行动之义。对方同学说知很容易,那么请您告诉扎伊尔的人民如何去防治那个可怕的埃博拉病毒,那可是比艾滋病还要可怕啊!

反方四:对方辩友说得好。如果像对方辩友所说,把知的过程也界定成知的话,那么我们就会发现,今天基本上知是无所不在。然而不是!今天,我去求知是一个行为,如果像对方辩友所说"有"任何困难的话,那就是——求知的行为难,而不是知识本身难哪,对方辩友!(掌声)

正方一:我们讲知行相比,当然(是)就知、行两个过程相比喽,对方同学把知压缩成一个结果,而把行扩展为一个过程,那么一个结果一个过程如何比较难易呢?(掌声)

反方一：如果按照对方所说的知难行易，原则出现后那接下来的步骤应该是很简单的。那么，那千年前柏拉图告诉我们一个"理想国"的境界到今天为什么还没有出现？

正方二：对方辩友，那是因为我们还没有找到达到理想国的正确的方法和途径，这世上有没有外星人呢？我们怎么样和外星人做交流、做朋友呢？

反方三：对方说（实现）"理想国"是没有方法，那马克思早就说过建设共产主义的理想和实行步骤，为什么仍然需要毛泽东、邓小平先生的致力改革？中国为什么现在还处于"社会主义初级阶段"？"行"难道不比"知"还要难吗？（掌声）

正方三：对方辩友，难道您没有看到吗？在我们提出改革的正确策略和方法后，中国17年的改革可是取得巨大的成就哇！我想请问对方辩友的是，大观园里的林妹妹喝了那么多参汤补药，也治不好她的肺病，可是今天痨病能治，绝症不绝，请问这不是知的功劳，难道还是"行"的功劳吗？（掌声）

反方四：对方辩友不要跳出讨论的论题之外。今天知是一种静态的认同和了解。任何一个具有中学程度以上的学生都知道爱因斯坦的伟大公式——"物质所能散发的能量等于物质的质量乘以光速的平方"，也都知道原子弹是根据这个公式生产制造出来的。那么请问在座的各位，你有没有看见任何一个高中毕业生做出原子弹嘛！（掌声）

正方四：对方同学记不记得这句名言呢？法国的蒙田说："背得烂熟还不等于掌握知识。"对方同学说死记硬背就等于完全掌握了知识了吗？（掌声）

反方二：那么换句话说，对方辩友，今天如果有一个专治胃溃疡的医生，而他自己又得了胃溃疡，难道你要说他不懂如何去治疗？不懂如何去保养吗？

正方一：这个医生就要去找一个更能精通治疗胃溃疡的医生来治疗他的病啊！对方同学刚才说来说去无非是说，学习也不是求知，苦读也不是求知，只有那一张文凭的结果才是知了，那我们干嘛还从小学读起，干脆直接读大四拿文凭好了。（掌声）

反方四：对方辩友，我们都知道人都会犯错，按照您的说法，只要犯错就是不知，那么我们有两个问题请您正面回答。第一，如果只要会犯错就是不知，"人非圣贤，孰能无过"。这个世界上有谁知道这个道理？第二，如果按照您所说，一直保持正确的观念才是知的话，那么真知，您的知，要在哪一个世纪——是不是人类灭亡的时候才会出现？（掌声）

正方一：对方同学说得好。宋朝的陆九渊就说过："真知非则必能去，真知过则必能改。"如果他真知道道理的话，怎么不改正错误呢？

反方二：那么也就是说，在对方辩友的架构之下真知不知道什么时候才会出现，可能要等到地球灭亡的时候才会出现，所以"吾爱吾师，吾更爱真理"应该改成"吾爱吾师，吾更爱不知"啊！（掌声）

正方二：我们说知是一个过程，是一个一点一滴积累的过程。对方辩友，我们在求知的过程中无时无刻不在积累真知,怎么会说真知要到地球灭亡的时候才有呢?那么说你们4位辩友坐在这儿都是"无知"的人吗?(掌声)

反方四:对方辩友说得好。对方辩友你也承认了真知是经由行动的不断检验而产生的,那么难的应当是行动的过程,困难重重,当行动的过程克服了困难之后,真知就自然产生了,这也就是今天的"格物致知"的真义呀,对方辩友!(掌声)

正方三:对方辩友说知从行中来,所以知易行难。那么我们知道,人也是由猿猴进化来的,按照对方辩友的观点,是不是说做猴子是苦不堪言,难上加难,而做人倒是"轻轻松松过一生"啊!

反方一:对方辩友,请你不要套用王阳明先生所谓的知行合一那个知的定义了。对方辩友是不是告诉我们说,木炭必须经过压缩的过程才会变成钻石,那么其实木炭就是钻石,对方辩友可以这样解释吗?

正方二:对方辩友搞错了,把知行合一的恰恰是对方辩友。我们一再说求知的过程就是知,我们的行就是运用实践这个知,怎么能说我们是知行合一呢?

反方三:对方辩友口口声声告诉我们说不断检验出错误的时候,得出来才能,按照对方辩友这样的逻辑的话,那么我不断知行,知行,难道这不叫"知行合一"吗?!

正方二:难道这一个在不断地由知然后再指导行,然后再由行再得出知,这就是说,知行都是"知就是行,行就是知"吗?那么对方辩友,你们今天坐在这儿到底是来知呢,还是在行呢?你们是知行一体吗?

反方四:对方辩友,这也就是所谓的"致良知"嘛!您所说今天要用一切的努力去把知发现出来,这一切的努力就是行为。今天行有两种意义:一种是探求真理,另一种是实践真理。您怎么能够说实践真理才是行,探求真理就不是行呢?对方辩友,请正面回答。(掌声)

正方二:我们说探求真理当然是一个求知的过程了。我要请问对方辩友的是,你们说行难,你们想不想要把行难变成行易呢?

反方四:对方辩友,今天我们辩论的是一种理论的现象,一种真理的所在。(我们在这里讨论)"行难"跟我们要不要去勉励人们去做是两回事。今天就算辩得出行难,我们还可去勉励人做,怕就怕今天您主张知难,是不是在告诉人们说难的东西你先不要去管呢?

正方三:不是说不要去管,而是要化行难为行易。怎么办?就要去解决知的问题呀!对方辩友,辅仁大学社会学系王书礼副教授也说,近年来台湾地区犯罪问题严重,而要寻找到有效的策略则是难上加难。请问对方辩友,您是不是也深有同感呢?(掌声)

反方二:所以大家都知道不应该有犯罪,不应该有暴力,不应该有坏的事情,但是这些事情层出不穷,难道这不是他不去做吗……(哨声终了提示)

正方二:对方辩友说得好,正是因为对方辩友知道不应该去犯罪,知道不应该去犯错,所以我们看到4位同学是翩翩君子啊!

主　　席:请正方继续发言。

正方二:对方辩友说,现在向好人学习都很难,要谈道德也很难,那么对于这种现象,我们要进行道德反思,知其所以然,请问是不是更难呢?

正方四:"人非生而知之者。"所以孔子说:"学而不已,阖棺乃止。"孔子又说:"学而不厌,诲人不倦。"请问对方同学,这是知易吗?

正方一:对方同学刚刚举了很多(关于)辛苦的例子,但是辛苦流汗就是艰难吗?对方同学是认为在操场跑两圈难呢……(哨声终了提示)

主　　席:对不起:时间到。(掌声)好,各位观众,刚才这段自由辩论可谓非常的精彩,而各方的第四位辩手所将要作的总结性陈述,往往更是举足轻重。我们先从反方四辩林正疆同学开始,时间4分钟。请。

[总结陈词]

反方四:大家好!中国人真是了不起!怎么说?因为中国人能用一个字象征很多种含义。怎么说呢?今天对方辩友所说的"知",实际上是一种知跟行结合出来的产物。今天所谓的真知是要经过不断的行动做出来的"知",那个中间"行的过程",指的是"知的过程",那不是"行"。然而,各位,让我们来想想看,究竟为什么我们要讨论这样的题目?讨论这样的题目的真谛应该是让大家站在同样一个立足点来比较纯粹的认知跟实际的行动两个哪一个比较难。对方辩友却想要用颠倒的方式告诉我们说,追求真理的过程叫作"知的过程",不叫作"行的过程"。然而,请问各位,爱迪生发明电灯用了好几种金属的过程,难道不是一种行的实践吗?他目的是印证他的理论,不是吗?我们想告诉对方辩友,任何理论存在的目的都在于它要能够解释世界。然而,我方一开始所强调的道德良知的"知"确实是知易行难哪!今天,难道大家能够说去杀人的人那一瞬间他不知道他是不应该杀人吗?不,他知道。只是那一瞬间,他被他的欲望以及冲动给冲昏头了,他忘了不能去杀人。而对方辩友的说法是:只要你在犯错误,你就不知道噢!只要你做错了,你就不是真知噢!那我们就不晓得了,一个人如果要获得真知恐怕真的是所谓盖棺论定,到他死的那一刹那去检验他的过去历史,哪一件事情是他从来没做过的,他才是真知。这样,是公平的吗?(掌声)再者,我们就科学知识上的"知"来讨论,到底是知易行难,还是知难行易? 在座各位,谁不知道圆形是什么形状,然而现在给你一支笔,你能够用手画出正圆形吗?(掌声)这就是标准的"知易行难"哪;即便给你的是圆规,也会因为颜料的深浅、线条的粗细不同而画不出科学上的正圆形。这难道不是"知难行易"的最佳写照吗?诚如今天我们在刚刚的辩论过程中所告诉大家的,如果对方辩友以有没有犯错误来对知不知作为概念的话,那么,今天抽烟的人是不是要到死的那一刹那,他真的流下了最后一滴泪珠的时候,对方辩友才要说"他真的知道了"。(掌声)然而当他拿到烟盒的时候,看到"吸烟有害健康"的时候,他其实不知道,他是视而不见,听而不闻。这样合乎在座的各位(的)经验法则吗?我们希望告诉大家的是,孔子曾经说过:"名不正则言不顺,言不顺则事不成。"今天我们把纯粹心灵上的体验与认知跟实际上的行动之间的难易比较出来后证实了知易行难的命题。然后我们下一步要做的是:正因为行比较难,所以坐而言不如起而行,大家一起来实践。如果像对方辩友所说行易的概念的话,大家其实不必去探讨行的法门,大家只要去蛮干就好了,因为行是那么容易嘛!道理之间应该如何小心谨慎不用去管它了嘛!因此,综上所述,我们发现,第一,对方辩友在知跟行的概念之间没有办法准确地划分。对方辩友还想要告诉大家追求知的过程,那是"知",那不是"行动",纵使你拼命在做,那也叫"知",不叫"行动"。第二,用知易行难的方法较能够解释世界,用知难行易的方法就能够给人类较多启示。因此我们要告诉大家,这样的观念出现是理所当然且势在必行的。谢谢在座各位:谢谢大家!(掌声)

主　　席:谢谢林正疆同学!现在我们请正方四辩杨蔚同学为正方作总结性陈述,时间也是4分钟。请。

正方四:谢谢主席!尊敬的评委,各位嘉宾,大家好!刚才我们和对方辩友在知与行孰难孰易的哲学命题中探讨了这么久,求知的过程实在是艰难啊!对方辩友雄辩的口才、诚恳的风度确实非常感人,但细细想来,这似乎并没有遮盖住他们立论上的某些偏误。第一,对方同学知行不分,把知的功劳都记在行的账簿上。知行比较应该是两个过程的比较,而对方同学把知看作一个静止的结果,把行看作一个动态的过程。请问这二者如何可比呢?第二,概念不清。对方一味说知有两种:一个是"科学之知",一个是"道德之知"。可对方同学说来说去,都是大谈道德,我们今天就不要科学了吗?道德之知是什么,对方说是良知,那么这良知是"天上掉下来的林妹妹"吗?人们轻而易举的就能知道了吗?第三,偷换辩题。对方同学举了大量事例都是在论证言行关系。但我们今天讨论的是知行关系,言绝不等于知啊!下面我进一步总结我方观点。第一,行先知后。能行未必能知,能知却必定能行,所以知难行易。第二,行动中也可能会遇到些障碍,这归根到底是因为知之不足或者知之甚少,而要化阻力为动力,人要依靠智慧的指引,所以知难行易。第三,个人探索求知已历尽艰难,而要众人达成共识则难上加难。我们和对方辩友刚才辩论得如此辛苦,不就是因为我们大家不能统一思想达成共识吗?但是只要众人知了,便能众心齐;众心齐了,便能泰山移。所以还是知难行易。今天,我们站在世纪之交的地平线上,聆听21世纪文明的涛声,我们思考的绝不仅仅是知与行的难易问题,而是人类如何继往开来的命运抉择。回首往事,"知之非艰,行之惟艰"的古训,令我中华步履沉重。几千年来中国人的目光只停留在人伦道德的狭小天地,只相信天经地义,天命难违,而科学则被斥责为奇技淫巧。知易行难的传统观念使人们轻知怯行；而轻知就要落后，落后就要挨打。难怪中山先生激愤地说："中国近代积弱不振，实为此说之误也。"立足现代，值得庆幸的是，中国人已经摆脱了传统礼教的束缚，知难行易的观念正在深入人心。当今中国，科技兴国、发展教育已是基本国策；环顾宇内，尊重知识、尊重人才蔚然成风。"知识就是力量。"新的科技革命的号角已经奏响，只有知难而上，才能跟上时代的步伐。展望未来，人类仍须孜孜不倦地求知，我们的未知领域还很多。如何永葆和平，让那口衔橄榄枝的白鸽自由飞翔，我们尚无良策；如何更好地保护生态，让人与自然和谐相处，我们还知之不足；如何从根本上抑制人性的贪婪与自私，让真善美的甘露遍洒心田，我们仍在探求。求知是艰难的伟业，求知更是永恒的挑战。让我们记住阿基米德的名言吧："给我杠杆和支点，我将撑起地球！"谢谢各位！（掌声）

主　席：谢谢杨蔚同学！刚才这半个多小时的辩论，让我们看出双方的确是辩论得难解难分。但是我想，无论这场辩论谁胜谁负，作为观众都是受益匪浅的，因为8位辩友的发言为我们进一步思考这一问题提供了更多的丰富的素材。在此我建议我们用掌声对8位辩友表示感谢！（掌声）好，现在我们请评判团退席。观众朋友，我们稍后见。

[评决]

主　席：现在，我们宣布辩论会大决赛的比赛结果。我们评判团的5位成员经过慎重的研究，以3票对2票判定——胜方为正方南京大学队！（掌声）

　　再次向她们表示热烈的祝贺！

　　不过，我们中国人有句话，叫作"英雄惜英雄"。我想作为胜方的南京大学队，也一定对她们的对手深表敬佩；而作为观众，我们也深深为他们的优秀辩论素质而折服。在此我们也向他们表示衷心的感谢！（掌声）谢谢！

　　各位观众，现在我们举行1995国际大专辩论会的颁奖仪式。

　　本届辩论会组委会设立"优秀辩论奖"8个，每人奖金人民币5000元。每支参赛队伍中个人居高者获此奖项。我现在宣布优秀辩论员的名单。他们是：波恩大学史克礼、辅仁大学刘伯彦、韩国外国语大学金成南、南加州大学杨欢、南京大学杨蔚、香港中文大学徐海楼、新加坡国立大学许佩琳、新南威尔士大学王宇新。在此向8位辩手表示祝贺！（掌声）

　　好，现在我们请中华人民共和国广播电影电视部总编室主任张振东，中华人民共和国广播电影电视部外事司副司长安利，中国中央电视台副总编辑朱继峰，新加坡电视机构董事许廷芳先生颁发"优秀辩论员奖"。（掌声）

　　各位观众，本届辩论会组委会设"最佳辩论奖"一个，颁发奖杯一座及人民币1万元作为奖金。获得奖项的是32名辩手中积分最高者，他就是辅仁大学林正疆同学！（掌声）好，再次祝贺林正疆同学！现在我们请新加坡电视机构总裁李棹尧先生为他颁奖。（掌声）

本届辩论会组委会为辩论会亚军队设立奖杯一座及奖金人民币3万元。我们已经知道亚军队是辅仁大学队。现在我们请中华人民共和国广播电影电视部副部长、中央电视台台长杨伟光为亚军队颁奖。（掌声）

各位观众，大家已经知道，1995国际大专辩论会的冠军队是南京大学队。本届辩论会组委会为冠军队设立奖杯一座及奖金人民币6万元。现在我们请中华人民共和国全国人民代表大会常务委员会副委员长王光英为冠军南京大学队颁奖。（掌声）

各位观众，1995国际大专辩论会到此就圆满结束了！感谢您的收看！再见！（掌声）

[点评]

古朴雄伟的北京，这阵子从世界各地前来的访客特别多，全球媒体所关注的"联合国妇女大会"吸引了数以千计的贵宾。但是从8月19日开始的1995国际大专辩论会，由来自汉城、新加坡、台北、南京、香港、洛杉矶、波恩和悉尼8所大学的辩论骁将，在北京展现他们内容丰富而形式巧妙的辩才，无疑是华语世界，也可以说是文化中国的一件盛事。

这个由新加坡电视同人别出心裁首创的一种活泼生动而且富有教育意义的电视形式，经过了27年，已经从新加坡、东南亚及亚太地区扩展到国际社会，充分体现了汉语的生命力、说服力和表现力。在过去8天6次竞争激烈的交锋中，我们已经欣赏了32位来自欧、美、亚、澳四洲大学精英的风采，他们在雄辩滔滔的数分钟之内，就体现了华语表达的独特见解，缜密逻辑和敏捷思路的优势。我谨代表评判委员，对每位参加1995国际大专辩论会的队友都表示由衷的敬意和谢意！

作为一个在英语世界研习、了解和介绍中国文化的海外华人，我要特别对韩国外国语大学、波恩大学、新南威尔士大学和南加州大学的10位，和中国既无血缘又无婚姻关系——至少是在目前（笑声）——的青年才俊表示感激之情。他们通过主动自觉，可以说锲而不舍的长期努力，不仅争取到评论中国文化的发言权，而且为汉语教育的国际化做出了意义深长的贡献。

知、行的关系，是一个体现中华民族综合"创新思维"的好题目。中国文化中对知、行关系有丰富的智慧泉源，同时知、行意味着理论与实践的结合，具有高深的哲理。知、行也是我们大家在日常生活中随时随地都会面临的挑战。这一次所谓"龙凤相争"的决赛很精彩。一般来说，论据资料很丰富，分析的水平相当高，语言的能力很突出，辩才机智，有幽默感，而且表情丰富，很难得。

具体地说，正方的基本陈词为"知难行易"建构一个语言灵活、观念清晰而且思想相当丰富的例证作为辩论的基础；反方一辩用坚实的哲学思想攻打正方的基础，同时也巧妙地树立了"知易行难"的理据。正方二辩以幽默的语气，旁征博引，加强了主题的说服力；反方二辩的回应，另辟蹊径并举出了许多新的看法。正方三辩用行云流水的语言，举出很多有说服力的例证，进一步证明"知难行易"；反方的三辩突出知为道德良知的命题,用王阳明的思路,强调了知行合一。反方四辩有深入的分析和浅出的阐述,思想相当深刻而且妙语如珠,逻辑也非常谨严;正方的四辩突出科学的价值,概括得非常全面。可以说双方是旗鼓相当,成绩非常接近。从精彩的段落来看,反方言谈中有不少精彩的片段,如"吸烟","明知故犯"。反方一辩回应比较敏捷,立论充分,而且有比较深的理论修养。正方充分体现了团队精神,语言流畅,立论清晰,而且合作无间,这中间有很多内部的沟通,可以说是一个整体的辩论队伍。

当然,这次精彩的辩论也有一些缺点。有针锋不接的地方,有举证失误的地方,也有所谓跑题的地方,在自由辩论的时候,我们倒没有看到真正的短兵相接的一种辩难,同时也有只点题而没有击中要害的地方。

最后说一点个人的感想。如果我们从32位辩手中任意挑选4位,然后在评判团中精心设计、组织一个辩论队伍,不论辩论哪一个议题,我想,辩论员的老中队大概都会被青少队辩得落花流水。(笑声)但是,是不是在从事辩论这个工作中,我们这一批评委只能坐而言不能起而行呢?不是的。因为我们更关注,也希望大家一起来关注辩才背后和外面的生活体验,追求真、善、美的理想和任何文明社会都不可少的人文价值。

(杜维明:哈佛大学中国历史及哲学教授)

本章训练目标和学习重点、难点

[训练目标]
掌握常用的论辩的技巧,并能举一反三,融会贯通,灵活运用。

[重点难点]
了解赛场辩论的特点,强化辩论意识,提高辩论能力。

第十一章　教师职业口语

教师是一种从事精神劳动的职业，其劳动工具与众不同。尽管随着现代科学技术的飞速发展，多种多媒体工具逐步进入学校教育领域，然而由于精神劳动的特殊性，由于师生活动的双边性，由于各种教学媒体自身在交流反馈上的局限性，语言，尤其是口语，仍然是教师"传道、授业、解惑"的重要工具和主要手段。俗话说，当教师"三分靠内才，七分靠口才"。这句话就突出了教师口语的重要性。确实，通过情趣盎然的描述，鞭辟入里的分析，恰到好处的点拨，通情达理的劝导，教师可以把学生带进瑰丽的知识殿堂，开启其心智、陶冶其情操，使之获得人格上的完善。所以，要成为一名合格的教师，就必须努力提高自己的口语水平。

作为思维工具、交际工具，语言无处不在。但教师职业口语不同于一般交际口语，它是教育工作者从事教学教育活动的工作用语，它有以下特点：

1. 口语语体与书面语体的结合

从存在的方式看，教师口语作用于人们的听觉，以声音为信息载体，不断发出又转瞬即逝，具有日常口语简短通俗、自然活脱的特点。但在教师职业口语表述内容中，来自各种书面材料的知识道理又是重点。因此教师职业口语既不是纯粹的书面语言，也不是普通的日常口语，而是经过加工的书面语和经过提炼的口头语的结合，既要朗朗上口，又要集中洗练；既能在有限的时间完成预定教学任务，又不使学生在接受记忆上过于晦涩抽象。

2. 单向表述与双向交流的结合

从信息流向的角度看，口头语言又可分为单向表述语言和双向表述语言。有时候，教师要充分发挥主导作用，集中讲授一些知识、道理，采用讲解、报告、说明等单向表述方式；有时候师生双方要不断变换发出、接收信息的地位，采用问答、讨论、座谈等双向对话方式来加强彼此的反馈交流。一个合格的教师应当能够自如转换这两种语言表述形式，穿插使用，有机结合，既提高单位时间的信息含量，又因有学生的直接参与而能随时积极调整教学进程。

3. 共性语言与个性语言的结合

教师口语是教师展示教学内容、完成教育任务的手段。它必须遵循一些教育共性，如语言的启发性、科学性、教育性、准确性等。但毕竟各科教学的性质特点不同，各位教师的性格兴趣有所区别，其口语表述必然各有特色。如文科教学注重形象性、情感性；理科教学注重准确性、逻辑性。有的教师口语表达不温不火，慢条斯理；有的教师快语如珠，简明扼要。所以，教师职业口语还是共性语言与个性语言的结合。

第一节　教学口语特征及其应用

教学口语是教师在教学过程中所使用的工作用语，即教师在课堂上针对特定教学对象，按照一定教学方法，在有限的时间里，为达到某一教学目的而使用的语言。教学口语是教师传递知识信息的主要手段。虽然教学中也常运用书面语、体态语和其他技术手段，但就使用的比率而言，口语表达远远超过了其他手段的总和。从某种意义上说，没有教学口语就没有教学过程。教学口语还是教师进行课堂调度的工具。教学任务的布置、课堂秩序的维护、学习方法的指导、学习效果的评价与知识缺陷的弥补，都要靠教学口语来完成。教学口语也是开发学生智力的重要手段：一方面，作为一种外部刺激它可以激发学生的思维和想象；另一方面，教师通过口语示范，帮助学生提高口语水平的过程，也是促进学生思维发展的过程。

一、教学口语的特征及要求

教学口语由于受到教学过程各方面因素的影响，特点呈多样化。概括起来，主要有如下几方面特征及要求：

1. 规范性

为人师表的职业特点决定了教学口语的规范性。在语言上，要求语音、词汇、语法规范化。首先，要用标准或比较标准的普通话进行教学，绝不能因地域缘故"入乡随俗"，满口方言。其次，发音应清晰响亮，做到低而不虚、沉而不浊，听起来既不震耳也不吃力。再次，遣词造句要准确贴切，符合学科要求，做到正确地使用概念，科学地运用判断，合乎逻辑地进行推理。比如，"振荡"不能说成"晃荡"，"反射"不能说成"反光"。在表述上，要求简洁精练、流利畅达。教师应抓住重点，围绕难点，有纲有目，由浅入深地进行教学，力求"立片言可以明百意"。切忌信口开河、颠三倒四、废话连篇。总之，教学口语的规范性要求用最规范简练的语言表达最科学丰富的内容。

2. 思政性

教师在传授知识的同时，还应该对学生的信念、品德、情操发生积极影响，这就决定了教学口语必须具有思政性。这里的思政性不可误为枯燥生硬的说教，而应该是随机渗透、启发引导。例如，识字教学教"打"字，应该说"不打架"的"打"而不讲"打架"的"打"。虽然仅一字之差，却关系到对学生的思想引导。在教学过程中，教师要善于运用富有启发性的语言激励学生、教育学生，让学生在思考中学习，在学习中成长，既发展智力又培植情操。《礼记·学记》说的"善歌者使人继其声，善教者使人继其志"，就是教学口语思政性的最高境界。

3.艺术性

有些教师专业精通、学识丰富,但教学效果总不理想。究其原因,就在于他们的教学语言干巴无味。其实,教学是一门科学,更是一门艺术。只会冷冰冰地进行知识发售的人,也许可以熟练操作知识接收器,却无法启动充满活力的心灵闸门。要使学生既能准确掌握知识又感到轻松愉快,就必须注意教学口语的艺术性。一方面,充分考虑学生年龄特征,紧密结合学科知识特点,采用通俗易懂的语言深入浅出地进行教学;另一方面,联系实际,恰当举例,运用贴切有趣的比喻、成语、口诀甚至是不脱离教学内容的笑话、趣闻,生动再现教学内容。如此一来,学生就能在轻松活泼的课堂活动中愉快掌握知识。当然,生动活泼绝非油腔滑调,九曲八弯。那些矫揉造作的言辞、插科打诨的赘语都应杜绝。生动活泼须以朴素文明为前提,以准确传递教学信息为目的。

4.反馈性

反馈性也是教学口语的重要特点。教师的教学口语,往往是教师课前预先设计好的。但在实际授课中,教师绝不能像背台词一样,按计划好的词句一成不变地讲课。因为课前对学生情况难免掌握不够,对教学情境难免预估不准,对教学方法难免选择不当。而且,有时教师全身心进入课堂角色后,也会对教材萌生出新的理解。所以,教学口语要根据学生理解接受的反馈信息进行及时、灵活的调整,使教学语言具有明确清晰的对象感,具有随机应变的灵活性,能因材施教、有的放矢地主导课堂教学。做到一方面按计划授课,另一方面注意师生互动反馈,必要时及时调整教学口语,或重复强调,或改变叙述方式,或通过举例、比喻加以说明,等等。只有这样,教师的教才能与学生的学统一起来,做到学思同步、教学统一。

二、主要教学环节的口语应用

1.导入语

导入语又叫开讲语,它是教师揭示本节教学内容的导言,是引入课程新内容的第一个教学环节。它能激发学生的学习兴趣,帮助学生把握学习目标。一段好的导入语如同磁铁一样,能把学生分散的思维一下子聚拢起来,引导到相关知识的探求路线上,为一堂课的成功奠定基础。相反,缺乏导入语,或导入语平淡无味,就无法迅速在师生间架设沟通桥梁,也无法在学生与教材间架设认知桥梁。

(1)导入语的要求

①目标明确,简短扼要

导入语用于授课伊始,有提挈全课教学的作用:或设置氛围,沟通情感;或开门见山,提纲挈领;或设计悬念,激发兴趣;或温故知新,确定目标;等等。总之,设计导入语,应有明确的指导思想,切忌为导入而导入,盲目随意,不知所云。但是,导入语只是一堂课的引子,不宜占用太多时间,要求简短扼要,一般3~5分钟就够了。过于冗长拖沓只会喧宾夺主,影响后面教学内容的正常进行。

②新颖活泼，灵活多样

导入语讲究活泼新颖。因为空洞呆板只会使学生失去兴趣，失去导入语的设计意义，但也不能为了吸引学生说一些低级庸俗的话，应注意紧扣内容庄谐适度。设计导入语，还要考虑教学内容、教学对象、教学场地等条件的变化，做到灵活多样，恰当贴切。曾有人把多种类型的导入语总结成下列口诀：名言警句，群情振奋；故事谜语，趣味激增；对比悬殊，令人吃惊；志士伟绩，鼓舞精神；巧插小引，开拓意境；点将开篇，活跃气氛；新闻奇事，娓娓动听；切身利益，人人关心。

(2)导入语的类型

如上所言，导入语灵活多变。这里不可能一一列出，只介绍几种常用类型。

①设置悬念法

设置悬念法指在讲授新知识之前，教师根据学生的心理特点以及新旧知识之间的内在联系，设置悬念以引起学生的好奇心和求知欲，使学生积极投入到新的教学之中的一种方法。如一位教师教《变色龙》时是这样导入新课的：

师：我们今天学习《变色龙》。变色龙是一种什么样的动物？

生：(略)

师：那么，这篇课文是写这种动物的？

生：不是。这篇课文是写人的。

师：既是写人的，为什么要用动物命题呢？让我们带着这个问题学习这篇课文吧！

②创设情境法

创设情境法，指在课堂之始利用语言、音乐、绘画、演示、活动等各种手段，创设一种符合教学需要的情境或氛围，以激发学生的情感体验与学习兴趣，帮助学生迅速而正确地理解教学内容，同时促进学生心理机能全面和谐发展。列宁曾说过："没有人的情感，就从来没有也不可能有人对真理的追求。"如果上课一开始，老师能创设某种与教学内容相适应的情境，就能让学生在特定情境中动情移情，迅速进入积极主动的学习状态，提高学习质量。

比如，余映潮老师有一次执教《散步》时设计的导入语。在课堂开头，通过师生两次朗读"那里有南方初春的田野……"这一段优美文字，很自然地将学生一下就带入课文那美好又温暖的意境中。

师：同学们好！

生：老师好！

师：大家看一看屏幕，一起读一下。

(屏幕显示文字，生齐读)

生：让我们一起走进美文《散步》——那里有南方初春的田野，有铺展着生命的新绿，有阳光下的金色菜花，有水波粼粼的鱼塘……还有相亲相爱一家人的情感涟漪。

师：对，我们今天学习的是一篇散文，一篇很优美很精致的散文。你看，有南方初春的田野，有铺展着生命的新绿，有阳光下的金色菜花，有水波粼粼的鱼塘，还有一家三代人的情感涟漪！好，再看屏幕……

③温故启新法

这是常用的一种导入方式，指教师在讲新课之前，复习旧知，利用学生已有的知识储备导入新课。这种方法利于新旧知识之间的连贯，但所复习的知识点必须是新课的教学切入点。对这一知识点的选择就需要一定的技巧，既能温故又能启新，既自然亲切又切中要害，切忌前后脱节，生割硬套。以下是一位历史教师成功导入《美国独立战争》一课的例子。

师：上一章我们学习了"西欧国家争夺殖民霸权的斗争"。请同学们回答，主要有哪三个国家？结果如何？

生：主要有荷兰、英国、法国。结果英国通过长期的争霸战争，战胜了荷兰和法国，成为世界上最大的殖民国家。

师：说得很好。再请问，到十八世纪上半期，英国在北美拥有多少个殖民地？

生：十三个殖民地。

师：对，英属北美十三个殖民地，为反对英国的殖民统治，争取独立，发展资本主义经济，与其宗主国英国之间发生的战争，就是本章所讲的"美国独立战争"。（板书：第四章　美国独立战争）

④故事导入法

运用有故事性的案例导入新课往往能极大地吸引学生的注意力，一方面扩展学生的业余知识，另一方面又为课文的学习做好感性知识的铺垫。这种方法不仅文科常用，理科的教师也可以在讲某个定理、原理之前，把发明或发现该原理的科学家的故事讲一讲，或讲讲与该定理有关的趣闻，这样也能起到很好的导入效果。如一位化学教师在讲甲苯时就以一个故事巧设悬念，引起兴趣，充分体现了这种导入法的作用。

师：1912年至1913年间，德国在国际市场上大量收购石油，很多国家的石油商争着要与德国成交，有的还尽量压低售价。但是德国却只购买婆罗洲石油，并急急忙忙运到德国本土去，由此看来，德国人专购婆罗洲的石油，必然是别有用心的了。

德国人安的是什么心？令人奇怪的是，揭开这个谜的并不是政治家，而是化学家。化学家在对婆罗洲的石油化学成分进行分析之后，马上警告世人："德国人在准备发动战争了！"化学家凭什么依据破了这个谜，得出这样的结论？（教师停了停）学好了今天的新课大家就知道这个谜底。

2.讲授语

讲授语是教学中教师用来系统阐述教材、传授知识技能的用语。它贯穿整节课，充分发挥教师的主导作用，使教师能运用系统连贯的口语集中解释疑难、指导学习，在较短时间内完成教学任务。

(1)讲授语的要求

①深浅适度,重点突出

讲授语负载的信息相当丰富,可能是某一定理的推导过程,也可能是某一关键词语的诠解,还可能是某一事例的评介。教师讲述时应考虑学生的知识水平,深浅适度:过于高深,难以理解接受;过于浅薄,没有启发意义。再者,本堂课的重点难点教师必须心中有数,不能眉毛胡子一把抓,对教学内容不分主次、不分详略,导致讲授啰唆松散,杂乱无章,不仅教学重难点无法突破,更难以按计划完成教学任务。

②生动活泼,抑扬顿挫

教师要把教科书上的知识讲述出来并不难,难就难在要让学生听得懂,记得牢。这就要求教师的讲授语生动活泼,能把深奥道理形象化,把抽象事物具体化。讲授语一般较长,课堂上占用时间也较多。如果语调平直干巴,容易造成学生听力疲劳,影响教学效果。因此,好的讲授语应有悦耳的语音、起伏的语调、适宜的节奏,抑扬顿挫,娓娓动听。

(2)讲授语的类型

课堂讲授语,一般有讲析、归纳、评点三种。

①讲析语

讲析语就是对学生不熟悉或不理解的问题进行阐释分析的教学用语。讲析时,教师要做到推导有序,言之有理。讲析的方法是多种多样的,有的按因果关系分析,有的从比较入手,有的采用比喻或类比的方式,无论哪一种都要求逻辑严密、表意准确。如一位音乐老师是这样分析《黄河大合唱》的:《黄河大合唱》共有八个乐章。第一乐章是《黄河船夫曲》,第二乐章是《黄河颂》……第八乐章是《怒吼吧,黄河》。现在我们看看第一乐章的内容。这是吸收了船夫号子的曲调素材,采用主题发展变化的手法,各声部互相呼应的演唱形式写成的四部混声合唱。它由三部分组成:引子和第一部分,描绘了船夫们在一声惊天动地的呼号声中,开始了和狂风恶浪勇敢搏斗的惊险场面;第二部分刻画出快要到达河岸时的内心喜悦;尾声表现了船夫们团结一致和惊涛骇浪搏斗,终于到达了彼岸的必胜信心和战斗精神。

②归纳语

课堂教学的讲析语,重在把局部的感性的材料讲解清楚,归纳语则是以简明扼要的语言从整体上、理性上对前面所讲的内容进行阶段式归纳总结,以帮助学生消化、巩固所学知识。叶圣陶先生曾指出,讲说的内容如果较多,时间较长,"也得在发挥完毕的时候,给学生一个简明的提要,学生凭这个提要,再去回味那冗长的讲话,就好像有了一条索子,把散开的线都穿起来了"。如钱梦龙老师上《变色龙》一文时,在分析完奥楚蔑洛夫"善变"的性格特征后,是这样归纳的:"谄上压下,见风使舵,正是奥楚蔑洛夫的性格特征。小说以'变色龙'为题,就是为了说明他善于变。另外,变色龙是一种小动物,因此它一般指小人物。这个标题不但生动形象,而且合乎警官奥楚蔑洛夫这个小人物的身份,这个标题用得好。"这段归纳语简要地将前面分析的六次"变"的本质揭示出来,又水到渠成地解答了课文题目的寓意,有助于学生深刻理解作品主题。

③评点语

评点语是充分发挥教师主导作用的一种手段。它内涵精要、形式灵活,是教师思维、学识、睿智的结晶。它可以是对课文精彩之笔的渲染点化,也可以是解决教材重点或难点的导向点拨,还可以是学生回答提问后教师适当的点评。评点语运用得好,可起到画龙点睛、以少胜多的作用。有这么一个例子,一位老师教《赤壁之战》一课时,叫一名学生简单介绍作者,没想到这名学生脱口而出:"作者司马迁,宋代人",结果班上笑声四起,这时老师平静地说"虽是一字之差,却让司马迁多活了一千多年,但这能全怪我们同学吗?谁让司马迁、司马光的名字只有一字之别?谁让他俩又都是史学家、文学家?谁让《史记》与《资治通鉴》又都是史学名著、文学名著?谁让我们刚刚学完司马迁的文章旋即又学司马光的文章?"老师的巧妙评点,将学生的"错答"稍稍铺陈化用,既给那位同学解围,保护和激发了学生的学习热情,又拓开了所提问题的文化层面。

3.提问语

提问语,是教师在教学中依据教学内容和学生实际设计的有目的的问话。它用于设疑问难,是联系教与学双边关系的纽带,也是启发式教学的神经中枢。几乎每个优秀教师都善于运用提问语,因为"引导之法,贵在善问",恰到好处地设障立疑,可以激发学生强烈的求知欲,进而培养其思考问题、解决问题的能力。

(1)提问语的要求

①适时适度,由浅入深

一堂充满活力的课与提问是密不可分的,但提问必须适时适度,应该在学生有所思有所疑的时候发问,提早了,回答不出来;提迟了,没有思考的价值。缺少教学经验的老师经常不抓重点,不看时机,只一个劲发问,结果不痛不痒,不仅于教学无补,反而扰乱学生思路,甚至使学生产生厌思厌答的情绪。设计提问语时,还应通盘考虑:一是难度面向多数人,二是前后问题相关联。前一问题是后一问题的铺垫、桥梁,后一问题是前一问题的引申、前进,这样由浅入深,逐步递进,才能带动学生积极思考。

②启发鼓励,注意策略

提问的目的在于促进学生积极思考,然而一些没有经验的老师总是为提问而提问,不管三七二十一先将答案抛给学生,再来一个简单的是非问"是不是""对不对"。其实,提问应注意策略。针对问题症结,选用对应的有启发性的疑问语帮助学生掌握知识,如对具体现象探寻原因可问"为什么",对存在问题寻求解决办法可问"怎么办",对某些事件发表看法可问"如何看待"。再者要给学生留下思考的时间,不可逼问,更不能嘲笑。如果学生一时回答不出来,教师应适当鼓励引导。

(2)提问语的类型

我们可以从多个角度对提问语进行分类,限于篇幅,无法一一介绍,下面仅介绍从提问的角度进行分类的两种类型:直问和曲问。

①直问

直问就是针对问题直接正面提问。它要求问语明确,表述清晰。如:本文可分成几段?国度与国家的区别是什么?这个实验说明什么?等等。这种提问能便捷地了解学生对教学内容的理解程度,也能迅速获得教学反馈。它直接准确,用得好可以启发思维、强化教学效果,用得不好则流于单调乃至难度过大不易解答。所以它常与曲问相配合。

②曲问

曲问就是不针对疑点难点直接发问,而是变换角度,从某一侧面发问。比起直问,曲问更灵活,也更富启发性。但要设计有意义的曲问也更需一些技巧。比如,对于《多收了三五斗》一文的主题思想,常有人这样直问:"为什么作者用多收了三五斗反映农民的悲惨生活?"钱梦龙先生却是这样问的:"有人认为:要反映旧社会农民的悲惨生活,写'少'收了三五斗不是更好吗?或者写一个大灾年,颗粒无收,农民卖儿卖女,逃荒要饭,不是更能反映出农民生活的悲惨吗?你同意这一观点吗?"两种问法,显然效果大不一样。

4.结束语

结束语,也称断课语,是课堂教学主体部分的最后一个环节,是教师在教学活动中对所讲述的内容进行归纳、准备结束教学的用语。它可以帮助学生提纲挈领、巩固所学知识,也可以成为沟通新旧课的桥梁,还可以推动学生形成新的学习动力,指导课后运用。

(1)结束语的要求

①简洁明确,字音清晰

既然是课末的总结归纳,就应做到纲举目张,语言简洁明确。可用短句,或用序数词列点,切忌拖沓杂乱。此外还应注意声音表达,做到字字清晰。可加大音量,突出重音,放慢语速,不可慌里慌张草率收场。

②灵活多样,回味无穷

教师应当根据教学目标与教学语境的需要,灵活选用适当的结束语,或提纲挈领、画龙点睛,或启迪思维、开拓思路,或承上启下、首尾呼应。不管选用何种方式,都应注意自然恰当,余音无穷,切不可狗尾续貂、画蛇添足。

(2)结束语的类型

根据结束语的主要作用,我们将结束语分为三大类:总括式结束语、拓展式结束语、铺垫式结束语。

①总括式结束语

总括式结束语是指教师对所教内容进行概括,扼要归纳出教学纲要或精髓的教学用语。这种总结语的特点是精炼、明确,既有助于学生形成一堂课的整体认识,又便于强化教学重点。如一位老师引导学生学习完《崇高的理想》一文后,这样总结:"总的来说,《崇高的理想》这一篇课文紧紧围绕着'实现共产主义是我们最崇高最伟大的理想'这一中心论点,用四个分论点逐一阐述,按照'理想——伟大的理想——最崇高最伟大的理想'的论证步骤,层层深入,各分论点的论证为中心论点的提出奠定了坚实的基础。同时,四个分论点又成为中心论点的有力论据,使中心论点鲜明突出。文章运用事实论证、对比论证的方法加强了论证力量,增加了这篇议论文的说服力。"

②拓展式结束语

拓展式结束语是指结束课程时,教师在教学内容的基础上进一步引申发挥的话语,或指导学生学习探索的方法;或开阔学生视野、激发学生情感;或联系实际,启发学生对人生的思考;等等。总之,灵活委婉,既可以拓展学生思路,又可以潜移默化地进行思想教育。但应注意这种引申拓展要紧密联系教学内容,不可无中生有,简单造作。一位物理教师在讲授完《法拉第电磁感应定律》后,就很注意结语的纵向拓展,将一个物理定律的学习推演到整个物理定律的学习中。他说:"好!我们今天学习了关于感生电动势的方向,发生电磁感应的导体电源作用以及它的电极性问题。这些物理现象的探讨,告诉我们:学习某个物理定理时,最重要的是理解定律所描述的规律实质,切实掌握公式中各个字母所代表的物理意义和适用条件,包括单位制的使用。只有这样,才能在分析问题和解决问题中成为'百胜将军',成为解决问题的'行家里手'。"

③铺垫式结束语

铺垫式结束语指教师在授课结束时,利用现有教学内容为新课的顺利进行设下铺垫的教学用语。这种结束语建立在以旧带新的基础上,以知识迁移为机制,使新课的教学更加省力省时。需要强调的是,这种铺垫应是水到渠成的,是教学内容的逻辑延伸,是教师巧妙而自然埋下的伏笔。比如,一位军事教官在讲美国二次大战以后的军事情况时,这样结束课堂:"二次大战以来,美国的军事战略经历了这五次演变,80年代以来,美国的军事战略又有了新的变化,这种变化同以往相比有什么不同呢?大家回去思考一下,我们下节课再讲。"

第二节　教育口语特征及其应用

教育口语,指教师有目的地对学生进行思想品德及行为规范教育的工作口语。它同教学口语一样,是教师必备的基本功,是全面完成教育任务不可缺少的工具。苏霍姆林斯基曾说过:"在拟定教育性谈话的内容的时候,你时刻也不能忘记,你施加影响的主要手段是语言,是通过语言去打动学生的理智与心灵的。"由此可见,教师的教育口语对学生正确思想品德、美好人格情操的养成有着巨大作用。运用得好,有助于学生身心的健康成长,运用不当则会直接影响教育工作的质量和效率。

一、教育口语的特征及要求

教育活动在内容和目的方面与教学活动各有侧重,因此,教育口语有自己的特点和要求。

1.思想性

要帮助学生提高思想认识、培养学生良好道德情操,就必须注重教育口语所表达的思想内容。教育口语的思想内容涵盖范围极广,比如,马列主义基本原理和共产主义世界观;爱国主义和集体主义;劳动观点和群众观点;人道主义和社会公德;等等。当然,这些思想内容决不能干巴宣讲、空洞说教,而应"随风潜入夜,润物细无声",寓思想教育于教学及日常活动中。教师在上课、劳动、娱乐乃至处理纠纷时,应时刻注意捕捉"育人"契机,通过多种途径、多种方式潜移默化地教育学生,做到因势利导、随机渗透。

2.针对性

教师往往是在特定的时间、特定的场合,对特定的学生进行具有某一特定目的的教育活动。要使这种特定的教育具有有效性,就必须注意教育口语的针对性。因为学生在年龄性格、思维方式、知识水平、心理承受力上存在着种种差异,教师不可能以模式化的语言应对每个鲜活的个体。因此,教师进行思想教育时要因人而异、对症下药、有的放矢。比如,对性格内向的学生要多引导多鼓励,带动他们积极参加活动、扩展交际;对性格外向的学生可在直接说理的基础上加以劝诚,启发他们稳定情绪,多做少说。

3.情感性

如果说教学口语的表达重在"达意",教育口语的表达则重在"传情"。卢梭说过:"千万不要干巴巴地同年轻人讲什么理论,如果你想使他懂得你所说的道理,你就要用一种东西去标示它。应当使思想的语言通过他的心,才能为他所了解。"所以,教师应把对学生深切的爱,注入教育口语中,动之以情、晓之以理,帮助学生自省、自检,并养成积极正确的思想行为。与学生谈话时,态度力求亲切中肯,或轻声细语如春风拂面,或语重心长句句动人。切不可高高在上,以盛气凌人的态度训斥辱骂或用尖酸刻薄的语言讽刺挖苦学生。

4.引导性

循循善诱,是教育学生最有效的办法。只有通过启迪、暗示、引导,让学生心悦诚服地接受教育,理性认识才会成为学生的个人信念和自觉追求,也才能成为学生一辈子享用不尽的精神财富。因此,教师应掌握一定的思想方法,多一点引导,多一点宽容,由表及里、由浅入深,逐步引导分析问题、解决问题。切莫抓住错误,步步紧逼,时时苛责,动不动翻旧账,揭疮疤。这里需要说明,注重引导,不可理解为谈话时东拉西扯、废话连篇,而是指在宽松和谐的气氛中启迪学生心智,教给学生思考的方法,促使学生自我教育并健康成长。

二、常用教育口语的基本应用

1. 沟通语

沟通语是教师在某一教育情境中为消除学生心理隔阂、取得心理认同的话语。它是思想教育的前提,是避免教育主观性、片面性、盲目性的必由之路。如何在师生之间架设一座沟通心灵的桥梁呢?以下几点值得注意:

(1)掌握情况,理解学生

师生之间无法沟通,原因往往在于彼此不了解。有的教师经常和学生干部交流,却很少与一般学生沟通;有的教师时刻关注学生的学业情况,却极少过问学生的思想状态;有的教师只知道学生的在校表现,却不了解学生的家庭社会活动情况。其实,要达到心灵的沟通,教师应主动积极地深入学生群体,多交流,多调查,多了解。了解学生之后还应理解学生,设身处地地为学生着想。对学生偶尔出现的错误在感情上应给予理解,并及时启发、劝导,鼓舞学生奋发向上。

(2)态度真诚,缓和气氛

有的学生面对老师会紧张拘谨,有的则是戒备甚至抵制。这些都不利于师生双方的沟通。因此和学生交谈时,教师态度应真诚恳切,语气舒缓平和,语速适当放慢,尽量避免疾言厉色的说话方式。有时可用轻松幽默或者亲近友好的话语来驱散紧张气氛,有时可用耐心倾听来促成真诚相待的沟通氛围,有时则通过承认认知差异来建立平等对话关系。

(3)寻求共同话语,疏通心理障碍

老师与学生不仅是一种师生关系,还应是一种朋友关系。与学生沟通时,老师千万不要摆出一副诲人不倦的样子。学生最讨厌那种空洞贫乏又盛气凌人的空话、大话。因此,教师做思想工作时,应注意语言的表达技巧,可适时寻求共同话题以引起共鸣,拉近彼此距离,比如相似的兴趣爱好、对某件事的共同看法等,以平等坦率的话语疏通造成沟通障碍的心理关节,进而交流思想,达成共识。

[沟通语示例]

某小学三年级一位女生下午放学时摘了校园花坛中几朵盛开的芍药花。花工老王看到将其带到在办公室值班的钟老师面前。这女生昂着头,噘起小嘴一声不吭地看着钟老师,一副准备受训的"大义凛然"的样子。钟老师看了却温和地问:"怎么这么迟了,还不回家呢?"又顺手拉了一张椅子说:"坐吧,先坐下。"接着伸手拿起花工老王缴上来的几朵花看了看,和颜悦色地说:"这些花真漂亮!小朋友,你很喜欢花,是吗?(顿了顿)我也很喜欢花,它们鲜艳迷人。可现在,这花被摘下来了,明天就会枯死,就变得很难看;要是不摘下来,明天你再来看,它还是那么鲜艳,那么漂亮。你觉得是让花儿长在枝头上好呢,还是摘下来玩好呢?(顿了顿)下次别不小心把花摘下来玩了,好吗?"只见那女生红着脸低下头,小声说:"对不起!老师,我以后再不随便摘花了。"

2.启迪语

启迪语就是启发开导学生的话语。在思想教育过程中,教师应当针对学生某一问题,用点拨的方法开启学生的思维,化消极被动为积极主动,让学生在不知不觉中产生对理性的领悟和升华,并自觉调整行为,不断进步。运用启迪语应注意以下几点:

(1)切合实际,善于类比

启迪学生,忌用空泛大道理。教师可选取切合学生思想实际和认识水平的事例,通过类比、比喻、提问等方式,化抽象为具体,变模糊为清晰,举一反三,以事寓理,推动学生积极反思,不断进行自我教育。

(2)把握时机,促进转化

启迪学生要注意审时度势,利用外部条件增强教育效果。这种外部条件包括时间、地点、环境、学生的心理状态等。比如带领学生参观烈士陵园,就可以通过讲述烈士的英雄事迹,激发学生的爱国情操。把握时机还包括创造时机,教师要善于创设积极教育氛围,善于捕捉学生的情感共鸣时机,化"有心"为"无意",逐步牵引,促进转化。

(3)因人而异,因事启导

因人而异,就是根据不同学生的性格兴趣、知识水平等采取与之相适应的启迪方法。比如对思维敏捷的学生,可用委婉、暗示的言辞,促其正确认识自我,明确前进方向。对老实内向的后进生,可用榜样加以启迪,肯定其闪光点,增强进步内驱力。因事启导,就是对不同事件、不同问题、不同情况要区别对待。有时可用学生喜欢的名言警句启迪心智;有时可对事件进行深入分析,启发学生寻找解决办法;有时又可引而不发,让学生事后自我思考与感悟。总之,启迪语要做到有的放矢,对症下药,才能"入耳""入心",产生积极教育效果。

[启迪语示例]

某初中一班级有个别同学爱说别人风凉话,说勤奋好学的同学是"书呆子",说主动做好事的同学是"假积极",说认真完成工作的班干部是"狗腿子",这些话在班级产生了明显消极作用。老师决定在班上做些教育工作。他说,今天我给大家讲一个故事。有一天,爷孙二人骑着驴去赶集。有路人议论:"两人骑一头瘦驴太残忍了。"于是爷爷下来,让孙子自己骑。路人又议论:"这孙子真不孝。"孙子听了,赶紧下来让爷爷骑。又有路人议论:"这个做爷爷的心太硬了,一点都不疼孩子。"爷孙俩听了干脆牵着驴走。没想到又有路人说:"瞧这祖孙俩,放着毛驴不骑,太傻啦!"大家说,面对路人的种种议论,这爷孙俩该怎么办呢?学生热烈讨论后得出比较一致的看法:走自己的路,让别人说去。至此,老师适时鼓励班上勤奋肯干的学生继续保持良好状态,同时批评了那些爱说风凉话的学生,提醒他们不要用狭隘的眼光去议论或指责、打击别人。

3.表扬语

表扬语,是对学生良好思想行为或某种进步给予表彰或肯定性的评价的用语。它是思想教育工作中常用的正面教育的有效方法。对学生来说,获得老师的表扬,不仅是一种荣誉和享受,更是对个人价值的肯定,由此能鼓起学生奋斗的风帆。表扬还可以扶持正气,树立榜样,鼓励先进,从而形成学榜样赶先进的良好风气。运用表扬语应注意以下几点:

(1)客观公正,实事求是

教师对学生的表扬,绝不能凭个人好恶随心所欲或信口开河,而应当实事求是、客观公正。使用表扬语时,须把握好话语分寸,不能抓住一些芝麻大的小事,任意拔高,随意夸大。对差生,更应一视同仁,绝不能抱有成见,冷落歧视。相反,教师要善于观察他们身上的点滴进步,给予公正评价、热情肯定。这样才能激发起他们的上进心,收到点石成金的效果。

(2)热情中肯,及时适度

表扬既然是给予肯定性的评价,就应注意语言要热情中肯,有感染力。一般情况下,语调昂扬,语速较快,措辞褒义色彩鲜明,有时除用重音强调值得表扬之处,还辅以点头、微笑等体态语。表扬还要注意及时适度。如果表扬过晚,时过境迁,良好的思想行为会因得不到及时的强化而消退,对刚刚有所进步、渴望肯定的后进生还可能是一个无声的打击。如果表扬过多或过分,容易引起被表扬者骄傲自满的情绪,有时还会使其他学生产生不服气或嫉妒的情绪,不利于同学之间的团结。

(3)注重分析,讲求实效

表扬的目的是帮助学生发扬优点,不断进步。因此,表扬时教师应避免不痛不痒泛泛而谈,应当摆事论理,有点有面,既有具体事例,又有理性分析。这样才能使全体学生知人知事,从别人或自己的良好行为中理解其行为价值,进而提高思想认识,获得真善美的启迪。

[表扬语示例]

某校有位后进生,学习不努力,经常逃学,班主任多次进行教育,但进步不明显。一天,他翻墙进校,被学校值班老师发现送到班上,同学们议论纷纷。经班主任了解,原来他上学迟到,当时校门口正统计各班迟到人数,他怕影响班上荣誉又怕耽误上课,就翻墙进校了。针对这事,班主任对全班同学说:"过去××同学翻墙,今天又翻墙,但这并不是简单的重复错误。过去他是向外翻,是逃避上课去玩;今天他是向里翻,是为了学习,为了维护班级荣誉,这是一个进步。照这趋势,有谁不相信他以后会成为一位积极进取的学生呢?我们应该肯定他的进步,欢迎他回到我们这个集体。"这位班主任抓住该生不同时期的不同学习态度,巧用对比,肯定其进步,激励其改正不良习惯。

4.批评语

批评语,是对学生的缺点、错误进行否定性评价的话语。虽然学校教育机制以正面教育、鼓励启发为主,但恰到好处的批评处罚可以帮助学生认识错误,改正错误,增强对是非、曲直、美丑的辨别能力,有利于学生健康成长,有利于形成学校教育的良好风气。因此,教师要敢于批评,善于批评。作为一种重要的教育艺术,批评应注意以下几点:

(1)耐心恳切,重在育人

批评的目的在于"育人",不在于打击、挫伤学生的自尊心。所以,批评时语调应严肃恳切,语态耐心真诚,要让学生感到批评他是出于对他的爱护与关心。切忌粗声粗气、生硬训斥或冷言冷语、嘲讽挖苦。每个教育者只有本着尊重、帮助学生的原则,分析其错误思想、制止其不良行为,学生才会心悦诚服地接受批评,改正错误。

(2)有根有据,恰当公正

批评学生一定要摸清情况,对问题的来龙去脉要做周密调查与详细了解,千万不要一有风吹草动就不分青红皂白给学生一顿教训。批评须实事求是、有根有据,既摆事实又讲道理,让犯错误的学生认清症结,口服心服。当然,不能无限上纲,尤其对差生,不能揪住一点小错就借题发挥,批得学生从此抬不起头。批评应做到恰当公正,既触及学生的思想根源,又保护他们的自尊心。

(3)因人而异,讲究艺术

每个学生的心理承受力不一样,有的谦和开朗,易于接受批评意见;有的过于要强,直接批评只会使其倍加逆反。因此,批评学生要因人而异,依照学生的个性特点,采取相应的批评方式,或耐心开导、点到为止;或严肃批评、以示警诫;或寓庄于谐、旁敲侧击。再者,要讲究批评艺术,能个别提醒的不公开批评;能温和劝导的不激化矛盾。掌握时机,注意用语,情理相辅,促其改正。

[批评语示例]

有段时间,班上攀比风盛行,学生比压岁钱的多少,比衣服贵贱。一位老师为了批评教育同学,就在黑板上抄了陶行知的《自立立人歌》:"滴自己的汗,吃自己的饭,自己的事自己干,靠人靠天靠祖上,不算是好汉。"又语重心长地对大家说:"同学们,父辈能干,那是父辈的光荣,我们的世界还得自己去创造。压岁钱再多,有用完的一天,衣服再贵也会慢慢褪色,变得破旧。只有自力更生、艰苦奋斗的精神,才是创造幸福生活的法宝。请大家务必记住陶先生的教诲:'不靠天,不靠人,不靠祖上。'"后来,这位老师又配合组织了其他教育活动,逐渐纠正了学生不良的攀比风。

5.群体教育讲话

群体教育讲话指面向全体或一部分学生进行集体教育的语言形式。相对于个别教育,它着眼于面,着眼于普遍性,常常是为了解决某些带有共性的问题。它能够引导学生提高认识,形成正确集体舆论,树立良好班级风尚。它常以会议的形式进行,

如晨会、班会、团队活动等,具有很强的时效性和针对性。运用群体教育讲话应注意以下几点:

(1)目标明确,内容精要

组织群体讲话,应该有一个明确的目标,或者爱国主义教育,或者学习目的教育,或者人生理想教育,或者集体活动动员,等等。老师应心中有数,切莫拉拉杂杂,不知所云。而且面向学生群体的教育讲话宜短不宜长。一来学校集体活动时间有所限制,二来冗长的教育讲话会使学生抓不住谈话中心。因此谈话内容必须精要简短。

(2)面向全体,突出共性

既然群体教育讲话着眼于"面",那么无论说话的内容、形式或者语体风格都应该尽可能适应学生整体。因此谈话前老师必须调查了解,分清何为共性,何为个性,一旦发现带有典型性或普遍性的问题就应及时进行群体教育。

(3)抓住时机,形式多样

群体讲话具有教育对象人数多、涉及面广、学生接受程度各异的特点,教师只有看准时机,适时教育,才能收到集体讲话的实效。比如,学期之初,可对学生进行激励性的集体谈话,促其立志;学雷锋活动周开展表彰好人好事、介绍先进事迹的报告会,可扶持正气勉励上进;期末组织迎考动员会,可鼓舞士气唤起斗志。群体讲话的形式有很多种,如前面所举的谈话、报告、动员等。老师应根据教育目的、教育内容、教育情境选用合适的方式,做到灵活恰当、各尽其能。

[群体教育讲话示例]

临近期末,一位班主任在晨会中对全班同学作了如下迎考动员讲话。

时光荏苒,不知不觉一个学期即将结束了,再过几天我们即将迎来期末考试。期末考试不仅是对同学们本学期学业成果的一次大盘点、大检阅,更是对每个人的综合素质的一次挑战,是对同学们的自信心、自觉性、意志力、诚信度的一次考验。我们不能要求每个人都成为优秀者,但我们希望大家做一名追求进步超越自我的勇敢者。为了帮助同学们做好期末复习工作,今天利用一点时间,给大家提几点建议和要求:

首先,希望同学们正确看待考试,克服考前过分紧张的情绪,以从容自信的态度面对期末考。其次,科学合理安排复习计划,以勤奋踏实的态度赢取令人满意的成绩。我们要"见时间之缝,插学习之针",充分利用点点滴滴的时间,争取多记几个公式,多背一段文章,多温习一遍老师在课上讲的重点。保持这样的"挤"的恒心与韧劲,锲而不舍,钻之不懈,才可能聚沙成塔,把遗憾变成慰藉,把空虚变成充实,把流逝的光阴变成有用的财富,把有限的时间变成无限的力量!我还要提醒同学们,期末考试也是对我们的诚实守信品格的一次考验。在这次期末考试中,大家要时刻记住自己是一个诚信达人,要做到诚实守信,自尊自爱,不弄虚作假、违规越矩。诚信考试,做一个人格上大写的人!让诚信这道灿烂的阳光点燃我们的心灵,照亮我们的人生。

6.家访谈话

教师对学生的有效教育离不开家长的密切配合。因此教师必须定期或不定期地进行家访,向家长反映学生在校情况,了解学生在家表现,并与家长共同研究教育方法。虽然教师家访时学生不一定在场,但教师与家长的谈话总围绕如何教育学生这个中心问题,因此家访谈话是教育口语不可缺少的一部分。由于学生家长分布社会各层,其职业年龄、性格修养及对孩子的关心程度各不相同,家访谈话就更呈多样化,但成功的家访谈话总须做到以下几点:

(1) 目的明确,准备充分

加强学校与家庭的联系以共同教育好学生,这是家访的总目的。因此,家访谈话不同于随意聊天,目的应明确具体,或了解家庭情况,或寻找退步原因,或争取家长配合,等等。家访前教师一定要明确出访目的,并做好充分准备。学生在校表现、个人优缺点、需共同解决的问题应了然在心,此外还要适当了解家长的职业、性格等。因为教师是家访谈话的主动者,没有充分的准备是不可能主导谈话的进行的。

(2) 了解对象,讲究技巧

家长队伍的复杂性对教师的家访谈话提出了更高的要求。有的家长开朗健谈,有的内向寡言,有的谦和平易,有的傲慢无礼,家访时教师必须尽快把握家长个性特征和心理需求,针对特定语境寻求共同话题,然后不失时机地交流学生情况、探讨教育方法。否则,不是天南地北无所不谈却不着边际,就是话不投机尴尬难堪乃至扫兴而归。谈话时,应注意从正面肯定入手,既表现出对家长的尊重又表现出对学生的爱护。同时讲究语言技巧,不随便迎合也不直言顶撞,在灵活机智的言谈中争取家长的主动合作。

(3) 不卑不亢,为人师表

家访时,教师说话态度应谦和自信,诚恳大方,既不盛气凌人也不低声下气,以自己得体的言谈,体现教师的职业修养和文化内涵,塑造稳重、开朗、文雅的教师形象。面对有钱有势、自以为是的家长不讨好巴结,面对贫寒低微木讷平庸的家长也不高高在上。要不卑不亢,在平等友好的商量与征询中达到沟通家校携手育人的效果。

[家访谈话示例]

一个工薪阶层家庭的学生,学习努力,但成绩只是中下水平。老师发现其父母望子成龙心切,但方法欠妥,就进行了一次家访。谈话择要如下:

教师:您好!听说,您家里订了《中国青年报》,对吗?

家长:对,《中国青年报》内容很丰富,有很多时下青年关注的热点话题的报道,有利于他们这个年龄的孩子了解世界。所以我特地给孩子订了这份报纸。

教师:我读书时也爱看这份报纸,我很赞同您的选择。不过好像听说除此之外别的课外书您都不让孩子看,是吗?

家长:我是怕他受到不良书籍的影响。而且,他平时连《中国青年报》都不怎么爱看,现在他的学习成绩很不理想,教科书都没有学好,哪有时间和精力去看别的书?

教师:您觉得这样能使孩子的成绩提高吗?

家长:这点我心里也没有数,只是一心想让他考上大学。

教师：现在学校组织了很多课外兴趣小组，但他什么也没参加。您知道为什么吗？

家长：我也不太清楚。反正现在的核心是考上大学，其他的，都是次要的。

教师：我发现他整天愁眉苦脸，闷闷不乐。您了解他的想法吗？

家长：肯定有想法，但他在我们面前不说。

教师：高一这一年，他的成绩总是在六七十分之间，没有什么进步。您看是什么原因？

家长：我也发愁，可找不出原因。其实，他也很用功。

教师：今年是鲁迅先生诞辰一百四十周年，很多报刊都登了纪念文章。可是他连鲁迅生于哪一年的填空题都不会做。从这里，我发现，他的知识面比较狭窄，除教科书外，几乎不阅读其他书籍。我觉得这样并不能很好学习科学知识。不知您是否同意我的观点？

家长：您说得有道理。那怎么办呢？

教师：我的意见是至少在半年至一年的时间内，不要在分数上过多地苛求他。让他减轻精神压力，有一定的自主选择权，平时多阅读，多了解国内外大事。阅读能促进他思考，只有勤于思考，才能促进智力发展。思考得越多，人对知识的感受也就越敏锐。这才是你孩子提高学习成绩的可靠途径。

家长：哦，以前我们的"隔离政策"，看来是行不通的。就照您的建议办吧。

教师：那我们一起研究一下，给孩子订个新的学习计划。

家长：好的。

本章训练目标和学习重点、难点

[训练目标]

掌握教师职业口语表达的基本要求，为将来从事中小学教育、教学工作打下良好语言基础。

[学习重点]

1.主要教学环节口语应用的基本要求。

2.常用教育口语的基本表达要求。

[学习难点]

教师职业口语表达技能的实践操演。

参考书目

[1] 黄伯荣、廖序东主编:《现代汉语》,高等教育出版社,1997年版。
[2] 杜青编著:《普通话语音学教程》,中国广播电视大学出版社,1999年版。
[3] 林华东、卓元成编著:《普通话教程》,香港文学报社出版公司,1992年版。
[4] 大庆语委编:《语言文字规范化指南》,教育科学出版社,1995年版。
[5] 刘德强著:《现代演讲学》,上海社会科学院出版社,1996年版。
[6] 翔剑主编:《当代大学生优秀论辩辞点评》,湖南人民出版社,2000年版。
[7] 胡灵荪、陈碧加、张国华编著:《普通话教程》,华东师范大学出版社,1991年版。
[8] 国家教育委员会师范教育司组编:《教师口语》,北京师范大学出版社,1996年版。
[9] 国家教育委员会师范教育司组编:《教师口语训练手册》,北京师范大学出版社,1994年版。
[10] 孟庆惠主审,刘伯奎主编:《教师口语》,华东师范大学出版社,1994年版。
[11] 中国社会科学院语言研究所词典编辑室编:《现代汉语词典》(第7版),商务印书馆,2016年版。
[12] 国家语委普通话与文字应用培训测试中心组编:《普通话水平测试应试指导》,语文出版社,2023年版。

附 录

附录一　汉语拼音方案

一、字母表

字母名称	Aa	Bb	Cc	Dd	Ee	Ff	Gg
	ㄚ	ㄅㄝ	ㄘㄝ	ㄉㄝ	ㄜ	ㄝㄈ	ㄍㄝ
	Hh	Ii	Jj	Kk	Ll	Mm	Nn
	ㄏㄚ	ㄧ	ㄐㄧㄝ	ㄎㄝ	ㄝㄌ	ㄝㄇ	ㄋㄝ
	Oo	Pp	Qq	Rr	Ss	Tt	
	ㄛ	ㄆㄝ	ㄑㄧㄡ	ㄚㄦ	ㄝㄙ	ㄊㄝ	
	Uu	Vv	Ww	Xx	Yy	Zz	
	ㄨ	ㄪㄝ	ㄨㄚ	ㄒㄧ	ㄧㄚ	ㄗㄝ	

注：V 只用来拼写外来语、少数民族语言和方言。字母的手写体依照拉丁字母的一般书写习惯。

二、声母表

b	p	m	f	d	t	n	l
ㄅ玻	ㄆ坡	ㄇ摸	ㄈ佛	ㄉ得	ㄊ特	ㄋ讷	ㄌ勒
g	k	h		j	q	x	
ㄍ哥	ㄎ科	ㄏ喝		ㄐ基	ㄑ欺	ㄒ希	
zh	ch	sh	r	z	c	s	
ㄓ知	ㄔ蚩	ㄕ诗	ㄖ日	ㄗ资	ㄘ雌	ㄙ思	

注：在给汉字注音的时候，为了使拼式简短，zh、ch、sh 可以省作 ẑ、ĉ、ŝ。

三、韵母表

	i 丨衣	u ㄨ乌	ü ㄩ迂
a ㄚ啊	ia 丨ㄚ呀	ua ㄨㄚ蛙	
o ㄛ喔		uo ㄨㄛ窝	
e ㄜ鹅	ie 丨ㄝ耶		üe ㄩㄝ约
ai ㄞ哀		uai ㄨㄞ歪	
ei ㄟ欸		uei ㄨㄟ威	
ao ㄠ熬	iao 丨ㄠ腰		
ou ㄡ欧	iou 丨ㄡ忧		
an ㄢ安	ian 丨ㄢ烟	uan ㄨㄢ弯	üan ㄩㄢ冤
en ㄣ恩	in 丨ㄣ因	uen ㄨㄣ温	ün ㄩㄣ晕
ang ㄤ昂	iang 丨ㄤ央	uang ㄨㄤ汪	
eng ㄥ亨的韵母	ing 丨ㄥ英	ueng ㄨㄥ翁	
ong (ㄨㄥ)轰的韵母	iong ㄩㄥ雍		

注:(1)"知、蚩、诗、日、资、雌、思"等七个音节的韵母用 i,即:知、蚩、诗、日、资、雌、思等拼作 zhi、chi、shi、ri、zi、ci、si。

(2)韵母ㄦ写成 er,用作韵尾的时候写成 r。例如:"儿童"拼作 értóng,"花儿"拼作 huār。

(3)韵母ㄝ单用的时候写成 ê。

(4)i 列的韵母,前面没有声母的时候,写成 yi(衣)、ya(呀)、ye(耶)、yao(腰)、you(忧)、yan(烟)、yin(因)、yang(央)、ying(英)、yong(雍)。

u 列的韵母，前面没有声母的时候，写成 wu(乌)、wa(蛙)、wo(窝)、wai(歪)、wei(威)、wan(弯)、wen(温)、wang(汪)、weng(翁)。

ü 列的韵母，前面没有声母的时候，写成 yu(迂)、yue(约)、yuan(冤)、yun(晕)，ü 上的两点省略。

ü 列的韵母跟声母 j、q、x 拼的时候，写成 ju(居)、qu(区)、xu(虚)，ü 上两点也省略；但是跟声母 n、l 拼的时候，仍然写成 nü(女)、lü(吕)。

(5) iou、uei、uen 前面加声母的时候，写成 iu、ui、un。例如：niu(牛)、gui(归)、lun(论)。

(6) 在给汉字注音的时候，为了使拼式简短，ng 可以省作 ŋ。

四、声调符号

阴平	阳平	上声	去声
―	╱	∨	╲

声调符号标在音节的主要母音上，轻声不标。例如：

妈 mā　　麻 má　　马 mǎ　　骂 mà　　吗 ma
(阴平)　　(阳平)　　(上声)　　(去声)　　(轻声)

五、隔音符号

a、o、e 开头的音节连接在其他音节后面的时候，如果音节的界限发生混淆，用隔音符号(')隔开，例如 pi'ao(皮袄)。

附录三　部分区域方言声调与古汉语声调对照表

地名	平声		上声		去声		入声				声调数
	天	平	古	老	近	放	大	急	各	六	杂
普通话（北京）	阴平55	阳平35	上声214		去声51		入声分别归阴阳上去				4
沈阳	阴平44	阳平35	上声213		去声41		入声分别归阴平、阳平、去声				4
济南	阴平213	阳平42	上声55		去声21		同上				4
烟台	平声31	上声214	去声55		入声分别归平上去						3
兰州	阴平31	阳平53	上声442		去声13		归去声		归阳平		4
西安	阴平31	阳平24	上声42		去声55		入声分别归阴阳上去				4
成都	阴平44	阳平41	上声52		去声13		归阳平				4
南京	阴平31	阳平13	上声22		去声44		入声5				5
太原	平声11		上声53		去声45		阴入2		阳入54		5
苏州	阴平44	阳平13	上声52	归阳去	阴去412	阳去31	阴入5		阳入2		7
绍兴	阴平41	阳平15	阴上55	阳上22	阴去44	阳去31	阴入5		阳入32		8
上海	阴平54	阳平24	上声33		归上声	归阳平	阴入5		阳入2		5
长沙	阴平33	阳平13	上声41		阴去45	阳去21	入声24				6

续表

地名	平 声		上 声		去 声		入 声				声调数
	天	平	古	老	近	放	大	急	各	六	杂	
南 昌	阴平42	阳平24	上声213		阴去55	阳去31	入声5				6
梅 县	阴平44	阳平11	上声31		去声52		阴入21		阳入5		6
福 州	阴平44	阳平52	上声31		阳去242	阴去213	阳去242	阴入23		阳入4		7
厦 门	阴平55	阳平24	上声51		阳去33	阴去11	阳去33	阴入32		阳入5		7
广 州	阴平53	阳平21	阴上35		阳上13	阴去33	阳去22	上阴入55	下阴入33	阳入22		9
南宁（亭子）	阴平41	阳平21	阴上33	阳上24	阴去55		阳去22	上阴入55	下阴入33	上阳入24	下阳入22	10
玉 林	阴平54	阳平32	阴上33	阳上23	阴去52		阳去21	上阴入5	下阴入3	上阳入2	下阳入1	10

附录四 声母对照辨音字表

一、f 和 h 对照辨音字表

附表 4-1　f 和 h 对照辨音字表

f	h
fā 发	huā 花哗
fá 伐阀筏乏罚	huá 华铧滑划
fǎ 法砝	
fà 发_{头~}	huà 化画话划桦
fó 佛	huō 豁
	huó 活
	huǒ 火伙
	huò 货或惑获祸霍
fū 夫	hū 乎呼忽惚
fú 扶芙幅福辐伏袱拂俘符	hú 胡湖葫瑚蝴糊狐弧壶斛
fǔ 府俯腐斧釜甫辅	hǔ 虎唬琥浒
fù 付附咐父复腹傅缚赴副富妇负赋	hù 户沪护互
	huái 怀淮槐徊
	huài 坏
fēi 非菲绯啡扉蜚霏	huī 灰恢挥辉徽
féi 肥淝	huí 回茴蛔
fěi 匪菲俳悱斐	huǐ 悔毁
fèi 吠沸费痱废肺	huì 会绘烩贿卉惠蕙彗慧秽汇讳
fān 番翻帆	huān 欢獾
fán 凡矾烦蕃繁樊	huán 还环寰
fǎn 反返	huǎn 缓
fàn 饭贩犯范泛	huàn 换唤涣患幻宦
fēn 分吩芬纷	hūn 昏婚荤
fén 坟焚	hún 浑魂
fěn 粉	
fèn 分份奋粪愤	hùn 混
fāng 方坊芳妨	huāng 荒慌
fáng 防妨房肪	huáng 皇凤惶蝗黄潢璜簧
fǎng 访仿纺	huǎng 晃幌恍谎
fàng 放	huàng 晃滉
fēng 风沨枫疯丰峰锋蜂封	hōng 哄烘轰
féng 逢缝冯	hóng 红虹弘泓宏洪
fěng 讽	hǒng 哄
fèng 凤奉缝_{裂~}	hòng 哄_{起~}

二、n和l偏旁类推字表

（一）n声母

那—nǎ 哪； nà 那； nuó 挪,娜。
乃—nǎi 乃,奶。
奈—nài 奈； nà 捺。
南—nán 南,喃,楠,蝻。
脑—nǎo 恼,瑙,脑。
内—nèi 内； nè 讷； nà 呐,衲,钠。
尼—ní 尼,泥,呢。
倪—ní 倪,霓。
念—niǎn 捻； niàn 念。
捏—niē 捏； niè 涅。
聂—niè 聂,蹑。
宁—níng 宁,拧,咛,狞,柠； nìng 宁(~可),泞。
纽—niǔ 妞； niǔ 扭,纽,钮。
农—nóng 农,浓,脓。
奴—nú 奴,孥,驽； nǔ 努； nù 怒。
诺—nuò 诺； nì 匿。
懦—nuò 懦,糯。
虐—nüè 虐,疟。

（二）l声母

剌—lǎ 喇； là 剌,辣,瘌。
腊—là 腊,蜡； liè 猎。
赖—lài 赖,癞,籁； lǎn 懒。
兰—lán 兰,拦,栏； làn 烂。
蓝—lán 蓝,篮； làn 滥。
览—lǎn 览,揽,缆,榄。
劳—lāo 捞； láo 劳,痨； lào 涝。
乐—lè 乐； lì 砾。
雷—léi 雷,擂,镭； lěi 蕾。
垒—lěi 垒。
累—lèi 累； luó 骡,螺。
里—lí 厘,狸； lǐ 里,理,鲤； liàng 量。
利—lí 梨,犁； lì 利,俐,痢。
离—lí 离,篱； li 璃。
立—lì 立,粒,笠； lā 拉,垃,啦。
厉—lì 厉,励。
力—lì 力,荔； liè 劣； lèi 肋； lè 勒。
历—lì 历,沥。

连—lián 连,莲； liàn 链。
廉—lián 廉,濂,镰。
脸—liǎn 敛,脸； liàn 殓。
炼—liàn 练,炼。
恋—liàn 恋； luán 孪,鸾,滦。
良—liáng 良,粮； láng 郎,廊,狼,琅,榔,螂； lǎng 朗； làng 浪。
梁—liáng 梁,粱。
凉—liáng 凉； liàng 谅,晾； lüè 掠。
两—liǎng 两,俩(伎俩)； liàng 辆； liǎ 俩。
列—liě 咧； liè 列,裂,烈； lì 例。
林—lín 林,淋,琳,霖； lán 婪。
鳞—lín 嶙,璘,磷,鳞,麟。
令—líng 伶,玲,铃,羚,聆,蛉,零,龄； lǐng 岭,领； lěng 冷； lín 邻； lián 怜。
菱—líng 凌,陵,菱； léng 棱。
留—liū 溜； liú 留,馏,榴,瘤。
流—liú 流,琉,硫。
柳—liǔ 柳； liáo 聊。
龙—lóng 龙,咙,聋,笼； lǒng 陇,垄,拢。
隆—lóng 隆,窿,癃。
娄—lóu 娄,喽,楼； lǒu 搂,篓； lǚ 缕,屡。
卢—lú 卢,泸,庐,芦,炉,颅,轳； lǘ 驴。
鲁—lǔ 鲁,橹。
录—lù 录,禄,碌 lù 绿,氯。
鹿—lù 鹿,辘。
路—lù 路,鹭,露。
戮—lù 戮。
仑—lūn 抡； lún 仑,伦,沦,轮； lùn 论。
罗—luó 罗,逻,萝,锣,箩,啰。
洛—luò 洛,落,络,骆； lào 烙,酪； lüè 略。
吕—lǚ 吕,侣,铝。
虑—lǜ 虑,滤。

三、zh、ch、sh 和 z、c、s 对照辨音字表

说明：数字表示声调，①是阴平，②是阳平，③是上声，④是去声。黑体字是代表字，记住代表字可以类推许多同偏旁的字。

附表 4-2　zh、ch、sh 和 z、c、s 对照辨音字表

韵母	zh	z
a	①**扎**驻~渣②闸铡扎挣~札信③眨④乍炸诈榨蚱栅	①**扎**包~匝②杂砸
e	①遮②折哲辙③者④蔗浙这	②**泽**择责则
u	①**朱**珠株蛛诸猪②竹烛逐③主煮嘱④住驻注柱蛀贮祝铸筑著箸	①租③组阻祖④族足卒
-i(后) -ï(前)	①**之**芝支枝肢知蜘汁只织脂②直值植殖侄执职③止址趾旨指纸只④至致窒志治质帜挚掷秩置滞制智稚痔	①**兹**滋孳姿咨**资**孜龇锱辎③子仔籽梓滓紫④字自恣渍
ai	①摘斋②宅③窄④寨债	①灾**哉**栽③宰载④再在载~重
ei		②贼
ao	①昭招朝②着③找爪沼④照召赵兆罩	①遭糟②凿③早枣澡④**造**皂灶躁燥
ou	①州洲舟周粥②轴③帚肘④宙昼咒骤皱	①邹③走④奏揍
ua	①抓	
uo	①桌捉拙②桌着③酌灼浊镯啄琢	①作~坊②昨③左④坐座作柞祚做
ui	①追锥④缀赘坠	③嘴④最罪醉
an	①沾毡粘③盏展斩④占战站栈绽蘸	①簪②咱③攒④赞暂
en	①贞侦帧祯桢真②疹诊枕缜④振震阵镇	③怎
ang	①张章彰樟③长涨掌④丈仗杖帐涨障瘴	①赃脏肮~④葬藏脏
eng	①正~月征争挣睁等②整拯④正证政症郑	①曾憎增缯④赠
ong	①中钟盅忠衷终②肿种~子④中打~仲种~植重众	①宗综棕踪鬃③总④纵粽
uan	①专砖③转④传转~动撰篡赚	①钻③纂④钻~石
un	③准	①尊遵
uang	①庄桩装妆④壮状撞	

续表

韵母	ch	c
a	①叉杈插差~别②茶搽查察③衩④岔诧差~错	①擦嚓
e	①车③扯④彻撤掣	④册策厕侧测恻
u	①出初②除厨橱锄躇刍雏③楚础杵储处~分④畜触蠢处	①粗④卒仓~猝促醋簇
-i(后) -i(前)	①吃痴嗤②池弛迟持匙③尺齿耻侈哆④斥炽翅赤叱	①疵差参~②雌辞词祠瓷慈磁③此④次伺刺赐
ai	①差拆钗②柴豺	①猜②才财材裁③采彩踩④菜蔡
ao	①抄钞超②朝潮嘲巢③吵炒	①操糙②曹漕嘈槽③草
ou	①抽②仇畴筹踌绸稠酬愁③瞅丑④臭	④凑
uo	①踔戳④绰~号惙啜辍	①搓蹉撮④措错挫锉
uai	③揣④踹	
ui	①吹炊②垂捶锤槌	①崔催摧④萃悴淬瘁翠粹脆
an	①搀掺②禅蝉谗馋潺缠蟾③铲产阐④忏颤	①餐参②蚕残惭③惨④灿
en	①琛嗔②辰宸晨沉忱陈臣④趁衬称相~	①参~差②岑
ang	①昌猖娼伥②常嫦尝偿场肠长③厂场敞淌氅④倡唱畅怅	①仓苍沧舱②藏
eng	①称撑②成诚城盛~水呈程承乘澄橙惩③逞骋④秤	②曾层④蹭
ong	①充冲春②重虫崇③宠	①匆葱囱聪②从丛淙
uan	①川穿②船传椽③喘④串钏	①蹿④窜篡
un	①春椿②唇纯淳醇③蠢	①村②存③忖④寸
uang	①窗疮创~伤②床③闯④创~造	

续表

韵母	sh	s
a	①沙纱砂痧杀杉③傻④煞厦~大~	①撒③洒撒~种~④卅萨飒
e	①奢赊②舌蛇③舍④社舍射麝设摄涉赦	④色瑟啬涩塞
u	①书梳疏蔬舒殊叔淑输抒纾舒枢②孰塾赎③暑署薯曙鼠数属黍④树竖术述束漱恕数	①苏酥②俗④素塑诉肃粟宿速
-i(后) -ī(前)	①尸师狮失施诗湿虱②十什拾石识实食蚀③史使驶始屎矢④世势誓逝市示事是视室适饰士氏恃式试拭轼弑	①司私思斯丝鸶③死④四肆似寺
ai	①筛④晒	①腮鳃塞④塞要~赛
ao	①捎稍艄烧②勺芍③少④少哨绍邵	①臊骚搔③扫嫂④扫臊害~
ou	①收②熟③手首守④受授寿售兽瘦	①溲嗖飕搜艘馊③叟擞④嗽
ua	①刷③耍	
uo	①说④硕烁朔	①缩娑蓑梭唆③所锁琐索
uai	①衰③甩④帅率蟀	
ui	②谁③水④税睡	①虽尿②绥隋随③髓④岁碎穗隧燧遂
an	①山舢衫删珊姗栅跚③闪陕④扇善膳缮擅赡	①三叁③伞散~文~④散
en	①申伸呻身深参~人~②神③沈审婶④慎肾甚渗	①森
ang	①商墒伤③响晌赏④上尚	①桑丧~事~③嗓④丧
eng	①生牲笙甥升声②绳③省④圣胜盛剩	①僧
ong		①松③悚④送宋颂诵
uan	①拴栓④涮	①酸④算蒜
un	④顺	①孙③笋损
uang	①双霜③爽	

附录五 韵母对照辨音字表

附表 5-1　i 和 ü 对照辨音字表

声母	i	ü
b	①逼②鼻荸③比笔彼鄙秕④碧毕币闭弊必壁避庇髀陛蓖辟	
p	①批坯披劈砒纰霹②啤脾疲皮琵枇毗③匹痞癖劈④屁譬媲辟僻	
m	①眯②迷谜弥③米④秘蜜密	
d	①低堤滴提②敌笛的涤嘀嫡③底抵砥诋④地第帝弟递缔	
t	①踢梯剔②啼提题蹄③体④替剃屉嚏	
n	①妮②泥尼霓鲵倪怩③你拟④逆溺匿腻昵	③女
l	②厘梨犁黎离③里理礼李哩④力沥历粒立利荔栗例	②驴③铝吕旅履屡④律率绿氯
j	①几击机基积饥肌讥激鸡缉跻畸犄稽奇②吉汲及极籍集急疾即嫉④棘辑③几己济脊挤④季技迹寄寂计记忌既继纪剂祭	①居拘驹鞠②局菊橘③沮咀举规④句巨拒距据锯剧具俱惧飓聚
q	①期欺妻七柒凄漆沏蹊②其棋奇歧齐旗骑脐麒崎祈③起岂乞启④砌器气汽弃契迄	①区曲屈驱趋祛躯蛆蛐②渠③取娶龋④去趣
x	①西牺吸稀锡希膝熄息溪嬉夕惜析悉蟋奚矽犀②席习媳檄袭③喜洗铣④系戏细	①需虚须②徐③许④蓄酗叙序畜絮续恤婿绪
	①一壹医依衣伊②遗移仪疑姨宜颐胰彝③已椅倚乙以④艺抑易亿亦意毅忆议译异翼薏癔臆益抑义屹逸肄疫呓驿	①淤迂②于余鱼愚舆愉渔榆娱逾③予与雨宇语羽④与玉浴遇愈欲寓预育芋郁谕御狱豫喻尉驭

附表 5-2　ie 和 üe 对照辨音字表

声母	ie	üe
b	①憋瘪②别④别	
p	①撇瞥③撇苤	
m	④灭蔑	
d	①跌爹②叠碟谍蝶迭	

续表

声母	ie	üe
t	①贴③铁贴	
n	①捏④聂颞蹑镊蘖孽涅啮镍	④疟虐
l	④列烈裂劣猎	④掠略
j	①接皆揭街疖阶结②结截劫节杰竭洁睫捷孑③姐解④界戒借介届	②觉决绝掘角诀爵攫崛倔
q	①切②茄③且④切窃妾怯惬	①缺②瘸④却确鹊雀
x	①些歇楔蝎②鞋协携斜谐偕胁③写血④卸泻泄谢屑械懈蟹	①削靴薛②学穴③雪④血
	①耶椰掖②爷③野冶也④夜业页叶液腋谒	①约④跃月乐阅悦岳粤

附表 5-3 in 和 ün 对照辨音字表

声母	in	ün
b	①宾傧滨缤槟镔彬濒④殡髌鬓膑	
p	①拼姘②贫③品④聘	
m	②民③敏泯闽悯皿	
n	②您	
l	②林磷临邻淋鳞琳③凛④吝	
j	①斤金筋今津禁襟巾矜③紧锦仅尽谨④进晋禁近浸尽劲	①均军菌君④俊骏
q	①钦侵亲②琴勤芹禽秦③寝	②裙群
x	①辛欣锌新心薪④信	①熏勋②循询巡寻旬荀④训汛讯迅殉驯徇逊
	①因音阴姻殷②银淫寅吟③饮引隐瘾④印荫	①晕②云匀耘芸③允陨④运蕴酝晕孕韵恽郓熨

附表 5-4 ian 和 üan 对照辨音字表

声母	ian	üan
b	①边编鞭蝙③扁贬匾④变便辨辫辩遍	
p	①篇偏②便④片骗	
m	②棉绵③免勉腼缅④面	
d	①颠掂癫③点典碘④电店惦垫奠淀殿玷	

续表

声母	ian	üan
t	①天添②填田甜③舔	
n	①蔫拈②年黏(粘)③捻碾撵④念	
l	②连莲联帘廉镰③脸④恋炼练链	
j	①尖间坚监奸煎兼肩艰奸缄③简俭检拣茧碱④间见件建健键腱践贱饯溅剑箭鉴渐舰	①捐③卷④卷圈眷
q	①千迁钎牵铅签谦②前钱潜钳乾荨捐虔③浅谴④欠芡歉嵌堑	①圈②泉全权拳诠痊蜷颧③犬④劝券
x	①先仙纤鲜籼掀②闲咸弦贤嫌衔涎舷娴③冼显险④现县献馅宪陷限线羡	①宣萱喧②玄悬旋③选癣④炫眩绚
	①咽胭烟淹腌阉殷②严言岩炎盐研延颜沿③阎筵④厌咽宴验燕雁赝砚焰喑	①冤渊鸳②元员原援园圆猿源缘辕猿③远④愿怨院

附表 5-5　ou 和 uo 对照辨音字表

声母	ou	uo
p	①剖	
m	②谋牟③某	
f	③否	
d	①都兜③斗抖陡④豆斗逗	①多哆②夺③躲朵④跺堕舵惰驮
t	①偷②头投④透	①拖托脱②驮砣鸵驼陀③妥④唾拓
n		①挪④懦糯诺
l	②楼③搂篓④漏露(轻)喽	①啰捋落②螺骡萝罗锣逻箩③裸④落洛骆
g	①勾钩沟佝篝③狗苟枸④构购够	①锅蝈②国③果裹④过
k	①抠③口④扣叩	④扩阔括
h	②喉猴瘊③吼④厚后候	①豁②活③火伙④或获货祸豁霍藿
zh	①舟周州洲粥②轴妯③肘④昼皱绉咒骤	①桌捉拙②卓啄酌着灼茁琢镯
ch	①抽②稠愁筹仇绸酬惆③丑④臭	①戳④辍绰
sh	①收②熟③守手首④寿授受售瘦兽绶狩	①说④硕
r	①柔揉蹂④肉	④若偌弱
z	①邹③走④奏揍	①作②昨③左佐④作坐座柞做
c	④凑	①搓磋撮②痤④措错挫锉
s	①搜艘	①缩蓑②梭唆③索所锁琐嗦
	①殴区呕鸥欧③呕偶藕④沤怄	①窝涡蜗倭③我④卧握斡

附表 5-6　ei 和 ie 对照辨音字表

声母	ei	ie
		爷、野、冶、也、页、业、叶、夜、液、耶、椰、掖、腋、谒
b	杯、卑、啤、悲、背、贝、倍、备、被、钡	憋、别、瘪
p	培、赔、陪、配、佩、胚	撇、瞥、苤
d	得	跌、爹、叠、碟、谍、迭
n	内、那	捏、聂、颞、蹑、镊、蘖、孽、镍
l	勒、雷、累、垒、泪、类、擂、肋	列、裂、烈、劣、猎

附表 5-7　词表中韵母为 ei 的字

声母	ei
b	①杯卑碑悲背③北④背贝倍备被钡
p	②培赔陪④配佩
m	②没玫枚梅酶霉眉煤媒③美每④妹
f	①非飞扉蜚妃②肥③匪诽斐翡④肺废沸费痱
d	③得
n	④内
l	①勒②雷累③垒累④累泪类擂肋
g	③给
h	①黑嘿
sh	②谁
z	②贼

附表 5-8　an 和 ang 对照辨音字表

声母	an	ang
b	①班斑搬扳般颁③板版④扮拌伴瓣半办绊	①帮邦梆③绑榜膀④棒磅傍蚌
p	①攀潘②盘蹒蟠磐④盼判畔叛	①乓滂旁膀②旁膀庞磅螃彷庞④胖
m	②瞒埋馒蛮③满④慢漫蔓	②茫盲忙③莽
f	①帆番翻②繁凡烦樊③反返④贩范犯饭泛	①方芳②房防妨③仿访纺④放
d	①耽担丹单眈③胆掸④担但氮淡诞弹蛋旦	①当裆③党挡④当档荡
t	①摊贪瘫滩②谈坛潭谈弹昙檀③坦毯袒④探叹炭碳	①汤②塘糖唐搪堂螳镗膛③躺淌倘④趟烫

续表

声母	an	ang
n	②南男难楠③蝻④难	①囊②囔③攮
l	②兰蓝拦栏篮阑澜③懒缆④烂滥	②狼③朗④浪
g	①干甘杆竿肝泔尴③赶秆感敢杆④干	①刚钢缸纲肛③港岗④杠
k	①刊勘看③砍槛坎④看	①慷糠康②扛④抗炕亢
h	①鼾憨酣②含寒函涵③喊罕④旱捍焊汗汉憾撼	②行航行
zh	①詹沾粘占毡③盏斩崭展④占战站湛栈颤	①章张樟蟑獐③长掌涨④丈帐胀障瘴幛仗
ch	①搀觇②蝉馋逸缠禅婵蟾孱③产阐铲舀④颤忏	①昌猖②尝常长偿肠嫦场③厂场敞④畅唱倡怅
sh	①山删珊煽舢膻③闪④善擅扇膳缮祥骟苦赡疝	①伤商③赏晌上垧④上尚绱
r	②然燃③染	①嚷②瓤③嚷④让
z	①簪②咱③攒④暂赞	①脏赃④葬藏脏
c	①参餐②蚕残惭③惨④灿	①苍舱仓沧苍②藏
s	①三叁③伞散④散	①桑丧③嗓④丧
	①安鞍桉氨谙鹌④按暗岸案黯	①肮②昂④盎

附表5-9 ian和iang对比辨音字表

声母	ian	iang
b	①鞭边编蝙③贬扁匾④便变辨辫辩遍	
p	①篇偏②便④片骗	
m	②棉绵③免勉腼缅④面	
d	①颠掂癫③点典碘④电店惦垫奠淀殿玷	
t	①天添②填田甜③舔	
n	①拈蔫②年黏③捻撵碾④念	②娘④酿
l	②联连莲廉帘镰③脸④恋炼练链	①粮凉量梁良③两④辆量晾亮谅
j	①歼监坚尖间煎缄兼肩艰奸③茧检碱拣捡俭简剪减④间鉴践贱见键箭件健渐溅建舰腱剑舰	①将僵姜江浆豇疆③桨奖讲④酱降匠强
q	①牵铅千迁钎签谦②钱前钳潜乾掮③浅遣虔谴④嵌欠歉芡堑	①枪腔羌锵②强墙③抢强襁
x	①先掀仙鲜纤籼②咸闲弦嫌贤衔涎舷娴③冼显险④现县献馅美宪陷限线	①相镶香箱乡襄湘厢②详降③想响享④项巷相橡像向象
	①烟淹阉腌咽胭殷②盐严研岩延言炎沿筵③掩眼演④燕厌咽宴验雁赝唁砚焰	①央秧②杨扬羊洋阳佯③氧仰痒养④样漾

附表 5-10　uan 和 uang 对照辨音字表

声母	uan	uang
d	①端③短④段断锻缎	
t	①湍②团	
n	③暖	
l	②孪③卵④乱	
g	①关棺官观③管馆④冠罐灌惯贯盥	①光③广④逛
k	①宽髋③款	①筐匡②狂诳④杠矿旷况
h	①欢②还环寰③缓④换患幻唤豢涣焕	①荒慌②黄皇蝗磺惶③晃谎恍幌④晃
zh	①专砖③转④传转赚撰篆	①桩庄装④撞幢壮状
ch	①穿川②传船椽③喘④串	①窗疮创②床③闯④创
sh	①栓闩④涮	①双霜孀③爽
r	③软	
z	①钻④钻	
c	②攒④窜篡	
s	①酸④蒜算	
	①弯湾剜豌蜿②完丸玩顽③碗挽晚惋宛④万蔓	①汪②王亡③网往④妄忘望旺

附表 5-11　in 和 ing 对照辨音字表

声母	in	ing
	①因洇茵姻氤殷音阴荫②垠银龈吟寅淫鄞③引蚓隐瘾饮尹④印荫	①英瑛媖锳应莺膺鹰婴缨璎嘤樱鹦罂②荧莹营萤蝇盈迎赢③影颖④映硬应
b	①宾傧滨缤槟镔彬④摈殡鬓	①兵冰③丙柄炳秉饼禀④病并
p	①拼②贫频嫔③品④聘	①乒②平评坪苹枰萍屏瓶凭
m	②民③敏皿闽悯泯	②名茗铭明鸣冥溟暝瞑螟③酩④命
d		①丁叮仃钉疔町③顶鼎④定锭碇腚订
t		①听厅汀②亭停婷廷庭蜓霆③挺艇铤梃
n	②您	②宁咛狞柠凝③拧④宁泞佞
l	②林淋琳霖邻粼潾遴嶙辚磷鳞麟③凛廪檩④吝赁蔺	②灵伶泠苓瓴聆翎玲铃岭零龄凌陵菱绫棱③岭领④另令

续表

声母	in	ing
j	①今衿矜斤巾金津襟筋③紧锦仅谨僅瑾槿④妗尽烬浕劲觐近晋缙禁噤浸	①京惊鲸茎泾经菁睛精晶荆兢粳③景颈井警儆④敬竟境镜净靖静径劲胫痉
q	①衾亲侵钦②芩琴芹秦禽擒嗪勤③寝④沁	①氢轻青清蜻倾卿②情晴擎③顷请④庆亲
x	①忻昕炘欣新辛莘锌心馨④信衅	①星猩腥兴②形刑邢型行③省醒④幸姓性杏兴

附表 5-12　en 和 eng 对照辨音字表

声母	en	eng
	①恩④摁	①鞥
b	①奔贲③本苯④笨	①崩②甭③绷④迸蹦泵
p	①喷②盆③喷	①烹②朋棚硼鹏彭澎膨③捧④碰
m	①闷②门们扪④闷焖	①蒙②萌盟蒙濛檬朦曚艨③猛锰蜢艋蒙④梦孟
f	①分芬纷吩氛酚②坟焚汾③粉④分份忿奋粪愤	①风枫疯峰烽蜂锋丰封②逢缝冯③讽④奉俸凤缝
d	④扽	①登灯③等④邓凳磴镫瞪
t		②疼腾誊滕藤
n	④嫩	②能
l		②棱③冷④楞
g	①根跟②哏④艮	①耕庚赓羹更③耿埂哽绠梗鲠④更
k	③肯啃垦恳④掯裉	①坑
h	②痕③很狠④恨	①亨哼②横衡恒④横
zh	①真贞侦祯桢针珍胗斟③诊疹枕缜④振赈震镇阵	
ch	①嗔抻②辰宸晨沉忱陈臣尘③磣④衬趁称	①称撑②成城诚盛承呈程惩澄橙乘丞③逞骋④秤

续表

声母	en	eng
sh	①申 伸 呻 绅 砷 身 深 娠 ②神 ③沈 审 婶 ④甚 葚 慎 肾 渗 蜃	①生 牲 笙 甥 升 声 ②绳 ③省 ④胜 圣 盛 剩
r	②人 仁 壬 ③忍 荏 ④任 饪 妊 衽 认 刃 纫 韧 轫	①扔 ②仍
z	③怎	①曾 增 憎 缯 ④赠
c	①参 ②岑	②曾 嶒 层 ④蹭
s	①森	①僧

后　记

　　普通话是汉民族交流思想、传递信息、表达情感的最重要的交际工具，也是我国各民族之间的交际工具。作为全国通用语言，它承载着丰富的文化内涵，也是进行国际交流的重要工具。在21世纪经济、文化、科技迅猛发展的今天，我们更需要努力克服方言差异所带来的沟通障碍，加强信息交流的准确性，以适应信息化时代的发展需要。因此，大力推广和普及普通话，使普通话成为我们的教学语言、工作语言、宣传语言和交际语言，是提高现代化意识，提高国民整体素质，体现国家语言文字政策及管理水平的一项重要决策。为此，我们组织力量编写了这部普通话教材。

　　本书作为学习普通话的公共课教材，适用于全国尤其是闽南地区的大、中专院校学生，还可供中、小学和幼儿园教师及成人学习普通话之用。

　　本书的特点是重应用、重训练、重过程，较好地体现了四个原则：方便教学，适于自学；由易到难，由经到纬；解决难点，突出重点；学以致用，强化实践。书中各章节都考虑到教学时数的安排，在提供系统的普通话语音知识的同时，能紧扣方言对应规律，找到差异，抓准难点。在考虑学习对象已有水平的基础上，以培养说话和朗读能力为经，以正音教学为纬，穿插展开，步步推进，融语音知识于口语实践之中。

　　与本书相配套的《普通话水平测试指要》是本书的辅助教学材料。在教学过程中，一定要抓好技能性训练，边讲边练以练为主，在抓语音过关的基础上结合语调以及词汇、语法的教学，促使学习者逐步养成说标准规范普通话的习惯。

　　本书的编写者都是国家级或省级普通话水平测试员，都具有多年的普通话教学经验。林华东和卓元成的《普通话教程》（香港文学报社出版公司1992年）为这本教材的编写奠定了一个良好的基础。这次编写集中了更多一线普通话教学人员的智慧和力量，在教学内容和训练方面有了新的突破，体现了切合实际，行之有效，不断改进，常教常新的特点。

　　我们诚恳地希望广大读者能及时赐教，以助匡误。

参加本书编写的人员及具体分工如下：

绪论：李凤吟

第一章　发声基础：戴朝阳

第二章　普通话语音：郭泽青

第三章　声调：陈燕玲

第四章　声母：陈燕玲

第五章　韵母：蔡育红

第六章　语流音变：李凤吟

第七章　朗读：戴朝阳

第八章　说话：王曦

第九章　演讲：郑亚芳

第十章　辩论：郭泽青

第十一章　教师职业口语：郑小雅

全书整体框架设计、组织编写和统稿由林华东和王勇卫负责，谢英参与了初稿的审读。

本书在编写过程中参考了一些语音专著和普通话教材，书后附有参考文献，在此谨向有关编著者表示由衷的感谢！初稿由我校2000级新闻广告专业许永华同学负责电脑输入，泉州师院普通话培训测试站罗荣老师为本书的编写做了许多协助工作；本书责任编辑厦门大学中文系教授叶宝奎博士、厦门大学出版社蒋东明社长为本书的出版给予了全力支持和帮助，泉州师院和振兴中华教育科学基金会扶持了本书的出版，在此一并表示衷心的谢忱！

　　　　　　　　　　　　　　　　　　　　　　　　　　　　林华东　王勇卫

　　　　　　　　　　　　　　　　　　　　　　　　　　　　　　2002年9月

修订后记

本教材自2002年出版发行以来受到使用者的广泛好评,2003年11月获得福建省第五届社会科学优秀成果三等奖。目前,随着国家语言政策的不断推进,语言文字规范标准体系愈趋完善。为了呼应最新语言文字规范标准,提升本教材的质量和实用性,我们对教材的各个部分逐一进行审读和修订。此次修订我们坚持以习近平新时代中国特色社会主义思想为指导,深入贯彻党的二十大精神,全面贯彻党的教育方针,落实立德树人根本任务,及时借鉴语言文字应用研究最新成果,确保教材为读者的学习和成长提供更好支持。在教材的结构布局上,我们注重循序渐进由浅入深,从基础的发音训练开始,逐步过渡到词汇、句子、篇章,再到更高级别的朗读、说话、辩论等一般口语交际训练,直至教师职业口语训练。每个章节都配备丰富的范例和练习,力图帮助读者在反复实践中巩固所学知识,既感受普通话的和谐韵律与无穷魅力,又提高口语表达能力。

此次修订具体分工如下:

王勇卫、林华东负责整体框架设计与修订组织,郑小雅负责统稿与联系工作。

绪论:王勇卫

第一章　发声基础:戴朝阳

第二章　普通话语音:郭泽青

第三章　声调:陈燕玲

第四章　声母:陈燕玲

第五章　韵母:蔡育红

第六章　语流音变:郑亚芳

第七章　朗读:戴朝阳

第八章　说话:王曦

第九章　演讲:郑亚芳

第十章　辩论：郭泽青

第十一章　教师职业口语：郑小雅

我们期望本教材修订后继续得到使用者的欢迎，帮助更多的人掌握标准规范的普通话并提高口语表达能力，从而更好地融入社会、实现自我价值，促进文化传承与创新。

最后，感谢厦门大学出版社编校人员的辛勤付出。让我们携手共进，为实现国家通用语言文字高质量推广普及而不断努力！

王勇卫　林华东

2024 年 9 月